제4판

보육과정

김지은 · 문혁준 · 김경희 · 김현주 · 김혜금 · 김정희
신혜원 · 안선희 · 안효진 · 임연진 · 황성원 · 황옥경

창지사

머리말

한 국가의 보육과정은 보육의 방향을 규정하고, 나아가 미래의 국가경쟁력인 능력 있는 민주 시민을 양성하므로 선진국들은 국가 수준의 보육과정 개발과 개선에 꾸준한 노력을 기울여 오고 있다.

보육과정은 영유아가 건강하고 조화로운 성장과 발달을 이룰 수 있도록 발달에 적합한 보호와 질적인 보육을 제공할 수 있어야 한다. 그리고 부모가 안심하고 사회·경제적 활동을 할 수 있도록 온종일 안전하고 위생적인 환경과 정서적으로 안정된 분위기를 보장할 수 있어야 한다. 따라서 보육과정은 어린이집에서 영유아를 어떻게 기르며 어떤 경험을 제공할 것인가에 대한 국가 수준에서의 바람직한 태도와 가치, 지식, 기술을 제시하여 이들을 보호하고 교육하는 데 지침으로 사용하도록 개발되어야 한다. 그리고 지역사회나 기관의 특성이나 실정을 반영한 국가적 수준에서 보편적으로 제시할 수 있는 내용 수준이어야 하고, 영유아의 발달적 특성에 적합해야 하며, 시대적·문화적인 가치나 태도 측면에서도 적절해야 한다.

최근 OECD 회원국가들은 유아교육과 보육의 공공성을 강화하기 위해 무상교육과 보육을 확대하고 있으며 지원 대상도 5세에서 2세로 점차 낮추어 가고 있는 추세이다. 특히 5세아에 대한 국가 지원을 확대하여, 출발 선상에서 평등권을 보장받을 수 있는 제도가 마련되어야 한다는 사회적 공감대가 형성되면서 5세에게만 적용되던 누리과정이 3~4세까지 연계된 공통과정으로 완성되어 3~5세 유아 모두가 생애 초기의 공정한 출발선을 보장받게 되었다. 따라서 2020년부터는 어린이집과 유치원에 다니는 3~5세 어린이들이 국가 수준 공통과정으로 전부 개정된

「3~5세 누리과정」을 동일하게 제공받게 되었다.

1991년 제정되고 2004년 1월 전문 개정된 영유아보육법 제29조 2항에 '여성부장관은 표준보육과정을 개발·보급'(제29조 2항)해야 하고 어린이집은 '표준보육과정에 따라 영유아를 보육하도록 노력하여야 한다'(제29조 3항)라는 조항에 따라 여성가족부는 국가 수준의 보육지침을 마련하고자 '표준보육과정 연구'를 2005년 11월 용역과제로 개발하였다. 여성가족부는 먼저 개발된 '표준보육과정 연구'의 내용을 검토한 후 문제점을 파악하고 수정하여 최초의 입법화된 보육과정을 마련하였다. 보육과정을 법률에 의거·고시하도록 마련한 것은 보육서비스의 질적 수준을 한 단계 발전시키는 시도로 매우 고무적인 일이라 할 수 있으며, 개정작업을 거쳐 4차 표준보육과정이 보건복지부 소관으로 2020년부터 0~2세 영아들을 대상으로 시행되고 있다.

보육은 영유아를 대상으로 한다는 독특성과 함께 종합적이며, 실천적·응용적인 특성이 강한 학문이다. 보육과정 역시 보육의 전반적인 영역을 이해하면서 특히 보육의 핵심적 요소인 영유아들에게 어떤 내용을 어떻게 가르칠 것인가에 초점을 두어야 한다. 초·중등 교육과는 달리 교과목으로 구분되어 있지 않아 여러 영역을 통합적으로 운영하는 보육과정은 이 책을 통해 교사들이 영역 상호 간의 관계를 전체적으로 파악할 수 있는 힘을 기르는 데 주안점을 두었다. 또한 보건복지부와 교육부가 고시한 「3~5세 누리과정」의 신체운동·건강, 의사소통, 사회관계, 예술경험, 자연탐구 영역, 그리고 보건복지부가 개발한 '표준보육과정'의 기본생활, 신체운동, 의사소통, 사회관계, 예술경험, 자연탐구 영역에 맞추어 보육목표 및 내용을 중심으로 정리하였다.

이 책은 대학에서 한 학기 동안 강의가 이루어질 수 있도록 구성하였으나, 보육교사양성 관련 학과에서 자격증을 준비하는 학생 이외에도 영유아 보육에 관심이 있거나 깊이 연구하고자 하는 어린이집의 전문가, 교사, 대학원생 등 보육 관련 분야의 모든 사람들이 참고할 수 있으리라 생각된다.

처음의 의도에 비하여 부족한 면이 많이 보여 아쉽지만, 많은 전문가들과 동료 여러분들의 조언을 통해 채워질 수 있기를 바란다. 이 책이 출간되기까지 도움을 주신 여러분께 감사드리며 기꺼이 출판을 맡아 주신 창지사 관계자 여러분께도 깊은 감사의 말씀을 전한다.

2020년 8월

저자 일동

차 례

제1부 보육과정의 기초

제2부 보육과정의 내용

제5장 의사소통 • 83

제6장 사회관계 • 99

제7장 예술경험 • 109

제3부 보육과정의 적용

제 1 부

Early Childhood Curriculum

보육과정의 기초

1부는 보육과정의 기초를 다루었다. 1장에서는 보육과정의 의미를 소개하고, 철학적, 심리적, 그리고 사회적 관점에 근거한 보육과정 구성 원칙을 살펴보았다. 2장에서는 영유아를 어떠한 존재로 인식하느냐에 따라 보육목표와 보육내용과 방법의 선정 등 이론적 배경을 제시하였으며, 보육내용을 어떻게 선정하고, 보육방법과 평가를 어떻게 선정해야 하는가에 대한 근거를 제시하였다. 이 장들을 통해 영유아의 발달 수준, 영유아의 가정환경 및 그들의 사회문화적인 환경을 반영하는 보육과정이 무엇인지 살펴볼 수 있는 시각을 가질 수 있을 것이다.

제1장

보육과정의 이해 및 특성

보육과정은 어린이집에서 영유아를 돌보는 기본 틀이자 기준으로서 보육활동 전반에 대한 체계적인 계획과 설계이다. 보육과정은 보육목적을 효과적으로 성취해 나가는 구체적인 접근 방식이다. 보육과정에는 보육철학, 보육목적, 발달 이론에 근거한 상호작용, 활동 프로그램, 조직화된 학습과정, 평가과정이 포함된다. 보육과정을 구성하는 과정에서 영유아의 발달 수준뿐만 아니라 장애영유아의 특성 및 수준, 영유아의 가정환경 및 그 부모들의 요구와 지역사회의 문화 환경을 고려해야 한다. 운영의 여건, 형태, 주체, 대상의 특성이나 수요자의 욕구 등 영유아 보육의 유형이 다양한 만큼 여러 보육의 유형에 적용될 수 있는 보육과정이 마련되어야 한다.

1. 보육과정의 개념

1.1. 보육과정의 개념

보육과정은 어린이집에서 영유아를 어떻게 돌보며 어떤 경험과 학습활동을 제공할 것인가에 대한 체계적인 계획과 설계이다. 또한 보육목적을 효과적으로 성취해 나가는 구체적인 접근 방식이다. 보육과정은 의도된 보육상황에서 왜, 무엇을, 어떻게, 어느 수준과 범위로 가르치고 평가하는가를 문서로 계획한 것이기 때문에 보육내용만을 포함할 것이 아니라 보육목표, 보육방법, 운영방식, 그리고 평가를 포괄하는 광범위한 개념이다.

보육과정에는 보육철학, 보육목적, 발달 이론에 근거한 상호작용, 활동 프로그램, 조직화된 학습과정이 포함된다(Stephen, 2006). 보육과정은 영유아의 발달에 대한 철학과 신념, 그리고 이론이 담겨 있고, 영유아가 어떤 상태로 성장해 나가야 할 것인가에 대한 명확한 목적이 나타나야 한다. 보육과정을 통해 교사는 연령 및 발달 단계별 목적을 구체적으로 정의하고, 각 단계마다 목적 달성에 필요한 경험을 선정하고 조직한다. 영유아의 발달 수준에 맞지 않는 단편적인 지식이나 기술 위주의 보육보다는 영유아들이 적극적으로 참여하고 능동적으로 경험할 수 있는 보육과정이어야 한다.

보육과정은 영유아들에게 무엇을 가르칠 것인가에 대한 보육내용, 목표를 달성하기 위해서 어떻게 가르칠 것인가의 학습 방법, 그리고 영유아 개개인의 성과를 진단하거나 평가하는 보육평가의 과정이 포함된다. 어떤 보육철학을 기반으로 한 보육과정인가에 따라서 보육평가는 보육과정에 포함되지 않을 수도 있다. 스웨덴의 경우, 보육과정을 통해 영유아를 교육하고 이들의 발달을 돕고 사회적 기본 가치를 학습하는 것을 중요한 보육의 목표로 보기 때문에 아동 개개인의 성과에 대한 보육평가를 보육과정에 포함시키지 않는다(한유미, 오연주, 권정윤, 강기숙, 백석인, 2005).

보육의 초기 단계에서 보육과정은 저소득 가정의 자녀 양육을 대리하는 기능이 강조되었기 때문에 보호적 서비스에 집중하였다. 그러나 보육을 필요로 하는 계층이 저소득층뿐만 아니라 취업부부 및 일반가정 등으로 확대되면서 보육의 개념이 단순히 영유아를 보호하는 개념으로부터 초등학교 입학 전 유아들을 위한 기본적이며 보편적인 조기 경험의 일환으로 확장되었다.

최근에는 영유아의 보호와 양육, 교육적 행위가 조화를 이루는 보육과정이 관심을 받고 있다. 이러한 보육의 과정은 영유아보육법에서 명시하고 있는 보육목적, 즉 "영유아의 심신을 보호하고 건전하게 교육하여 건전한 사회 구성원으로 육성함과 아울러 보호자의 경제적·사회적 활동이 원활하게 이루어지도록 함으로써 가정 복지 증진에 이바지하고자 함"(제1조)에서도 그대로 드러나고 있다.

정부는 어린이집의 0~5세 영유아들에게 국가 수준의 보편적이고 공통적인 보육의 목표와 내용을 제시한 표준보육과정을 시행하고 있다. 2013년부터 어린이집과 유치원에서 3~5세 유아에 대한 공통 교육·보육과정인 누리과정이 시행됨에 따라 '표준보육과정'은 0~1세 보육과정, 2세 보육과정, 3~5세 누리과정이 포함된 보육과정으로 구성되어 있다. 국가 수준의 표준보육과정은 2019년 3~5세 누리과정이 놀이 중심으로 전면 개편되었고, 이에 따라 2020년 0~2세 표준보육과정도 개편되었다. 누리과정 0~5세 표준보육과정은 "영유아 중심, 놀이 중심 보육과정을 통해 자율성 · 창의성을 높이는 것"을 목적으로 한다. 정부는 0세부터 2세까지의 표준보육과정과 유치원과의 공통과정인 누리과정(3~5세)의 연계를 통해 0~5세 영유아의 경험, 연령 간 발달 연결이 가능하고, 어린이집 현장에서 일관된 보육과정을 제공할 수 있도록 하였다.

1.2. 보육과정과 인간상

국가가 추구하는 미래 인간상의 성취는 보육의 최종 목적이다. 오늘날 민주시민의 인간상은 사회규범 안에서 자유를 행사하고 창의적으로 사고하며 객관적 판단에 근거한 의사결정에 대한 사회적 책임을 인식하고 다른 사람을 배려하는 자율적인 인간형이라 할 수 있다. 보육을 통해 이상적인 국가 인간상을 실현하기 위해서는 영유아를 위한 보육과정이 마련되어야 한다. 바람직한 인간상에 대한 사회 공동의 이데올로기는 보육과정 구성의 주요 요소가 된다.

4차 표준보육과정이 추구하는 인간상은 '건강한 사람', '자주적인 사람', '창의적인 사람', '감성이 풍부한 사람', '더불어 사는 사람'이다.

표준보육과정에 제시된 미래의 인간형을 다음과 같이 구체적으로 설명할 수 있다(보건복지부, 2019).

첫째, 건강한 사람이다. 유아는 몸을 자유롭게 움직이며 놀이하는 것을 좋아하고, 세상과 즐겁게 교류하며, 자신의 건강과 안전을 스스로 지킨다. 개정 누리과정은 유아가 튼튼한 몸과 안정된 정서를 바탕으로 자신을 소중히 여기며, 일상에서 건강한 생활을 실천하고, 위험한 상황에서 자신을 보호하는 경험을 통해 건강한 사람으로 성장해 갈 수 있도록 돕는다.

둘째, 자주적인 사람이다. 자주적인 사람은 자신을 잘 알고 존중하며 자신감을 가지고 스스로 할 수 있는 일을 주도적으로 해 나가는 사람을 의미한다. 유아는 자신이 하고 싶은 놀이나 일을 스스로 결정하고 적극적으로 참여하며 이끌어 나간다. 개정 누리과정은 유아가 자신에 대한 이해를 바탕으로 자신을 가치 있고, 긍정적인 존재로 여기며, 자신이 잘할 수 있는 일이 무엇인지 알고 자신의 능력을 확장하기 위해 스스로 노력하는 사람으로 성장해 갈 수 있도록 돕는다.

셋째, 창의적인 사람이다. 창의적인 사람은 주변 세계에 열려 있고, 호기심이 많으며, 자기만의 방식으로 상상하고 느끼고 표현하고 탐구하는 가운데 새롭고 독창적인 생각을 하는 사람을 의미한다. 유아는 자연과 일상에서 만나는 다양한 사물과 문제에 호기심이 많고 상상력이 풍부하며 궁금한 것을 적극적으로 탐구하면서 스스로 답을 찾아낸다. 개정 누리과정은 유아가 놀이를 통해 자신의 관심과 흥미에 따라 세계를 탐색하고 도전하고 실험하는 과정에 적극적으로 참여하는 사람으로 성장해 갈 수 있도록 돕는다.

넷째, 감성이 풍부한 사람이다. 감성이 풍부한 사람은 예술을 사랑하고 존중하며 자신을 둘러싼 주변 세계에 경이감과 아름다움을 느끼고 즐길 수 있는 풍부한 문화적 감수성을 지닌 사람을 의미한다. 유아는 다양한 사물과 매체, 사람과 자연에 민감하고 주변의 다양한 예술과 문화에 관심을 가지며 그 속에서 아름다움과 재미를 발견한다. 또한 유아는 이러한 아름다움을 다양한 언어, 노래와 몸짓으로 표현하는 것을 좋아하고 즐긴다. 개정 누리과정은 유아가 일상과 놀이 속에서 아름다움을 발견하고 공감하며, 이를 다양한 예술로 표현하면서 문화를 향유하는 사람으로 성장해 갈 수 있도록 돕는다.

다섯째, 더불어 사는 사람이다. 더불어 사는 사람은 자신이 속해 있는 사회에 소속감을 느끼고, 다른 사람과 생명을 존중하고 자연과 더불어 살아가며 보다 나은 사회를 만들기 위해 사회문제에 관심을 갖고 협력하는 민주 시민을 의미한다. 유아는 주변 사람을 포함한 모든 생명에 대한 감수성이 뛰어나며, 자신과 친근한 사람 및 주변 세계와 관계를 맺으면서 자발적으로 사회질서와 소통방식을 배워 나간다. 개정 누리과정은 유아가 가족, 이웃, 동식물과 주변 환경에 관심을 가지고 소중히 여기며, 서로 배려하는 마음과 태도, 책임 의식을 가진 사람으로 성장해 갈 수 있도록 돕는다.

2. 보육과정의 기초

2.1. 철학적 기초

영유아를 어떤 존재로 해석하느냐의 철학적 이해에 따라서 보육과정이 달라진다. 보육의 내용 및 방법, 조직, 형태 등의 보육과정은 한 사회와 시대가 기대하는 인간 됨됨이에 대한 철학적 이해를 기반으로 결정된다.

Fröbel은 교육과정에서 영유아의 본성과 세계관에 기초한 그의 사상을 전개하였다. 세상의 만물은 신의 조화이며 교육의 궁극적 목적은 신, 인간과 자연의 통합을 이해하는 것이라고 하였다(이기숙, 2006). 또한 그는 교육에 있어서 영유아의 경험을 중시하고 경험을 통해 모든 교육과 학습이 진행된다고 보았다. 영유아에게 인위적으로 무엇을 부과하기보다는 영유아의 능력이 자연스럽게 전개될 수 있도록 도와주어야 한다. 교육은 영유아가 갖고 있는 본래적인 활동성을 표출하도록 하며, 그들의 내면적인 힘을 길러 줌으로써 창조적인 자기 활동의 과정이 되도록 해야 한다고 보았다. 교육과정에서 놀이를 중요하게 다루었는데, 이는 놀이를 단순한 시간 소비라고 생각해 온 전통적인 통념에서 벗어나는 것이다. 상징적 놀이를 통해 영유아 자신의 능력이 자연스럽게 표출되도록 하며, 이것이 영유아의 지식 세계로 통합된다고 본다. Fröbel의 영유아에 대한 이해는 성인 주도의 교육에서 벗어나 유아에 대한 존중과 놀이를 통한 능동적인 학습이 중요하다는 '노작교육'의 기초를 형성하였다. 1900년대 이후 아동발달에 관한 사실들이 보고되면서 Fröbel의 이론이 아동발달이론에 부합되고 단계를 따라 진행되는 학습이 지나치게 형식적이고 단계적이어서 창조적이지 않다는 비판이 있고, 영유아교육현장이 교사 중심이 되었다는 비판이 있다. 그러나 Fröbel은 영유아를 대상으로 한 교육과정을 처음으로 체계화한 공헌이 있다.

Dewey는 Fröbel의 상징주의를 비판하면서 인간과 환경 간의 사회적 상호작용의 개념을 제안하였으며, 학습자 경험 중심의 교육과정을 강조하였다. Dewey를 비롯한 진보주의자들은 영유아의 자발적 참여에 의한 자율적 보육을 강조하고 영유아가 놀이와 활동을 스스로 구성하고 주도적으로 자신의 흥미와 관심사를 표현할 수 있어야 한다고 본다. 아동의 경험을 학습의 시작으로 보지만, 학문의 경험적 가치도 소홀하게 다루어선 안 되며, 학습이 교육적으로 이루어지기 위해서 더 많은 지식과 지식의 구조를 발달시킬 수 있어야 한다고 보았다. 그가 말하는 '경험'은 영유아가 성취한 모든 것을 의미한다. 교육의 원리로 '상호작용', '변화', '계속성'을 들고 있으며, 교육은 경험을 계속해서 변화시킨다. 영유아가 흥미를 갖고 적극적으로 활동에 참여할 수 있을 때 창의적인 상호작용이 가능하다. 영유아의 직접경험의 결과만이 이들의 지식 체계로 유입된다. 보육과정에서 영유아들 스스로 경험을 통해 지식을 구성하고, 새로운 의미를 발달시켜 나가는 것은 매우 중요하다. 보육과정은 영유아의 발달적 특성에 기초하여 영유아가 알고 있는 것과 알 필요가 있는 교육내용들을 경험시킬 수 있도록 구성되어야 한다.

Fröbel 이론에서 교사는 잘 짜여진 프로그램 속에서 학습 경험을 정확하게 전달하는 역할을 수행하지만, Dewey의 경험주의에서 교사는 영유아가 직접 해 보는 매일의 경험을 통해 문제 해결 능력을 기르고 이를 통해 발달하도록 돕는다. 영유아가 보육과정에 직접 참여하여 경험할 수 있는 기회를 교사가 마련해 준다. 영유아가 주도적으로 교육활동을 이끌어 나가며 스스로 작업을 하고, 경우에 따라서 의도하지 않은 방향으로 교육활동이 진행되기도 한다. 영유아를 대상으로 하는 교육에 대한 Dewey의 입장은 진보적인 유아교육과정을 발달시켰고, 단원 또는 프로젝트 중심의 학습과정을 유도하였다.

Montessori는 영유아는 자기 스스로 발달해 갈 수 있는 능력을 소유하고 있으며 이는 영유아 자신의 활동을 통해 표현될 수 있다고 보았다. 여기서 교사는 영유아를 세밀하게 관찰한 결과를 기초로 이들에게 필요한 환경을 조성해 주어야 한다. 감각교육을 통해 지적 발달을 이룰 수 있고, 사물과의 상호작용을 통해 시행착오를 거쳐 학습한다. Montessori의 개인주의적 교육과정은 당시 집단 활동과 사회화를 강조하는 사조와 대치되었다. Montessori 이론은 영유아 교육 현장에서 빛을 발하지 못하다가 인지이론이 대두되면서 영유아를 위한 교육과정에서 중요한 위치를 차지하게 되었다.

2.2. 발달심리학적 기초

영유아에 대한 발달심리학적 이해는 보육과정의 기초가 된다. 영유아에 대한 과학적 이해를 근거로 보육과정이 구성되어야 한다. 사실상 발달심리학 이론은 보육과정을 개발하는 과정에서 중요한 영향을 미쳐 왔다. 영유아가 어떤 과정을 거쳐 성장·발달하며 연령에 따라 이들이 보이는 관심과 흥미, 그리고 발달 과업 등이 어떻게 달라지는가를 이해하는 것은 보육과정의 목표 설정, 보육내용 및 보육과정을 선정하는 데 있어서 가장 기초적인 자료가 된다. 영유아에 대한 관점과 이해의 차이가 보육과정의 차이를 가져올 수 있다. 헤드스타트, 레지오 접근법, 프로젝트 접근법 등의 수많은 보육과정은 저마다의 독특한 이론적 개념과 특징을 갖고 개발되었다.

1920년대의 아동 연구 운동을 통해 연구 결과들이 보고되면서 영유아에 대한 이해가 확장되었고, 보육과정은 이러한 연구 결과의 영향을 받게 되었다. 현재는 다양한 발달심리학 이론이 보육과정에 영향을 미치고 있는데, 성숙이론, 행동주의이론, 정신분석이론, 구성주의이론을 보육과정에 영향을 미치는 대표적인 이론으로 볼 수 있다.

성숙이론은 Gesell의 표준행동연구와 Darwin, Hall의 발달예정론의 두 가지 입장이 있다. Darwin에게 영향받은 Hall은 영유아의 발달은 정해진 유전인자의 구성에 따라 예정된 전개의 형태라고 이해하였고, Gesell은 이러한 Hall의 이론을 발전시켜 영유아의 지적·신체적·사회적·정서적 발달의 성장에서 기준이 되는 행동을 찾아 아동발달의 표준행동을 제안하였다. 성숙이론은 연령과 발달 단계에 따라 나타나는 표준행동을 중심으로 한 보육과정을 낳았다(이기숙, 2006).

행동주의 이론은 Thondike, Pavlov, Watson의 이론에 이어 Skinner의 자극-반응 강화이론으로 발전하였고, 1960년대 영유아 보육과정에 활발하게 적용되었다. 행동주의 입장은 학습을 자극과 반응의 관계로 이해하며 행동 단위별 강화를 통해서 학습이 이루어지는 것으로 이해한다. "행동주의 이론이 인간 내면의 모든 심리적 기제에 근거한 행동까지도 설명할 수 있는가?"라는 행동주의에 대한 반론과 "행동주의가 인간발달에 어떤 역할을 하는가?"의 철학적 질문이 계속되어 왔다. 모방과 연습을 통해서, 상과 벌의 과정을 통해서 행동을 습득한다고 보아 사실상 영유아를 수동적인 학습의 수용자로 이해하였다. 행동주의의 강화 원리는 보육뿐만 아니라 영유아를 양육하는 다양한 현장에서 영유아가 발달 과업을 획득하는 데 중요하게 적용되고 있다. 영유아가 습득해야 할 특정 행동을 요소별로 조직적이고 논리적인 순서에 의해 학습하도록 하는 보육과정은 행동주의 이론에 기초한 것이다.

정신분석이론은 영유아 보육과정에 중요한 영향을 미쳤다. 영유아기의 기본적 욕구 충족을 강조하고, 부모자녀 관계를 중시하며, 놀이를 통하여 영유아의 내적 감정을 표현하는 것을 주요하게 다룬다. 놀이를 통해서 영유아가 갖게 되는 발달적 긴장과 억압, 적대감을 해소할 수 있다고 보기 때문에 정신분석 입장의 보육과정에서는 놀이를 강조한다. 신체운동 놀이, 표현 활동 등의 창작 놀이를 통해 자신의 감정을 마음껏 표현하여 건강한 성격을 기르도록 한다. 영유아의 기본적 충동이 억제되면 영구적 결함을 지닌 성격을 발달시킬 수 있다고 본다. 교사는 블록놀이, 점토·모래놀이 등을 통해 영유아의 정서적 갈등과 긴장을 해소할 수 있도록 도와야 하며 놀이와 미술 등의 창의적 표현 활동을 통해서 영유아가 자신의 감정을 마음껏 표현할 수 있도록 도와야 한다.

Piaget와 Vygotsky의 구성주의 이론은 1970년대와 1980년대 교육이론과 실제에 영향을 미쳤다(이기숙, 2006). Piaget와 Vygotsky 이론은 모두 인지 발달에 있어서 놀이의 가치를 강조하고 있으며, 개별놀이와 또래와의 상호작용을 모두 중시한다. 영유아는 자신의 경험에 대한 반성(reflection)을 통해서 지식을 구성해 간다고 가정한다. 영유아를 능동적인 학습 구성자로 보고, 지적 발달은 영유아와 환경과의 상호작용을 통해서 가능하다고 보았다. 동화와 조절을 통해 적응하며, 조절적 확대를 통해 인지 세계가 확대된다고 본다. Piaget는 보편적인 발달 순서를 통해 유아가 발달하며, 각 단계는 질적으로 다른 단계라고 보고, Vygotsky는 유아가 학습하는 데 사회적 맥락이 중요하게 작용한다고 보았다. 놀이를 통해서 추상적 사고 능력을 발달시킬 뿐만 아니라 사회 규칙과 역할을 이해하는 도덕성 발달이 가능하다고 보고 있다. 구성주의는 영유아의 선택을 중시하고 또래들과의 놀이를 강조한다. 교사는 경험에 대한 반성적 사고를 위해 영유아와 질문을 주고받으며, 영유아와 적극적으로 대화한다.

심리발달 이론이 보육과정 구성과정에서 중요하게 다루어져야 하는 이유를 다음과 같이 설명할 수 있다. 첫 번째로는 발달적 특성에 적합한 보육과정을 구성할 수 있기 때문이다. 심리발달 이론은 영유아들에게 언제, 어떻게, 무엇을 가르쳐야 하는지를 알려 주고, 보육내용을 영유아에게 효과적으로 전달할 수 있는 지침을 제공해 줄 수 있다. 두 번째로는 영유아의 발달 가능성을 중요하게 고려할 수 있기 때문이다. Dewey는 영유아의 미성숙한 발달 수준은 이들이 발달해 나가는 중요한 내적 조건이 되며, Vygotsky(1978)는 영유아의 현재 발달 수준은 성인과 또래의 도움으로 변화할 수 있다는 것을 보여 주고 있다. 영유아에게 기대되는 가능성의 범주가 넓을수록 강하게 동기가 유발되고, 더욱 풍부한 경험을 하게 된다(이연섭,

2005).

영유아를 보육하는 과정에는 세 가지의 발달심리학 이론이 주로 반영되어 있다. 첫째, 행동주의 이론에 근거한 보육과정이다. 행동주의에서 교사는 영유아의 행동에 민감하고 영유아의 행동에 보상해 줄 수 있어야 한다. 영유아에 대한 분명한 행동 목표를 수립하고, 이를 달성하기 위한 구체적인 전략을 개발해야 한다. 두 번째 이론적 주류는 개별화를 강조하는 아동발달 모델에 근거한 보육과정이 있다. 이는 영유아 개개인이 자신의 경험을 조직화하는 것이다. 모든 영유아가 똑같은 보육목표를 성취하지 않아도 되며, 동일한 보육과정에 참여하지도 않는다. 영유아가 하는 모든 경험을 학습과정으로 본다. 이러한 보육형태는 영유아의 사회, 정서발달에 초점을 두며, 주로 Fröbel, Freud, Gesell 등의 심리학 이론이 바탕이 되고 있다. 세 번째는 구성주의에 근거한 보육과정이다. 이것은 유기체와 환경과의 상호작용의 결과로 논리적 사고 구조를 발달시켜 나갈 수 있다고 본다. Kamii, Weikart 프로그램 모델 등이 이에 해당한다.

2.3. 사회적 여건

영유아 보육과정은 사회적 개혁 및 변화와 불가분의 관계를 갖고 발달해 왔다. 모든 시민사회는 교육과정을 통해 한 사회가 유지하고 있는 문화와 가치, 생활 방식을 영유아들에게 전수한다. 교육과정을 계획하는 단계에서 사회의 목표, 문화의 개념, 문화적 동질성과 다양성, 사회적 압력, 사회적 변화 등이 고려된다(Parkay & Hass, 2000; Stephen, 2006).

특히 보육은 경제 발전을 중시하고 노동 인력의 창출을 강조해 온 사회적 변혁과 연관되어 왔다. 보육과정에 영향을 미쳐 온 가장 중요한 사회적 요인은 여성의 사회 진출을 들 수 있다. 부모의 취업으로 자녀를 양육할 수 없게 된 경우 자녀를 믿고 맡길 수 있는 어린이집을 찾게 된다. 이때 보육과정은 부모들의 자녀양육행동을 지원하는 내용으로 구성하고, 부모들의 주 양육행동인 영양, 건강, 안전이 강조되어야 한다. 부모들마다 요구하는 보육의 내용도 차이가 있다. 이는 양육에 대한 부모의 관점 차이(Watson, Watson, & Wilson, 2003)나 부모가 처한 상황에서 비롯된다. 경제 발전으로 인해 자연스럽게 파생된 빈부 격차는 보상보육의 개념을 발전시켰다. 즉, 빈곤아동의 발달적 지체를 보상하기 위한 헤드스타트는 대표적인 보육과정이 되었다.

이외에도 가족 구조의 변화로 인한 자녀 양육기능의 약화, 저출산 시대의 도래, 아동권리 개념의 도입 등이 보육과정을 구성하는 데 영향을 미치는 사회적 변화 요인이다.

1) 여성의 사회 진출 증가

결혼과 육아기라고 볼 수 있는 20대 중후반과 30대 초반(30~34세)과 중후반(35~39세) 여성의 경제 활동 참가율은 2017년 기준으로 볼 때, 각각 69.6%, 61.0%, 58.1%로 나타났다(통계청, 2018). 산업화의 과정을 거치면서 여성의 취업률이 증가한 요인을 다음과 같이 정리할 수 있다. 첫째, 산업의 발달로 인한 일의 분화와 전문성 강화로 인해 노동력의 수요가 증대하면서 여성 인력을 필요로 하는 직업이 다양하게 개발되었기 때문이다. 둘째, 여성의 교육 수준 향상으로 인한 자아실현과 경제적 자립 욕구가 강해진 의식의 변화를 볼 수 있다. 셋째, 자녀수의 감소로 여가 시간이 늘었기 때문이다.

취업 여성이 증가하는 상황에서 어머니들이 당면하는 이중적 역할 수행(예: 직업적 역할과 가정 내 역할 수행)의 부담으로 가정의 보호와 교육 기능이 급격히 약화되었다. 취업모가 직면한 자녀양육 어려움은 경제 구조의 변화로 야기된 것으로서 취업모 개인이 아닌 사회·국가 차원에서 다루어야 할 문제라는 인식이 확산되었다. 결과적으로 국가 수준의 보육과정 제정의 필요성이 제기되었고, 보육현장은 부모의 자녀 양육기능을 수행하는 보육과정을 시행하게 되었다.

2) 가족 구조의 변화로 인한 자녀 양육기능 약화

핵가족은 가족의 구조와 기능, 가족 구성원의 역할, 가족 수 및 가치관의 변화를 초래하였다. 과거 대가족에서는 자녀를 보호·양육하고, 문화를 전달하고, 가치와 규범을 사회화시켜 주는 대리 양육자가(예: 조부모, 고모, 삼촌) 존재하였다. 그러나 핵가족과 여성의 취업 증가는 부모의 자녀 양육기능을 약화시켰고 가정 내에서 아버지와 어머니의 역할 균형을 요구하고 있다. 여성 취업으로 인한 가족 구조의 변화에도 불구하고 개인보다는 가족을 중요시하는 가족 중심적이고 부계 중심의 가족 경영 성향이 가족 내에 여전히 강하게 남아 있다. 이러한 이중성은 가정과 사회에서 충돌할 가능성이 있다. 즉, 가족 내 부부 간, 부모-자녀 간의 평등 관계를 원하면서, 전반적인 사회의 분위기는 여성의 전통적인 역할을 강제할 가능성을 갖고 있는 것이다. 자녀 양육 역시 평등한 부부 중심의 가족 구조 하에 부부가 공동으로 분담하는 평등 구조로 변화할 수 있어야 한다.

3) 아동의 권리에 대한 인식

아동권리의 개념은 보육과정이 '아동 중심'으로 계획·운영될 수 있어야 함을 보여 준다. 아동이 태어난 조건과 상황에 관계없이 누구나가 태어나는 순간부터 어떠한 종류의 차별을 경험하지 않고 동일한 경험을 할 수 있어야 한다는 아동권리의 가장 기본적인 개념은 모든 아동들에게 보육경험을 제공해야 할 당위성을 말해준다. 국가는 보육을 필요로 하는 모든 영유아들에게 양질의 보육서비스를 제공할 수 있어야 하며, 영유아들에게 제공되는 보육과정에 차이 혹은 차별이 존재해서는 안 된다. 즉, 보육과정에서 아동에 대한 차이를 인정하면서 지역 간, 계층 간 차이가 있는 보육 프로그램을 제공해서는 안 된다.

특히 아동은 보호의 대상이면서 동시에 권리의 주체자가 되어야 한다는 아동권리 개념은 보육과정에 아동 참여의 가능성을 높여야 함을 보여 주고 있다. 교사는 영유아가 무엇을 필요로 하는지, 어떤 활동을 하고 싶은지를 적극적으로 표현할 수 있도록 격려하고, 영유아 자신이 선택한 활동에 존중과 인정을 표현하는 보육과정을 구성할 수 있어야 한다.

보육과정은 영유아 자신의 개별적 필요와 일치하는 보육과정이 구성될 때 이들의 호기심과 흥미가 발현될 수 있으며, 학습의 결과도 극대화할 수 있다. 아울러 보육과정은 영유아가 자신의 의사를 표현할 수 있어야 하며, 잠재적 발달 가능성을 일깨워 주고, 상호 평등과 다양성을 인정하는 보육과정이 되어야 한다(Scottish Executive, 2006). 이 모든 개념이 '영유아 최우선의 이익 원칙'을 중시하는 보육과정이다. '영유아 최우선의 이익 원칙'이 중시될 때, 생존, 보호, 발달, 참여의 4가지 아동권리를 존중하는 보육과정이 운영될 수 있다(Nutbrown, 1996).

3. 보육과정의 관점과 변화

3.1. 보육과정의 관점

교사가 영유아에게 무엇을, 어떻게 가르칠 것인가를 결정하는 과정에서 한 사회나 시대가 처한 상황이나 가치관, 영유아의 사회적 지위와 이들에 대한 이해는 중요한 영향을 미친다. 즉, 보육과정은 사회적 환경, 영유아의 사회적 위치, 그리고 사회가 추구하는 인간상에 따라서 변화해 왔다.

1) 교사 중심의 관점

보육의 전통적 관점에서 영유아는 미성숙한 사람으로, 성인의 예속물로서 사회가 요구하는 법과 규범, 관습에 잘 적응할 수 있어야 했다. 엄격하게 생활습관을 훈련받았고, 가정과 사회의 규칙을 지키도록 요구받았다. 영유아는 사회에서 요구하는 가치와 지식을 잘 수용하는 수동적인 학습자였으며, 사회에서 사용되고 있는 지식의 무조건적인 수용자가 되었다. 여기서 교사는 일방적으로 지식을 정리해서 영유아에게 전달한다.

교사 중심 보육과정에서의 영유아는 지식을 획득하는 과정에서 수동적인 역할을 하며, 교사는 양육자로서, 신체·언어·정서적 상호작용을 이끄는 주체로서 영유아의 보육과정을 실행하는 전 과정에서 핵심적인 역할을 한다. 영유아의 흥미나 관심, 필요를 고려하지 않고, 보육과정의 전달자인 교사 자신의 지식이나 기술에 의존하여 이를 일방적으로 영유아에게 전달한다. 영유아는 자신의 감각을 통해 지식을 저절로 획득할 수 있다고 보며, 영유아를 백지 상태 혹은 무능한 존재로 여기고 부모나 교사가 가르치고 훈련시키는 대로 지식이나 인식 등이 형성된다고 이해한다. 가정의 규율이나 사회의 규칙을 지키도록 요구하며, 사회가 요구하는 지식과 기술, 규칙, 법, 관습 등 잘 짜여진 지식 체계를 배우도록 강요한다. 여기서의 영유아는 수동적인 학습자이다.

2) 영유아 중심의 관점

보육과정의 패러다임이 교사의 주도 하에 지식 전달 위주의 전통적 관점에서 영유아의 직접경험에 의한 능동적 참여를 강조하는 영유아 중심의 자율적 참여의 관점으로 전환되고 있다. 수동적 지식 전달 위주의 보육과정에서 벗어나 능동적 참여 중심의 보육활동을 강조하고 있다. 모든 영유아는 어떤 상황이나 환경에서도 자신의 발달과 경험을 스스로 구성해 갈 수 있는 능력이 있으며, 영유아의 경험이 지식의 확장과 적응에 중요하게 영향을 미친다는 사실이 알려지면서 영유아가 능동적으로 참여하는 보육과정으로의 변화가 더욱 촉진되었다.

영유아의 직접경험의 중요성을 강조한 Dewey는 진정한 의미에서 발달한다는 것은 경험이 발달하는 것이며 경험 속으로 발달하는 것을 의미한다고 주장하였다(이순형 외, 2005). 영유아는 능동적인 상호작용과 경험을 통해서 지식을 획득한다고 본다. Dewey 등은 영유아가 자발적으로 참여하는 보육을 통해서 자율적인 인간으로 형성될 수 있다고 주장하고 경험을 통해 지식을 받아들일 수 있어야 함을 강조하면서 적극적 주체자로서의 영유아 학습을 제안하였다. 보육과정은 영유아의 발달 수준에 적합하고, 영유아의 개별적 욕구를 충분히 고려하며, 교사가 아닌 영유아의 주도 하에 성인과 또래 친구들과의 상호작용을 통해서 학습할 수 있어야 한다. 아울러 영유아를 미성숙한 존재가 아니라 유능한 학습자로 이해하고, 수동적인 교육의 수혜자가 아닌 능동적인 교육 참여자가 될 수 있어야 한다. 그리고 영유아의 관심사에 대해서 잘 들어 주고 이들의 선택을 존중해 줄 수 있어야 한다(British Educational Research Association-Special Interest Group: BERA-SIG, 2003; Davis, 2005; Mitchell & Wild, 2004). 보육과정을 구성하는 과정에서 교사나 부모의 요구가 영유아의 요구보다 중요하게 고려되어서는 안 된다.

영유아 중심의 자율적 참여의 보육과정은 영유아를 능동적인 학습의 주체자로 인정하고 영유아의 필요와 관심, 흥미, 활동, 경험을 중시한다. 교사가 결정한 보육활동 속에서 주어진 내용과 지식을 그대로 받아들이는 것이 아니라 영유아가 주도적으로 흥미 있는 활동을 통해 주변 환경을 탐색하고 구성해 나가면서 자신의 요구를 만족시키고 지식 체계를 확장해 간다. 영유아가 스스로 활동해 나가면서 자발적인 경험의 종류를 늘려 나가고, 이를 통해 개념과 지식을 획득하는 것이다. 영유아 중심의 자율적 참여 관점의 보육과정은 영유아들이 학습을 통해 얼마나 많은 양의 지식을 습득하느냐 보다는 어떤 학습과정을 통해 지식을 알아 가며, 이 지식을 어떻게 활용하고 확장해 나가는가의 지식의 질과 의미를 중요하게 여긴다.

영유아 중심의 보육과정에서 사용되는 기술을 다음과 같이 요약할 수 있다.

첫째, 영유아의 자율적 참여를 강조하는 활동 중심 보육과정을 운영한다. 현존하는 사회적·문화적 지식을 정리해서 영유아에게 알려 주기보다는 영유아가 관심있는 활동에 직접 참여하여 경험을 통해 사실들 간의 관계, 특성, 적용 등과 관련된 지식을 획득한다.

둘째, 영유아에게 적합한 보육환경 구성을 중요하게 여긴다. 환경을 어떻게 구성하는가에 따라서 영유아 경험의 종류와 내용이 달라질 수 있기 때문이다. 최근 들어 일상생활과 자연 생태에서 쉽게 볼 수 있는 자연물을 교실 환경을 구성하는 단순한 전시물로 사용해 왔던 태도에서 벗어나 자연물을 영유아들의 교구·교재로서 학습활동에 적극적으로 사용하고 있다. 보육현장에서 주로 사용되는 자연물 교재는 나무블록, 조개껍질, 나무, 각종 과일의 씨, 솜, 실, 각종의 천 등이며, 이와 같은 자연물을 활용한 보육 경험을 늘려 나가고 있다. 놀이 활동도 목공, 수공예 등으로 영역이 다양화되고 있다.

셋째, 영유아의 발달과 학습과정, 그리고 영유아들의 발달적 요구를 이해하는 것으로서 놀이를 중요하게 다루고 있다. 자유로운 놀이를 허용함으로써 자발적 학습 참여를 늘려 나간다. 이 경우 놀이는 곧 학습활동이다. 놀이를 통해 사물 간의 특성과 사회적 관계, 자신감, 표현 능력, 새로운 개념에 대한 적극적인 학습 등 계속해서 지식을 확장해 나간다. 어떻게 하면 영유아에게 적합한 놀이의 기회를 제공하고, 놀이 환경을 조성할지가 보육과정을 구성하는 과정에서 주요한 관심사이다.

3) 보상보육의 관점

보육은 본래 부모가 자녀를 양육할 수 없는 경우 이를 국가가 대신 보호해 주어야 한다는 대리 보호의 성격을 띠고 출발하였다. 특히 빈곤가정이나 가족이 해체된 가정의 경우 국가나 지방자치체가 제공하는 보육을 통해서 이들 가정의 자녀들이 겪게 될 발달적 위기를 보상해 주려는 시도는 보육이 애초부터 보상보육의 관점을 띠게 된 주요 요인이다. 부족한 영양 공급과 열악한 주거 환경, 부적절한 양육 상황 등은 영유아의 신체발달, 인지발달, 사회성발달, 정서발달 등 모든 영역의 정상적 발달을 위협하는 것으로 알려져 있다.

보상보육의 관점에서 보육과정은 발달적 위험을 최소화하기 위해서 인지발달적 지체를 보상하고 사회적 경험의 기회를 제공하는 데 초점이 맞추어진다. 언어적 자극을 제공하고, 또래들과의 상호작용의 기회를 제공하며, 지체된 학습능력을 보완하기 위한 보육과정이 운영된다. 빈곤 환경에서 지적 자극과 경험을 제공받지 못하는 영유아들의 인지발달 지체를 보상하기 위해서 학습경험의 기회를 제공함으로써 발달적 손상을 최소화하려는 것이 보상보육의 관점이다.

3.2. 보육과정에 대한 관점의 변화

1) 교사 중심에서 영유아 중심으로 변화

영유아를 미숙한 사람으로 간주하고 사회가 요구하는 규율·법·관습을 가르치고 훈련하는 전통적 관점의 보육과정에서 영유아의 관심사와 흥미는 중요하게 다루어지지 않는다. 오히려 사회의 가치나 윤리 규정, 지식을 제공하여 사회적·문화적·경제적 재생산 및 계승을 중요하게 다룬다. 이는 운영상의 융통성 없이 종일 같은 공간에서 정해진 일과를 어느 영유아나 수용해야 하는 보육과정을 낳았다.

이러한 보육과정은 사회적 관습이나 규율을 전수할 수는 있지만, 영유아의 개별적 요구와 필요를 고려하지 못하고, 이들이 발달적 가능성을 충분히 발휘할 수 있는 기회를 제공하지 못하였다. 그러나 영유아 각자는 고유한 발달적 특성을 보이며 개인차가 존재한다는 사실이 알려지면서 영유아의 관심사를 중시하는 보육과정을 중요시하게 되었다. 즉, 영유아의 호기심을 자극하며 연령에 따른 발달적 특성 및 개인차가 고려된 보육과정이 운영될 수 있어야 한다.

2) 보상보육의 관점에서 보편주의로의 변화

빈곤가정이나 불안정한 가족 구조 속의 영유아를 대상으로 환경적 박탈과 결핍을 보상하는 차원에서 보육과정을 구성하기보다는 누구에게나 동일한 경험을 생의 초기 순간부터 똑같이 제공해 주어야 한다는 보편주의 맥락에서 보육과정이 이해되고 있다. 빈곤가정의 인지적 자극의 결핍을 보상하는 보육과정이 구성되기보다는 건강한 성인으로 성장하는 데 필요한 경험을 모든 영유아들에게 제공할 목적으로 보육과정이 구성되고 있다. 영유아의 모든 발달 영역을 포괄하는 다양한 내용의 보육과정이 선호되고 있는 것은 이러한 보육과정의 관점의 변화에 따른 것이다.

3) 수동적 학습자에서 영유아 주도의 활동 중심으로의 변화

영유아가 수동적 학습자에서 주도적인 활동 주체로 참여하는 형태로 보육과정이 변화하게 된 것은 다음과 같은 사실이 알려지면서이다. 첫째, 다수의 영유아를 대상으로 제한된 시간에 많은 양의 정보와 지식을 전달하는 교사 주도형의 보육과정이 영유아의 직접경험에 의한 지식 습득을 대체할 수 없다. 둘째, 교사에 의한 교과 내용이 영유아의 직접경험과 아무런 상관이 없을 때는 교수 내용이 영유아의 지식 체계에 유입되지 못하여 교육적 문제가 발생할 수 있다(SOEID, 1999). 이러한 연구 결과들이 보고되면서부터 영유아의 자율적 활동 중심의 보육과정을 중시하게 되었고, 교사 주도로 이루어지는 집단 학급 위주의 보육과정 운영은 변화되었다.

4) 지식의 양 중심에서 지식의 의미와 질 중심으로의 변화

보육과정에서 영유아의 자율적 참여가 강조되면서 영유아가 배우게 되는 지식의 양보다는 지식의 의미와 질이 더욱 강조되고 있다. 즉, 수동적인 지식전달을 통한 개념과 지식의 확장에 초점을 두던 것에서 영유아의 경험에 기반한 지식과 의미를 찾는 활동 중심으로 보육과정이 변화되었다. 일정한 질서와 체계 속에서 교사가 일괄적으로 영유아를 교육하던 것이 근래에는 자유로운 놀이 활동을 통해 영유아가 스스로 배울 수 있는 기회를 제공하는 것으로 변화하였다. 보육과정의 관점에 대한 이러한 변화에 따라서 영유아 활동에 사용되던 교구나 장난감도 인공물을 사용하던 것에서 영유아의 참여적 동기를 확대하고 자유로운 표현이 가능한 자연물로 대치되고 있다. 보육과정은 지식의 양을 강조하는 전통적 보육관점을 탈피하고 지식의 질적 측면을 강조하는 방식으로 변화되었다.

제2장

보육과정의 체계 및 구성

영유아가 온전하게 발달하고, 교육받도록 하기 위해 일련의 전문적인 활동이 필요하다. 이에 본 장에서는 영유아가 건강하고 안전하게 보호받으며, 전인적인 발달을 하도록 도와주는 보육과정의 체계 및 구성에 대해 구체적으로 살펴보고자 한다.

1. 보육과정 구성 원리

보육과정은 영아와 유아를 보호하고, 교육시키기 위한 일련의 전문적인 활동이다. 즉, 영유아가 건강하고 안전하게 보호되고, 그들의 전인적인 발달을 촉진하도록 도와주는 기본 설계도이다. 본 장에서는 영유아의 보호와 교육을 위해 고려해야 하는 보육과정의 구성 요소 및 절차를 살펴보고, 최근 개정된 「2019 개정 누리과정」과 이에 따른 요구 및 「제3차 표준보육과정」 현장 적용 결과를 반영한 「제4차 어린이집 표준보육과정」(보건복지부 고시 제2020-75호, 2020년 9월부터 시행 예정) 고시문을 중심으로 살펴보고자 한다.

1.1. 들어가기 전

일반적으로 교육과정은 지식, 인간, 사회, 자연, 환경, 문화 등을 어떻게 바라보는가에 따라 다양하게 해석될 수 있다. 이귀윤(1996)의 분류에 따르면, 교육과정을 교과 중심의 교육과정, 학문 중심의 교육과정, 인지과정 중심 교육과정, 경험 중심의 교육과정, 인간 중심의 교육과정, 사회 재건 중심의 교육과정으로 구분한다. 강조하는 관점에 따라 교육과정의 교육목표나 교육내용, 교육방법, 평가방법에 약간씩의 차이가 있다.

보육과정도 마찬가지로 학자마다 강조하는 시각이나 관점에 따라 다양하게 규정된다. 영유아를 어떻게 정의하며, 이들에게 무엇을 가르쳐 주어야 하고, 어떤 방식으로 가르쳐야 하며, 그 결과물을 볼 것인가에 대한 시각이나 관점에 따라 보육과정이 다르게 정의된다. 그러므로 영유아를 위한 보육과정의 내용은 목적과 목표를 무엇으로 정의하며, 그 내용을 어떻게 선정하고, 운영 및 활동을 어떻게 전개하는지, 그리고 평가하는가에 따라 달라질 수 있다.

동시에 보육과정은 다른 교육과정처럼 교육을 강조하는 것뿐만 아니라 보호적인 측면도 중요한 부분을 차지한다. 영유아의 발달적 특성으로 인해 이들을 위한 보호와 교육이 동시에 이루어져야 한다. 그러므로 보육과정에서는 보육의 대상이

되는 영유아에 대한 특성뿐만 아니라 그들을 둘러싼 가정환경, 사회문화적인 환경에 대한 특성들도 고려해야 한다(방인옥, 박찬옥, 이기현, 김은희, 2003; 이순형 외, 2003). 이를 구체적으로 살펴보면 다음과 같다.

첫째, 보육의 대상, 즉 출생부터 5세까지의 영유아에 대한 자세한 정보를 가져야 한다. 이 시기의 영유아들은 변화의 폭도 크고, 발달적인 수준과 요구가 다양하기 때문에 이들의 발달 특성 및 수준에 대해 자세히 알아야 할 것이다. 동일한 연령이지만, 발달 수준에 따른 격차가 매우 크며, 개인차가 크기 때문에 영유아 보육과정을 구성할 때 영유아의 연령과 발달 수준을 고려하여 목적과 목표를 설정하고, 그 내용과 방법을 결정해야 한다.

또한 일반 영유아의 발달 수준뿐만 아니라 장애를 가진 영유아의 특성 및 수준도 이해해야 한다. 영유아보육법 제3조 3항에는 “영유아는 자신이나 보호자의 성, 연령, 종교, 사회적 신분, 재산, 장애 및 출생 지역 등에 따른 어떠한 종류의 차별도 받지 아니하고 보육되어야 한다”라고 쓰여 있다. 영유아의 장애 여부 및 그 수준을 이해하고, 그에 따라 요구되는 개별적인 필요를 제공하여야 한다(Heward & Orlansky, 1992). 이들에게 제공할 목적과 목표, 그리고 내용과 방법이 다르다. 장애 영유아를 위한 특수교육은 특수학교나 기숙제 시설에서 분리되어 이루어지는 분리교육뿐만 아니라 일반 영유아들과 함께 이루어지는 통합교육이 있다. 두 가지 교육의 형태 중 일반 영유아들과 함께 이루어지는 통합적인 교육은 교육적 측면이나 사회 윤리적 측면에서 많은 긍정적 효과가 나타난다(Bricker, 1978). 특히 통합교육과정을 통해 어린 연령부터 장애 영유아에 대한 긍정적인 태도를 갖도록 할 수 있다. 이처럼 보육 대상인 영유아의 개인적인 욕구와 특성에 대한 이해는 보육과정 구성의 기초라고 볼 수 있다.

둘째, 보육대상의 가정환경 및 그 부모들의 요구를 고려해야 한다. 어린이집이란 가정 이외의 장소에서 하루 8시간 이상 영유아들을 돌보면서 이들이 건강하게 성장하고, 발달하도록 보호하고 교육하는 기관이다(이기숙, 2003). 이곳에 오는 영유아들은 다양한 가정환경이나 상황에 처해 있다. 부모들의 학력, 직업, 경제적 수준, 거주 지역, 자녀 수, 자녀 교육에 대한 관심도, 교육에 관한 인식도, 모의 취업 유무 등에 따라 어린이집에서 요구하는 운영의 형태, 운영 시간 및 교육과정이 다르다. 그러므로 보육대상의 가정환경 및 그 부모의 요구가 무엇인가를 고려하는 것이 필요하다.

예를 들어, 여성 근로자들의 고용 증대와 생산성 향상을 도모하기 위해 설립 운영되고 있는 직장보육은 직장 내부에 설치되거나 근무자들의 주거지역에 설치하여, 취업모의 편의를 도모하고 있다. 때때로 부모들의 보육에 관한 높은 관심은 직접 공공건물이나 복지시설의 건물을 일부 임대하고, 자녀들을 담당할 보육교사를 채용하고, 자신들이 자원봉사자로 일하는 역할을 하기도 한다. 이러한 부모 협동 보육은 우리나라에서는 '공동육아'라는 이름으로 이루어지고 있다(이기숙, 장영희, 정미라, 엄정애, 2003). 반면에 비취업모들이 여가선용이나 쇼핑, 교육 등 다양한 활동을 위해 필요한 시간만큼 자녀들을 맡길 수 있는 시간제 보육이 있다. 뿐만 아니라 발달을 위한 자극이 결여되기 쉬운 불리한 계층에 속한 요보호 영유아를 위해서 보상적인 관점에서 필요한 보육과정이 구성되어야 한다.

또한 운영 시간 면에서 다른 영유아 프로그램에 비해 장시간으로 운영이 되고 있다. 영유아의 생활시간 중의 대부분을 어린이집에서 보내고 있기 때문에 보육활동은 교육에 한정되거나 생활 지도에 한정되기보다는 포괄적이고 통합적으로 제공되어야 한다. 특히, 가정 내에서의 부모 역할을 대행하거나 보완하는 역할이 이루어져야 하므로 영유아의 전인적인 발달을 지원하도록 보호되고 교육되어야 한다. 이처럼 보육과정은 다양한 가족 상황에 있는 영유아들의 발달적·교육적 요구를 고려해야 한다.

셋째, 보육대상의 지역사회뿐만 아니라 사회문화적인 환경을 고려해야 한다. 영유아들이 처해 있는 사회문화적 환경 및 지역사회의 특성은 이들의 생활에 결정적인 영향을 미치며, 실제적인 보육활동에도 영향을 미친다. 어느 곳에 위치한 어린이집인가에 따라 이들이 경험하는 내용이 다를 수 있다. 예를 들어, 도시와 농어촌의 어린이집은 문화시설이나 경험 자료의 이용 기회 면에서 자연을 접할 수 있는 기회나 실외 공간의 활용 여건이 다르다. 그러므로 지역적 특성, 주민들의 생활양식, 사회문화적인 기관이나 시설의 종류는 영유아 보육과정을 구성할 때 영향을 미치게 된다.

또한 지역에 따라 부모 및 가족의 문화나 특성이 다를 수 있다. 예전에 비해 가족의 구조나 기능이 달라졌고, 그 변화로 인해 영유아들의 위치나 가치가 달라졌다. 영유아들이 접하고 있는 사회문화적 환경은 이들의 활동과 놀이의 형태를 바꾸고, 이들의 발달에 영향을 미치고 있다. 그러므로 변화하는 사회문화 속에서 영유아들에게 필요한 것을 파악하고, 그 향후의 변화를 예측하고 반영해야 할 것이다. 이처럼 운영의 여건, 형태, 주체, 대상의 특성이나 수요자의 욕구 등 보육의 유형이 다양한 만큼 다양한 보육의 유형에 적용될 수 있는 보육과정이 마련되어야 한다.

1.2. 구성 요소

보육과정은 영유아가 건강하고 안전하게 보호되고, 전인적인 발달이 이루어지도록 교사가 목적과 목표를 세우고, 그 목표에 맞는 보육내용을 선택하여, 운영 및 활동을 전개하고, 평가하도록 하는 일련의 과정을 의미한다.

1) 보육의 목적과 목표 수립

보육의 목적과 목표는 보육과정 구성의 가장 핵심적인 것이다. 보육의 목적은 어린이집에서 추구하는 장기적 보육 성과를 나타내는 것이지만, 보육의 목표는 보다 구체적이고 특수하며 단기적인 특성을 지니고 있다. 이러한 보육목적과 보육목표는 보육의 내용 및 방법을 결정하기 때문에 보육과정을 구성하는 데 중요하다.

보육의 목적과 목표를 세울 때 다음과 같은 내용을 고려해야 한다. (1) 보육교사들이 가지고 있는 철학적 근원을 살펴보아야 한다. 즉, 영유아에 대한 관점을 살펴보아야 한다. (2) 시대적·사회적·문화적 요구를 반영해야 한다. (3) 학습자의 내재적인 능력과 요구를 반영하여야 한다. (4) 보육목표와 내용 간의 실현 가능성이 있어야 한다. (5) 교사들의 협동적인 집단 사고 과정을 통해 보육목표와 목적이 설정되어야 한다. (6) 이러한 목표는 항상 평가되고 변경될 수 있는 것으로 꾸준히 개선되어 새롭게 설정되어야 한다(김경철, 김영호, 엄익명, 조옥희, 2002). 이상의 내용을 좀 더 구체적으로 살펴보면 다음과 같다.

(1) 영유아를 바라보는 시각

보육교사가 영유아를 어떤 존재로 바라보는가에 대한 정립이 필요하다. Kohlberg와 Mayer(1972)는 낭만주의·문화전달주의·진보주의 사조를 통해 유아를 바라보는 관점을 설명하였다. 낭만주의에서는 인간발달의 보편성에 관심을 두고, 영유아들이 고정적인 전개 과정을 통해 발달한다는 성숙주의적 관점을 강조하였다. 이러한 관점에서 보육의 목표는 영유아가 바람직한 인성의 특성과 일련의 덕목을 갖추는 것으로 보았다. 문화전달주의에서는 외적 환경에 따라 독특한 개별적인 영유아가 형성된다는 행동주의적 관점을 강조하였다. 이러한 관점에서 학교에서의 성공이나 사회의 적응을 위한 기능 습득과 태도 형성을 목표로 삼았다. 반면에 진보주의 사조는 피아제의 인지발달이론에 기초한 것으로 경험한 자극의 풍부함과 적절성의 정도에 따라 영유아가 고정된 다음 발달 단계로 나가는 것을 강조하였다. 이러한 관점은 주변 환경과의 능동적인 상호작용을 통해 총체적인 발달을 추구하는 것을 목표로 삼았다(이기숙, 1999). 최근에 Bruner(1996)는 세 가지 관점 이외에 또 다른 하나의 관점을 제시하였다. 문화 속에서 마음이 형성되는 과정을 강조한 그는 영유아를 구체적인 지식을 처리할 수 있는 존재로 보았다. 이러한 관점에서 강조되는 목표는 교사들이 영유아가 알고 있는 지식과 이미 문화나 역사 속에서 존재하는 지식에 대한 차이들을 인식하도록 도와주고, 다른 한편으로는 그 문화에 잠재된 기본적인 가치에 대해 이해하도록 도와주는 것이다. 이처럼 영유아를 어떻게 바라보는가에 따라 이들을 담당하는 성인들의 보육목표는 달라진다.

(2) 사회적·문화적 요구의 반영

보육목표는 영유아가 처해 있는 사회적·문화적 측면과 연관되어 있다. 시대적·사회적 요구에 따라 영유아 보육은 변천을 거쳐 왔으며, 그에 따른 변화를 보육과정도 반영하여야 한다.

우리나라에서 1970년대 이후 교육 수준의 향상, 가족 구조의 변화 및 기혼 여성의 사회 참여 증가, 특히 출산율의 감소와 65세 노령 인구의 증가 등은 사회적인 보육의 필요성을 강조하게 되었다. 이러한 변화에 따라 1991년 제정된 이후, 수차례에 걸쳐 개정된 영유아보육법에도 나타난 것과 같이 영유아를 위한 공적 책임이 국가적인 차원에서 강조되기 시작하였다. 영유아보육법 제3조에는 "보육은 영유아의 이익을 최우선적으로 고려하여 제공되어야 한다(1항). 보육은 영유아가 안전하고 쾌적한 환경에서 건강하게 성장할 수 있도록 하여야 한다(2항). 영유아는 자신이나 보호자의 성, 연령, 종교, 사회적 신분, 재산, 장애 및 출생 지역 등에 따른 어떤 종류의 차별도 받지 아니하고 보육되어야 한다(3항)"라고 제시되어 있다. 이렇듯 공적인 책임이 강조되는 보육의 목표는 영유아의 생존과 발달, 복지에 대한 관심을 바꾸게 한다. 또한 개인주의적 가치관이 팽배하는 사회 속에서 개인이 사회 안에서 조화를 이루고 함께 공존하는 이타적 태도를 육성하는 일이 시급하다는 인식도 확대되고 있다. 그러므로 보육과정은 영유아들이 살아가는 사회적·가족적 상황을 탐구하여 현재의 욕구를 파악하고 향후의 변화를 예측하고 그것을 반영하는 동시에 21세기를 주도하는 창의력과 잠재력을 가진 영유아로 성장하도록 도와야 한다.

(3) 학습자의 수준 반영

보육목표는 보육대상인 영유아의 발달과 학습에 대한 광범위하고도 전문적인 연구와 이론에 기초하여 도출되어야 한다. 즉, 보육과정의 목표는 실현 가능하고 대부분의 영유아가 성취할 수 있어야 하며 가치 있는 지식과 이해의 발달, 과정과 기술의 발달, 성향과 태도에 대한 발달(NAEYC, 1991)을 포함하고 있어야 한다. 한 예로 영유아는 생존과 관련된 기본적인 신체적·생리적 욕구를 충족하고자 하는 욕구와 사랑과 소속감과 사회적 관계 등의 사회적 욕구, 자아 성장과 발달에 관한 심리적 욕구를 가지고 있다. 영유아의 욕구들이 그들의 연령에 부합되어 실현 가능하도록 보육목표를 계획하여야 한다.

(4) 보육목표 간의 일관성 및 실현 가능성

영유아를 위한 보육내용과 부합되도록 보육목표가 제공되어야 한다. 이를 위해 보육과정에서는 기본생활, 신체운동, 사회관계, 의사소통, 자연탐구, 예술경험의 6개 영역으로 나누고, 각 영역별 내용은 각 목표와 일관적으로 실현 가능한 것으로 구성하였다.

그 내용은 보육목표와 일관성 있도록 연령에 적합하고, 영유아가 알아야 할 지식과 기술 및 태도를 포함하고 있으며, 기본생활 영역은 어린이집의 일상생활에서 결정적인 영유아의 건강, 안전, 영양 및 예절과 질서 등의 내용을 포함하고 있다. 이 내용들은 영유아에게 보육활동으로 제공되면서 영유아가 능동적이고, 주도적으로 보육활동에 참여하도록 한다.

(5) 교사들의 협동적인 집단 사고과정과 평가의 반영

보육과정의 목표는 교사들의 협동적인 사고과정과 평가과정을 반영하여야 한다. 보육교사들은 보육과정 구성 및 보육활동이 영유아가 균형 있게 발달하도록 구성되어 있는지, 또는 보육과정을 수행하는 방법이나 수준이 영유아에게 적절한지에 대한 그 효율성을 평가하고, 이를 목표에 반영할 수 있다. 또한 평가과정에서 교사뿐만 아니라 부모, 지역 당국 및 지역사회의 요구가 반영될 수 있다. 보육교사가 구체적인 상황에서 발생한 문제를 인식하고, 함께 토론을 통해 재구성하고, 이를 재검토하며 문제를 해결하는 반성적 사고 경험(Killion & Todnem, 1991)은 보육과정 목표를 수정하고, 과정을 운영하는 데 기초적인 자료가 될 수 있다. 보육목표를 분석하고, 영유아를 위한 자기 교수 방법에 대한 문제점과 원인을 찾아보거나 자신들의 실천적인 지식(배소연, 1993)을 이해하는 과정 속에서 이들이 세운 보육목표의 타당성 여부를 반영할 수 있다.

2) 목표 달성을 위한 내용의 선정

보육의 목적과 목표가 설정되면 그것을 달성하기 위한 활동의 계획, 즉 보육 프로그램에 대한 계획이 마련되어야 한다. 보육내용을 정하는 데 있어 과연 영유아들에게 "무엇을, 어떤 내용을 가르쳐야 하는가?" 하는 문제에 직면하게 된다. 이 문제는 지금까지 영유아 관련 전문가에 의해 끊임없이 논의되어 왔으며, 그 내용에 대한 합의는 이루어지지 않고 있다. 이들은 각각 서로 다른 자신의 관점과 가치로 판단해 왔기 때문에 그 내용 선택은 다양한 범위를 가지고 있다. 즉, 강조하는 발달에 대한 지식, 영유아의 개인적 특성, 다양한 원리에 기초한 지식, 우리 문화의 가치, 부모의 요구, 그리고 영유아가 미래 우리 사회에서 어떤 기능을 할 것인가에 대한 지식 등이 일치되지 않기 때문이다. 먼저 어떠한 보육내용을 선정해야 하는가에 관한 최근의 이슈에 대해 다룬 후, 보육내용 선정의 원리에 대해 살펴보고자 한다.

(1) 내용 선정에 대한 이슈

무엇을 가르칠 것인가에 관한 이슈들 중 하나는 여러 가지 지식 중 발달에 대한 지식만이 강조된 교육내용이 강조되었다는 비판을 받고 있다. 한 예로, NAEYC가 개발한 3세에서 8세를 위한 적절한 교육내용 선정을 위한 지침들은 주로 발달이론에 근거하고 있다고 비판을 받고 있다(정선아, 김희연, 2006; Chung & Walsh, 2000; Kessler, 1991; Walsh, 1991). Kessler(1991)는 아동발달에 관한 지식은 유아교사의 교육 실행에 도움을 주나 '발달에 적절한 실제'에 대한 지나친 강조는 유아가 실제 획득하여야 할 지식의 본질이나 유아가 어떻게 자라야 하는가 하는 등 철학적 문제들에 대해 불분명하게 만들고 있다고 비판하고 있다. Walsh(1991)도 유아의 발달을 바라보는 유일한 기준으로 제시되는 발달에 적절한 실제는 오히려 유아발달과 학습의 논의를 제한하게 만든다고 지적하며 단일한 준거로써 발달에 적절한 실제의 약점을 비판한다.

유아교육에서 강조하는 발달 지식은 지금까지 교과의 주요한 개념과 영역에 맞도록 명시하면서 중요한 개념으로 자리 잡고 있다. 그러나 최근 발달 중심의 교육과정에 대해 다른 시각들을 제시하고 있다. 교육내용이 유아의 생활, 곧 유아에 대한 발달적 지식으로 유아에게 무엇을 가르칠 수 있는가와 동일하게 보는 오류를 범한다고 하였다(정선아, 김희연, 2006). 진보주의 교육과정은 유아의 삶과 분리된 교육내용이 유아들에게 유용하지 못하다는 내용을 강조하였고, 이것의 영향으로 유아에게 무엇을 가르쳐야 하는가에 관한 교과지식 내용을 부정하게 되었다(Chung & Walsh, 2000). 또한 진보주의 영향으로 교육과정에서 유아의 생활 경험이 교육내용으로, 혹은 교육활동으로, 혹은 교육방법으로 전환되었고, 유아의 자연스러운 활동에 담겨 있는 지식은 교육내용으로 선정되어, 이를 유아의 발달에 적합한 교육이라고 정의되고 지금까지 강조되어 왔다. 그러나 이러한 과정에서 교육이 나아가야 하는 방향을 제시하는 교과지식의 과정적인 본질에 대한 고민이 약화되었다. 결국, 유아교육의 교과지식의 본질이 왜곡되고 교육과정에서 지식의 습득을 교과 중심의 교육과정이라고 간주하게 되었다(정선아, 김희연, 2006). 이러한 상황은 보육내용에서도 유사하게 나타나고 있다.

그러므로 보육목표를 달성하기 위해 영유아들에게 필요한 지식, 기술, 태도, 가치나 일상생활에서 겪는 다양한 경험들을 교육적 의미를 지닌 내용으로 구조화하는 작업뿐만 아니라 교육이 나아가야 하는 방향을 제시하는 교과지식의 과정적인 본질에 대한 고민이 보육내용을 선정하는 데 요구된다.

(2) 다룰 수 있는 보육내용

영유아들에게 필요한 지식, 기술, 태도, 가치나 일상생활에서 겪는 다양한 경험들을 구조화하고, 교육적인 의미를 지니게 하는 경험을 보육내용이라고 칭한다. 이러한 보육내용은 보육목표에 따라 구성할 수 있다.

다룰 수 있는 보육내용으로 영유아가 일상적인 생활에서 경험하는 다양한 경험들-기관에서의 초기 적응, 기본생활습관, 영양, 건강, 안전에 관해 다룰 수 있다(최미현, 박명화, 박성미, 최양미, 김애자, 김정신, 2000). 영유아들은 발달 특성상 친숙한 양육자와의 갑작스러운 격리가 어렵기 때문에 이들이 처음으로 어린이집에 왔을 때 그 시설에 대해 친밀감을 느끼고, 잘 적응할 수 있는 초기 적응 프로그램이 보육내용으로 구성될 수 있다. 또한 영유아기는 기본생활습관의 기초가 형성되는 시기이기 때문에 어린이집에서 이들의 생활습관의 기초가 형성될 수 있도록 교육내용을 준비할 수 있다. 예를 들어, 먹기, 잠자기, 대소변 가리기, 몸단장하기, 정리·정돈하기, 인사하기 지도 등을 다룰 수 있다. 또한 영유아들이 균형 잡힌 충분한 영양을 공급받고 바른 식생활을 하도록 도와주는 영양에 관한 내용이나, 영유아들이 안전하게 생활하고 자신을 보호할 수 있는 능력과 기술을 갖도록 안전과 건강에 관한 내용을 다룰 수 있다. 또한 생각하고 사고하며 문제를 해결하는 등의 지적 발달을 위한 의사소통, 자연탐구 등의 다양한 인지 활동과 또래 관계 등의 사회적 관계를 형성할 수 있는 다양한 대인관계 경험이 보육내용에 포함될 수 있다.

이러한 보육내용에 대해 Schwartz와 Robison(1982)은 6가지로 구조화하였다. 그들은 교육과정 내용을 ① 사실 축적, ② 기술 축적, ③ 교과 영역, ④ 주제 중심 접근, ⑤ 구조적 학문, ⑥ 통합적 접근의 6가지로 구분하여 설명하였다. 간단하게 살펴보면, ① 사실 축적을 보육과정의 내용으로 보는 경우, 영유아가 경험하고 관찰한 사실들과 필요한 정보 등이 보육내용이 되며, 영유아가 이를 습득하도록 교사가 일방적으로 설명을 하게 된다. ② 기술 축적의 경우는 영유아가 일상생활에 적응하는 데 필요한 다양한 기능들을 보육내용으로 보고, 영유아가 반복과 연습을 통해 필요한 기능들을 습득하도록 도와준다. ③ 교과 영역의 경우는 교과별로 학습할 내용을 정리하여 영유아가 단원 혹은 주제로 그 지식을 배우는 것이다. ④ 주제 중심의 접근 유형에서는 영유아들의 관심사 및 흥미, 생활 경험, 중요한 사건이나 흥미로운 일들이 그 내용이 되고, 영유아의 발달 수준에 적합하게 통합적인 방법으로 지식을 습득하도록 한다. ⑤ 구조적 학문 유형은 축적된 지식 중 핵심 개념을 구성하여 영유아가 습득하도록 도와주는 과정이다. ⑥ 통합적 접근 방식에 근거한 보육내용은 영유아가 우연히 흥미를 보인 것, 영유아가 우연히 문제를 일으킨 것, 계획되지 않았던 사건 등에서 발생한 것으로 그것에 대한 지식보다는 가치를 강조한다. 계획된 보육과정이기보다는 비형식적인 보육과정이다. 이들이 제시한 교육과정의 내용은 어떤 종류의 학습이 가치가 있다고 보는가에 따라 그 교육내용이 다르지만, 이러한 내용들은 서로 배타적인 것이 아니며, 단 한 가지에만 근거해서 교육내용이 구성되지 않는다고 강조한다(이기숙, 1999).

(3) 내용 선정의 원리

보육내용을 효과적으로 다루기 위해 여러 학자들이 선정 원리에 대해 언급하였다. 이영석, 박재환, 김경중(1985)은 기회의 원칙, 만족의 원칙, 가능성의 원칙, 다경험의 원칙, 다성과의 원칙에 근거하여 선정을 해야 한다고 보았으며, 이영석(1998)은 동기유발의 원칙, 기회의 원리, 가능성의 원리, 다목표 달성 원리로 제시하였다. 반면에 임재택(1992)은 성숙주의, 환경주의, 상호작용주의의 세 가지 영유아 교육과정 유형에 따라 학습 내용 및 활동을 선정하였다. 여러 학자들이 제시한 보육내용 선정의 원리를 종합하면 영유아들이 무엇을 배워야 하는가보다는 학습 경험 관점에서 보육내용 선정의 원리를 강조하는 것을 볼 수 있다.

NAEYC에서도 발달이론을 근거하여 내용 선정의 근거를 제시하였다. 이 지침은 사회문화적 배경이 다른 우리나라 교육 상황에서 꼭 나타나는 것은 아니지만, 교사가 영유아를 가르치는 내용을 선정하는 과정에서 발생하는 약점들을 보충할 수 있을 것이다. NAEYC에서 제시한 내용 선정을 위한 지침은 교사 자신들이 실행하고 있는 교육내용에 질문을 맞춰 보면서 재검토해 볼 것을 제안하고 있다.

Bredekamp와 Rosegrant(1995)가 제시한 질문들

① 교육과정이 상호작용적인 학습을 이끌어 나가며, 영유아의 지식의 구성을 격려하는가?
② 교육과정이 사회적·정서적·신체적, 그리고 인지적 목표를 달성하도록 돕는가?
③ 지식이나 기술을 습득해 나가는 동안 학습에 대해서 영유아에게 긍정적인 느낌을 갖게 하며 학습을 하고자 하게 만드는가?
④ 그 교육과정이 영유아들에게 의미가 있는가? 즉, 영유아의 삶과 연관되어 있는가? 혹은 영유아가 개인적인 경험을 쉽게 갖도록 돕는지 등에 관한 것이다.
⑤ 영유아에 대한 기대가 현실적인가? 또는 영유아가 성장한 후에 배우는 것이 더욱 쉽고 효율적인가?
⑥ 교육과정이 영유아와 교사에게 흥미로운가?
⑦ 교육과정이 문화적·언어적 다양성을 잘 반영하며 그 다양성에 예민하게 반응할 수 있는가? 교육과정이 영유아의 개인차나 그 개인의 가족의 다양성에 반응할 수 있는가?
⑧ 영유아에게 현재 지니고 있는 지식이나 능력을 확립하고 발전시킬 기회를 주는가?
⑨ 영유아에게 의미 있는 상황 속에서 활동을 구성하도록 해 줌으로써 개념의 이해를 도와주고 있는가?

⑩ 전통적인 교과 영역과 충분히 통합되어 있는가?
⑪ 관련 분야의 기준에 따라 지식이 정확하고 신빙성 있게 제시되는가?
⑫ 그 내용 요소가 알 만한 가치가 있는 것인가?
⑬ 활동적인 학습을 촉진하며 영유아에게 의미 있는 선택을 하도록 허락하는가?
⑭ 영유아가 과업을 완수하는 데 정답에만 중점을 두기보다는 영유아의 탐구와 탐색을 촉진하는가?
⑮ 사고하고 추론하고 문제 해결을 수행하고 의사 결정을 하는 능력을 격려하는가?
⑯ 영유아와 성인 혹은 또래 간의 사회적 상호작용을 장려하고 촉진하는가?
⑰ 활동성, 감각적인 자극, 맑은 공기, 휴식, 영양, 배설에 대한 영유아의 생리적 욕구를 존중하는가?
⑱ 영유아의 심리적 안정감, 안전, 소속감 등을 장려하는가?
⑲ 성공의 느낌, 학습의 즐거움을 장려하는 경험을 제공하는가?
⑳ 교사와 영유아에게 융통성을 허용하는가?

이상의 질문들은 교육과정에 무엇이 포함되어야 하며 어떻게 평가되어야 하는가를 결정하는 원칙이다. 이러한 원칙들도 구체적인 내용을 언제 제시하는지에 대해 근본적인 대안을 제안해 주지는 못하였지만, 무엇을 중심으로 할 수 있는가에 대한 근거는 제시하여 주었다.

3) 교수-학습 방법

보육내용을 보육 현장에 적용하고 실행하기 위해 교수-학습방법이 사용된다. 어떻게 가르쳐야 하는가에 관한 교수방법의 선택은 학습조건에 관한 신념과 연결된다. 여러 학자들의 연구 결과 및 학습에 관한 이론적 관점에 근거하여 영유아를 위한 교수방법을 살펴보면 다음과 같다(이기숙, 1999; 이순형 외, 2005; 이원영, 이영자, 주영희, 1991).

(1) 구체적인 활동 제공

교사는 구체적인 활동을 제공해야 한다. 영유아가 학습을 하기 위해 교사는 구체적이고 단순한 활동을 제공하지만, 점차 추상적이고 복잡한 활동을 접하도록 조직해야 한다. 또한 영유아들이 익숙하거나 알고 있는 내용에서 점차 낯설고 새로운 내용을 제공하도록 한다. 영유아에게 자신의 생각을 인정받고 수용된다는 경험을 제공함으로써 학습에 대한 즐거움과 성취감을 느낄 수 있도록 선정되어야 한다.

(2) 다양한 교수방법과 자료 제공

교사는 영유아에게 다양한 교수방법과 교수자료를 이용해야 한다. 연령에 따라 한 가지 교수방법이나 빈약한 교수자료와 교육활동을 제시하기보다는 이들의 흥미나 능력에 따라 다양한 교육환경을 마련해 주어야 한다. 영유아 개인에 맞는 보육활동을 선택하도록 교수자료와 교수전략을 다양화시키는 것이 필요하다. 보육내용은 영유아가 학습활동에 자발적으로 참여할 수 있는 다양한 기회가 제공될 수 있도록 선정되어야 한다.

(3) 영유아의 선택 경험

교사는 영유아에게 선택할 수 있는 경험을 제공해야 한다. NAEYC(1986)에서는 4가지를 제안하고 있다. ① 유아들이 선택할 수 있는 다양한 활동과 교구를 준비하고, ② 소집단 활동이나 개별 활동에 참여하도록 선택권을 주고, ③ 스스로 쉽게 활동을 선택할 수 없는 유아를 도와주고, 마지막으로 ④ 스스로 선택한 활동을 통해 유아가 주도하고 실험해 보는 경험을 제공해야 한다고 강조하였다(이기숙, 1992, 재인용).

(4) 통합적인 보육

교사는 통합적인 보육이 이루어지도록 한다. 보육활동을 제공할 때 영유아의 사회적·정서적·인지적·신체적 발달이 통합적으로 이루어지도록 생활 영역 간의 통합이 이루어지도록 계획한다. 또한 활동 영역 간에도 영유아가 계획한 활동들에 의해 서로 연결되어 통합되도록 한다. 그 외에도 학교와 지역사회가 연결되어 영유아들이 기관 안팎의 경험을 모두 해 볼 수 있도록 한다.

(5) 보육활동 간의 균형성

교사는 제시하는 활동 간에 균형을 이루어 다양하게 전개해야 한다. 하루 일과 속에서 영유아의 신체적 리듬과 흥미에 따라 다양하게 전개되는데, 이때 교사는 활동들 간 균형이 이루어지도록 도와주어야 한다. 활동적/조용한 활동, 실내/실외 활동, 개인/대·소집단 활동, 교사 선택/영유아 선택 활동 간의 균형이 이루어져야 한다.

(6) 능동적인 상호작용

교사는 영유아가 능동적인 활동과 상호작용을 이루도록 해야 한다. 영유아는 탐색과 자기 발견을 통해 주변 세계를 배운다. 영유아가 능동적으로 스스로 문제 상황을 파악해 보고 해석하며, 일반화하는 탐구 과정을 발전시킴으로써 학습이 이루어진다. 지시적이고 훈련을 강조하기보다 교사는 영유아가 적극적으로 상호작용을 하도록 도와준다.

(7) 자발적인 동기 유발

교사는 영유아의 자발적인 동기 유발이 일어나도록 교수활동 자료를 제공해야 한다. 영유아에게 친숙하고, 흥미를 자극하는 활동과 자료를 제공함으로써 이들의 창의성이 증진되고, 호기심을 유발하며, 내적 동기 유발을 시킨다. 놀이를 통한 지식 습득 방법은 영유아로 하여금 자연스럽고 자발적인 학습이 이루어지도록 도와준다.

4) 보육활동의 평가

평가란 조직한 활동 경험이 실제로 의도한 목표를 얼마나 달성하고 있는가를 조사하는 과정으로, 평가의 과정은 계획의 강점과 약점을 찾아내는 것이자 프로그램의 기본 설계가 타당한가를 묻는 것이다. 보육과정 평가는 영유아의 발달 평가, 즉 변화의 내용과 정도를 파악하는 과정을 포함하여 보육과정 운영에 대한 평가, 보육 프로그램에 대한 평가 등으로 이루어진다.

(1) 영유아의 발달 평가

영유아에 대한 평가란 영유아의 발달과 학습과정을 관찰, 기록, 문서화하는 과정으로, 그들이 무엇을 알고, 행동하고, 어떻게 하는지에 관심을 둔다(Fleege, 1997; Hills, 1992). 영유아 평가는 이들의 발달과 학습을 위해 의사 결정하고 계획하는 데 필요한 모든 전략을 포함하고 있다.

영유아의 관찰 자료가 타당하고 적절하게 평가될 수 있도록 그 방법을 선택하는 일이 무엇보다 중요하다. 영유아를 관찰할 때 자료를 수집하는 방법을 신중히 선택하여야 한다. 영유아들의 습관이나 기술을 평가하고자 할 때, 태도나 흥미 등의 변화를 파악하고자 할 때, 구체적 행위의 변화를 알아보고자 할 때 측정 방법이 달라져야 한다.

영유아에 대한 정보를 얻는 것은 여러 가지 방법이 있다. 일화기록, 행동목록법, 평정척도법, 흥미 영역 평가, 포트폴리오 등을 통해 영유아의 행동을 관찰할 수 있다. 이 밖에 표준화검사나 교사 제작 비형식적 검사를 통해 영유아들의 행동을 알 수 있다. 반면에 필답식 검사는 이들의 어휘가 제한되어 있기 때문에 사용이 불가능하다.

영유아를 평가하는 것은 여러 가지 의미를 포함하고 있다. 첫째, 영유아의 전인적인 발달을 목적으로 하고 있다. 둘째, 영유아 개인의 발달 과정을 관찰하고 평가함으로써 이들의 교수-학습활동을 향상시킬 수 있다. 셋째, 영유아의 평가는 이들의 교수-학습과정에 활용하는 것을 목적으로 두기 때문에 영유아의 실제 능력을 실제 상황에서 측정하는 것이 필요하다. 이처럼 영유아를 위한 평가는 이들이 접하는 보육방법이나 수준이 적절한지, 그리고 그 효율성이 어떠한가 살펴보는 과정으로 이들의 전인교육을 위해 꼭 필요한 과정이다.

(2) 보육과정 운영에 대한 평가

보육과정 운영에 대한 평가는 교사가 보육과정을 계획하는 일에서부터 교사가 수행한 전 과정을 포함한다. 이러한 운영에 대한 평가는 보육과정 실제의 전반적인 측면에서 타당한지, 효율적인지, 적절한지 여부에 대해 평가하는 것으로 영유아, 부모, 그리고 관련 행정가들에게 유용한 정보를 줄 수 있다. 예를 들어, 어린이집의 실정, 지역사회의 특성, 보육 수요자의 요구를 총체적으로 분석하는 것부터 시작하여 보육목표와 계획에 대한 평가, 편성과 운영에 대한 평가를 포함한다.

어린이집에서 계획한 프로그램이 요구 분석을 통해 밝혀진 요구와 어느 정도 부합되는지를 평가한다. 이 과정에서의 주된 과제는 사전에 설정된 목표와 이를 달성하기 위해 설계한 목표, 내용 및 방법 등을 비교 분석하는 것이다. 필요한 인적·물적 자원을 확보하기 위한 전략과 절차, 실행 가능성, 경제성 등도 분석 검토한다. 특히, 형성평가를 통해 평가자에 의해 운영과정 중 실제 어떤 일이 일어났는지 과정을 평가하거나 교수-학습 방법을 개선할 목적으로 실시된다. 반면에 보육 프로그램을 계속 실시할 만한 가치가 있는지 평가하기 위해 총괄평가를 실시한다. 총괄평가는 주로 보육목표와 관련된 측정 가능한 준거를 설정하여 사전에 결정된 표준과 비교하며, 요구 분석, 프로그램 계획, 형성평가과정에 관한 정보에 비추어 성과를 해석하는 과정을 거친다. 이러한 과정은 어린이집뿐만 아니라 가정 및 지역사회 등 사회문화적 생활 체계와 관련지어 총체적으로 평가하는 과정을 포함한다(양옥승, 김영옥, 김현희, 신화식, 위영희, 이옥 외, 1999).

영유아가 어린이집에서 적절하게 보호를 받고, 발달적으로 적합한 교육을 제공받으며, 영유아의 건강한 발달과 안전을 위한 환경을 제공하고, 이를 지원할 수 있는 교직원이 전문성을 갖추고, 합리적으로 운영을 하는지 등에 대한 평가 기준을 마련하여, 평가를 실시하는 평가인증제가 2005년부터 시범적으로 운영이 되었다. 평가인증제는 2017년도에는 통합지표로 바뀌면서 제3차 어린이집 평가인증이 시행되었다. 그러나 최근 아동권리 보호, 아동학대 예방 등 아동 인권 및 안전관리 강화에 대한 사회적 요구 증가로 2019년 6월 이후부터는 모든 어린이집에서 어린이집 평가제가 시행되고 있다. 「영유아보육법」 제30조에 근거하여 한국보육진흥원에서는 어린이집 평가 사업을 실시하고 있다.

평가인증제도는 어린이집의 자발적 신청에 따라 운영되었기에 이로 인해 미인증 어린이집에 대한 질 관리가 사각지대로 존재하였지만, 어린이집 평가제도는 보육·양육에 대한 사회적 책임 강화 실현 및 안심 보육환경 조성을 위해 국가 차원에서 모든 어린이집을 주기적으로 평가하여 상시적인 보육서비스 질을 확보하고자 하는 제도이다.

2020 어린이집 평가 매뉴얼(2020)에서 제시된 어린이집 평가제의 시행 목적을 살펴보면 다음과 같다.

① 상시적인 보육서비스 질 관리를 위해 핵심지표를 중심으로 질 관리 표준을 제시하고 어린이집 스스로 질적 수준을 제고하도록 한다.
② 전체 어린이집에 대한 주기적 평가를 통하여 보육서비스 품질관리 사각지대를 해소하고 전반적인 보육서비스 수준을 지속적으로 관리하여 국가의 책무성을 강화하고자 한다.
③ 궁극적으로 평가제를 통해 보육서비스의 질 향상을 제고함으로써 영유아의 안전과 건강, 조화로운 성장과 발달을 도모하고자 한다. 이를 위해 영유아의 인권과 놀 권리를 보장하고 영유아가 건강하고 행복하게 성장할 수 있는 안심 보육환경을 조성하며 보육교직원이 영유아 보육에 집중할 수 있는 여건을 조성한다.

평가제와 평가인증제의 가장 큰 차이점은 평가제는 모든 어린이집을 주기적으로 평가함으로써 상시적인 보육 서비스의 질을 확보할 수 있다는 점이다. 즉, 평가제는 전체 어린이집을 대상으로 평가가 원활하게 진행되고 결과 등급별로 질 관리가 지속되도록 설계되었다. 어린이집에는 평가의무가 부여되므로 「영유아보육법」 제44조 제4의6호에 따라 평가를 거부, 방해, 또는 기피하거나 거짓, 그 밖의 부정한 방법으로 평가를 받을 시 그에 따른 지정명령 및 행정처분을 받을 수 있다.

어린이집 평가를 위한 운영체제는 다음과 같은 단계에 따라 진행이 된다.

[그림 2-1] 어린이집 평가를 위한 운영체제

출처: 한국보육진흥원 홈페이지.

평가제에서 사용되는 평가지표는 제3차 평가인증에서 적용하였던 통합지표를 기반으로 하되, 어린이집 고유한 특성을 반영했을 뿐만 아니라 2020년에는 개정 누리과정 및 개정 표준보육과정의 시행, 보육지원체계 개편 등 보육정책의 변화를 반영하여 평가 항목을 일부 개선하였다. 평가인증제에서의 영역은 보육환경, 운영관리, 보육과정, 상호작용과 교수법, 건강과 영양, 그리고 안전의 6개 영역, 21

지표, 79항목에서 평가제의 평가 영역은 보육과정 및 상호작용, 보육환경 및 운영관리, 건강 · 안전, 교직원 영역으로 4개 영역, 18지표, 59항목으로 축소되었다.

평가제 지표의 주요 특징을 살펴보면 다음과 같다(2020 어린이집 평가 매뉴얼, 2020).

① 기존의 지표를 21지표에서 18지표로 79항목에서 59항목으로 축소하였고, 지표별 평가 항목 수를 평균 3~4개로 균형 배치를 하였다.

② 영유아 권리 존중, 놀이, 안전 가치를 강조함으로써 영유아 중심의 안심 보육을 조성하고자 하였으며, 특히 영유아 권리 존중 지표를 필수 지표로 지정하였다. 또한 놀이 중심의 보육과정 운영을 강화하였다. 또한 급 · 간식 위행 및 안전 항목 중 영유아의 등원부터 하원까지 안전하게 생활하는 데 반드시 필요한 필수 요소를 8개 지정하여, 필수 지표 또는 필수 요소를 충족해야만, 최상위 등급을 받을 수 있도록 하였다.

③ 보육교직원의 근무 여건 개선과 보육에 집중할 수 있는 보육환경 마련을 위하여 보육교직원의 처우, 스트레스 관리 관련 지표를 강조하고, 직무 역량 제고를 위한 항목을 강화하였다.

〈표 2-1〉 어린이집 평가제 지표 및 항목

평가영역	지표	항목
1영역 보육과정 및 상호작용 (31 → 18)	1-1 영유아 권리존중 (필수)	2
	1-2 보육계획 수립 및 실행	6
	1-3 놀이 및 활동 지원	3
	1-4 영유아 간 상호작용 지원	4
	1-5 보육과정 평가	3
	소계	18
2영역 보육환경 및 운영관리 (19 → 14)	2-1 실내 공간 구성 및 운영	4
	2-2 실외 공간 구성 및 운영	3
	2-3 기관운영	4
	2-4 가정 및 지역사회와의 연계	3
	소계	14

평가영역	지표	항목
3영역 건강·안전 (15 → 15)	3-1 실내외 공간의 청결 및 안전	3
	3-2 급·간식	3
	3-3 건강증진을 위한 교육 및 관리	3
	3-4 등·하원의 안전	3
	3-5 안전교육과 사고예방	3
	소계	15
4영역 교직원 (14 → 12)	4-1 원장의 리더십	3
	4-2 보육교직원의 근무 환경	3
	4-3 보육교직원의 처우와 복지	3
	4-4 보육교직원의 전문성 제고	3
	소계	12

* 3-2, 3-4, 3-5 지표 내 필수 요소 8개 포함

이러한 평가제는 질 높은 교육을 제시하는 하나의 지표가 될 수 있다. 평가 결과는 과정의 각 요소별로 장단점을 분석하는 기회를 주며 전체 프로그램의 장단점과 그 이유를 분석하고, 필요에 따라 새로 계획하고 개발하고 분석하는 가운데 지속적으로 보육과정을 개발하게 된다.

2. 어린이집 표준보육과정

2.1. 표준보육과정의 변화

1991년 1월 영유아보육법 제정으로 종전의 단순 '탁아'사업이 '보육'사업으로 확대 발전되면서 보육시설수가 급증하였고 이에 따른 보육의 질적 수준 향상에 대한 요구가 대두 되었다. 어린이집의 양적 발전과 더불어 질적인 발전을 위해 국가수준의 지침이 요구되었고, 영유아보육법 제1조에 진술된 바와 같이, "영유아의 심신을 보호하고 건전하게 교육하여 건강한 사회 구성원으로 육성함과 아울러 보호자의 경제적·사회적 활동이 원활하게 이루어지도록 함으로써 가정 복지 증진에

이바지함을 목적으로 한다."는 중요한 보육의 목적은 국가적 공적 책임을 강화시켰다. 2004년 1월 「영유아보육법」 제29조 제2항에 표준보육과정을 개발, 보급하여야 함이 명시된 후, 표준보육과정은 지속적으로 수정·보완을 하며, 계속 개정되고 있다. 표준보육과정이 변화되어 온 내용을 살펴보면 다음과 같다.

〈표 2-2〉 표준보육과정 변화

시기	내용
2007. 1	• 표준보육과정 고시(여성가족부 고시 제2007-1호): 표준보육과정의 구체적 보육내용 및 교사지침 고시
2008. 7	• 제1차 표준보육과정에 기초한 0~5세 연령별 보육프로그램(장애아동 보육프로그램 1권 포함) 개발 및 보급
2010. 9	• 표준보육과정 재고시(보건복지부 고시 제2010-71호)
2012. 2	• 제2차 표준보육과정 고시(보건복지부 고시 제2012-28호): 만 5세 누리과정 제정과 더불어 만 0~4세를 포함하여 제2차 표준보육과정을 고시
2012. 7	• 3~4세 누리과정 고시 및 5세 누리과정 개정 고시: 보건복지부와 교육과학기술부가 함께 5세 누리과정 개정과 더불어 3~4세 누리과정을 고시함.
2013. 1. 21	• 제3차 어린이집 표준보육과정 고시(보건복지부 제2123-8호): 만 3~5세 누리과정을 포함한 어린이집 표준보육과정을 개정 고시함. • 2013년 3월부터 적용
2019. 7	• 유아·놀이 중심 교육과정 개편 방향을 반영하여 「2019 개정 누리과정」 고시함(보건복지부 고시 제2019-152호). • 2020년 3월부터 시행
2020. 4	• 제4차 어린이집 표준교육과정 고시(보건복지부 고시 제2020-75호): 「제3차 표준보육과정」 현장 적용 결과 및 「2019 개정 누리과정」에 따른 요구 반영하여 「제4차 어린이집 표준보육과정」 고시함. • 2020년 9월부터 시행

표준보육과정의 성격

어린이집 표준보육과정(이하, '표준보육과정'이라 함)은 0~5세 영유아를 위한 국가 수준의 보육과정이며 0~1세 보육과정, 2세 보육과정, 3~5세 보육과정(누리과정)으로 구성한다.

가. 국가 수준의 공통성과 지역, 기관 및 개인 수준의 다양성을 동시에 추구한다.
나. 영유아의 전인적 발달과 행복을 추구한다.
다. 영유아 중심과 놀이 중심을 추구한다.
라. 영유아의 자율성과 창의성 신장을 추구한다.
마. 영유아, 교사, 원장, 부모 및 지역사회가 함께 실현해 가는 것을 추구한다.

어린이집 표준보육과정은 어린이집의 0~5세 영유아들에게 국가 수준에서 제공하는 보편적이고 공통적인 보육의 목표와 내용을 제시한 것이다. 어린이집 표준보육과정은 0~1세 보육과정, 2세 보육과정, 3~5세 보육과정(누리과정 포함)으로 구성한다. 국가 수준의 어린이집 표준보육과정은 "영유아의 전인적 발달과 우리 문화에 적합한 내용을 일관성 있고 연계적으로 실천하며, 궁극적으로 사회에서 추구하는 인간상을 구현하고 전국 어린이집의 질적 수준을 높이는 데 기여하고자" 개발되었다(여성가족부, 2012년). 즉, 표준보육과정에는 우리나라의 사회문화적 상황 속에서 교사가 자율적으로 개별 영유아의 특성을 살리면서 성장하도록 도와주는 내용이 포함되어 있다. 다음은 이러한 표준보육과정을 구성하는 원리와 전반적인 목표, 영역별 목표 및 내용 범주에 대해 살펴보고자 한다.

2.2. 표준보육과정의 구성 원리

1) 영유아의 발달과 학습에 관한 관점

표준보육과정의 근간이 된 영유아의 발달과 학습에 관한 관점-구체적으로 영유아에 대한 관점, 영유아와 환경과의 관계, 학습과 발달에 대한 관점-에 대해 살펴보면 다음과 같다(여성가족부, 2005).

- 모든 영유아는 어떤 상황이나 환경에서도 자신의 발달과 경험을 스스로 구성해 갈 수 있는 능력이 있다.
- 영유아의 발달이나 경험은 사회, 정서, 언어, 건강, 신체 및 인지적 측면이 서로 상호 연결되어 다차원적으로 관련되며 발달한다. 따라서 한 영역의 발달이나 경험만을 강조해서는 바람직한 성장을 이룰 수 없다.
- 영유아는 자신의 학습 속도와 기질, 상황, 사전 경험, 환경에 따라 개인차를 나타내며 이런 개인차를 고려해 줄 때 자신의 잠재력을 최대한으로 발휘해 나간다.
- 영유아 개인의 성장과 경험에 중요한 영향을 미치는 요인들은 보육환경과 보육교사뿐만 아니라 또래, 가족 및 지역사회 구성원이다. 환경은 영유아의 발달에 적합하고 우리나라 사회문화에 적합하며 개별적 흥미가 고려될 때 영유아에게 더 바람직한 영향을 미친다.
- 영유아는 자신의 선택에 의해 놀이를 할 때, 그리고 주변의 환경을 직접 탐색하도록 격려될 때 관련된 지식, 기술 및 태도를 가장 잘 습득할 수 있다. 이 시기의 영유아는 대집단에서 교사 주도로 이끌려 가는 수동적 경험보다 자신의 오감각을 사용하여 실생활에서 직접 놀이할 때 가장 바람직한 행동 변화를 수반한다.
- 질적으로 우수한 교사는 자연스런 상황에서 영유아에게 다양한 경험 기회를 제공하고 편안하고 안전하게 보호하며 영유아가 또래나 교구들과의 상호작용을 통해 새로운 지식이나 기술을 습득할 수 있도록 세심한 관찰로 개별적이고 민감한 지원을 한다.

2) 표준보육과정의 구성 방향 및 체계

제4차 개정된 어린이집 표준보육과정 고시문에 따르면, 다음과 같은 표준 보육과정 구성 방향 및 체계로 구성되어 있다(보건복지부, 2020).

(1) 구성 방향

Ⅰ. 표준보육과정의 구성 방향

1. 추구하는 인간상

표준보육과정이 추구하는 인간상은 다음과 같다.

가. 건강한 사람
나. 자주적인 사람
다. 창의적인 사람
라. 감성이 풍부한 사람
마. 더불어 사는 사람

2. 목적과 목표

표준보육과정의 목적은 영유아가 놀이를 통해 심신의 건강과 조화로운 발달을 이루고, 바른 인성과 민주 시민의 기초를 형성하는 데에 있다.

이를 실현하기 위한 목표는 다음과 같다.

① 영유아의 발달 특성과 개인차를 고려하여 연령 및 수준별로 구성한다.
② 어린이집에서 편안하고 행복한 일상생활이 되도록 중점을 두어 구성한다.
③ 질서, 배려, 협력 등 기본생활습관과 바른 인성을 기르는 데 중점을 두어 구성한다.
④ 자율성과 창의성을 기르는 데 중점을 두고, 전인발달을 이루도록 구성한다.
⑤ 사람과 자연을 존중하고, 우리 문화를 이해하는 데 중점을 두어 구성한다.

(2) 구성 체계

① 영유아는 개별적인 특성을 지닌 고유한 존재임을 전제로 구성한다.
② 0~5세 모든 영유아에게 적용할 수 있도록 구성한다.
③ 추구하는 인간상 구현을 위한 지식, 기능, 태도 및 가치를 반영하여 구성한다.
④ 표준보육과정은 다음의 영역을 중심으로 구성한다.
  1) 0~1세 보육과정과 2세 보육과정은 기본생활, 신체운동, 의사소통, 사회관계, 예술경험, 자연탐구의 6개 영역을 중심으로 구성한다.
  2) 3~5세 누리과정은 신체운동·건강, 의사소통, 사회관계, 예술경험, 자연탐구의 5개 영역을 중심으로 구성한다.
⑤ 0~5세 영유아가 경험해야 할 내용으로 구성한다.
⑥ 초등학교 교육과정과의 연계성을 고려하여 구성한다.

2.2. 표준보육과정의 목적 및 목표

2020년에 개정된 제4차 어린이집 표준보육과정(보건복지부 고시 제2020-75호)에서 제시된 표준보육과정의 목적은 '영유아가 놀이를 통해 심신의 건강과 조화로운 발달을 이루고, 바른 인성과 민주 시민의 기초를 형성하는 데에 있다'로 그 나라 보육의 방향을 규정하고, 나아가 미래의 국가 경쟁력인 능력 있는 민주 시민 양성의 초석을 삼는 데 필요하다.

1) 목표

보육목표를 설정할 때 고려해야 하는 점은 국가 및 교육 이념이 반영된 철학, 사회적·문화적 맥락, 학습자인 영유아, 그리고 교육과정 내용 등을 고려해야 한다. 제4차 표준보육과정에서 연령에 따른 목표를 살펴보면 다음과 같다.

(1) 0~2세 보육과정

① 자신의 소중함을 알고, 건강하고 안전한 환경에서 즐겁게 생활한다.
② 자신의 일을 스스로 하고자 한다.
③ 호기심을 가지고 탐색하며 상상력을 기른다.
④ 일상에서 아름다움에 관심을 가지고 감성을 기른다.
⑤ 사람과 자연을 존중하고 소통하는 데 관심을 가진다.

(2) 3~5세 보육과정

① 자신의 소중함을 알고, 건강하고 안전한 생활 습관을 기른다.
② 자신의 일을 스스로 해결하는 기초능력을 기른다.
③ 호기심과 탐구심을 가지고 상상력과 창의력을 기른다.
④ 일상에서 아름다움을 느끼고 문화적 감수성을 기른다.
⑤ 사람과 자연을 존중하고 배려하며 소통하는 태도를 기른다.

2) 연령대별 표준보육과정의 영역별 목표

(1) 0~1세 보육과정의 영역별 목표

Ⅰ. 기본생활: 건강하고 안전한 일상생활을 경험한다.

1. 건강한 일상생활을 경험한다.
2. 안전한 일상생활을 경험한다.

Ⅱ. 신체운동: 감각으로 탐색하고 신체활동을 즐긴다.

1. 감각 탐색을 즐긴다.
2. 신체활동을 즐겁게 경험한다.

Ⅲ. 의사소통: 의사소통능력의 기초를 형성한다.

1. 일상생활에서 듣고 말하기를 즐긴다.
2. 읽기와 쓰기에 관련된 관심을 가진다.
3. 책과 이야기에 관심을 가진다.

Ⅳ. 사회관계: 나를 인식하고, 친숙한 사람과 관계를 맺는다.

1. 나를 고유한 존재로 안다.
2. 안정적인 애착을 형성하고, 또래, 교사와 함께 지낸다.

Ⅴ. 예술경험: 아름다움을 느끼고 경험한다.

1. 자연과 생활에서 아름다움에 관심을 가진다.
2. 예술적 경험을 표현한다.

Ⅵ. 자연탐구: 주변 환경과 자연에 관심을 가진다.

1. 일상에서 탐색을 즐긴다.
2. 주변 환경을 탐색한다.
3. 생명과 자연에 관심을 가진다.

(2) 2세 보육과정의 영역별 목표

Ⅰ. 기본생활: 건강하고 안전한 생활습관의 기초를 마련한다.

1. 건강한 생활습관의 기초를 경험한다.
2. 안전한 생활습관의 기초를 경험한다.

Ⅱ. 신체운동: 감각을 활용하고, 신체활동을 즐긴다.

1. 감각을 활용하고, 신체를 인식한다.
2. 신체 활동을 즐긴다.

Ⅲ. 의사소통: 의사소통능력과 상상력의 기초를 형성한다.

1. 일상생활에서 듣고 말하기를 즐긴다.
2. 읽기와 쓰기에 관심을 가진다.
3. 책과 이야기에 재미를 느낀다.

Ⅳ. 사회관계: 나를 알고, 다른 사람과 더불어 생활하는 경험을 한다.

1. 나를 알고 긍정적으로 여긴다.
2. 다른 사람과 즐겁게 지내기 위한 태도를 기른다.

Ⅴ. 예술경험: 아름다움을 느끼고 즐긴다.

1. 자연과 생활에서 아름다움을 느끼고 관심을 가진다.
2. 예술을 통해 자유롭게 표현한다.

Ⅵ. 자연탐구: 주변 환경과 자연을 탐색하는 과정을 즐긴다.

1. 일상에서 탐색하는 과정을 즐긴다.
2. 주변 환경에 관심을 가지고 탐색한다.
3. 생명과 자연에 관심을 가진다.

(3) 3~5세 보육과정(누리과정)의 영역별 목표

Ⅰ. 신체운동·건강: 실내외에서 신체활동을 즐기고, 건강하고 안전한 생활을 한다.

1. 신체활동에 즐겁게 참여한다.
2. 건강한 생활습관을 기른다.
3. 안전한 생활습관을 기른다.

Ⅱ. 의사소통: 일상생활에 필요한 의사소통능력과 상상력을 기른다.

1. 일상생활에서 듣고 말하기를 즐긴다.
2. 읽기와 쓰기에 관심을 가진다.
3. 책이나 이야기를 통해 상상하기를 즐긴다.

Ⅲ. 사회관계: 자신을 존중하고 더불어 생활하는 태도를 가진다.

1. 자신을 이해하고 존중한다.
2. 다른 사람과 사이좋게 지낸다.
3. 우리가 사는 사회와 다양한 문화에 관심을 가진다.

Ⅳ. 예술경험: 아름다움과 예술에 관심을 가지고 창의적 표현을 즐긴다.

1. 자연과 생활 및 예술에서 아름다움을 느낀다.
2. 예술을 통해 창의적으로 표현하는 과정을 즐긴다.
3. 다양한 예술 표현을 존중한다.

Ⅴ. 자연탐구: 탐구하는 과정을 즐기고, 자연과 더불어 살아가는 태도를 가진다.

1. 일상에서 호기심을 가지고 탐구하는 과정을 즐긴다.
2. 생활 속의 문제를 수학적, 과학적으로 탐구한다.
3. 생명과 자연을 존중한다.

2.3. 표준보육과정의 내용 체계 및 영역별 내용

표준보육과정은 국가적인 수준에서 어린이집에서 영유아를 어떻게 기르며 어떤 경험을 제공할 것인가에 대한 보편적 내용 수준을 결정한 것이다. 우리나라 표준보육과정은 개별 영유아의 특성과 교사의 자율성을 존중하면서 영유아의 성장과 경험에 적합하고 우리나라의 사회문화적 측면을 포함하는 최소한의 내용으로 구성되어 있다(여성가족부, 2005). 0~2세 보육과정은 기본생활, 신체운동, 의사소통, 사회관계, 예술경험, 자연탐구의 6개 영역을 중심으로, 3~5세 과정(누리과정)은 신체운동·건강, 의사소통, 사회관계, 예술경험, 자연탐구의 5개 영역을 중심으로 구성되어 있으며, 이에 해당하는 내용 체계는 해당 장에서 다루고자 한다.

제 2 부

Early Childhood Curriculum

보육과정의 내용

2부는 표준보육과정의 내용을 기초로 하여 3장 기본생활 영역, 4장 신체운동·건강 영역, 5장 의사소통 영역, 6장 사회관계 영역, 7장 예술경험 영역, 8장 자연탐구 영역에 대해 소개하고 있다. 각 장은 해당 영역의 필요성과 이론적 기초, 성격, 목표, 연령별 보육목표 및 보육내용에 대해 설명하였다. 이 장들을 통해 보육과정을 수립하고 운영하는 데 도움이 될 수 있을 것이다.

제 3 장

기본생활

기본생활 영역은 영아로 하여금 일생의 기초이자 사회생활의 기본이 되는 건강과 안전에 관한 지식·기술·태도를 배우고 익히며 올바른 습관을 형성하도록 하는 생활지도 영역이다. 이 영역의 내용 범주는 '건강하게 생활하기', '안전하게 생활하기'로 구성되며, 본 장에서는 기본생활 영역의 필요성, 이론적 기초, 목표, 연령별 목표 및 내용을 소개한다.

1. 영역의 필요성

기본생활 영역은 영아의 삶에 기본이 되는 건강과 안전에 대한 행동 양식을 익혀서 습관화하도록 도움을 주는 영역으로 건강하게 생활하기와 안전하게 생활하기의 두 가지 내용 범주로 구성되어 있다.

건강한 영아는 국가의 미래 안녕의 주요 근원이다. 영아 사망률은 영아의 건강상태에 대한 지표로 간주되는데 영아 사망률의 감소는 어머니의 건강 및 영아의 면역력과 안전이 증진되었음을 의미한다. 일반적으로 영아기의 건강상의 문제는 사고로 인한 상해, 전염병, 만성질환, 영양실조, 구강위생 등에서 발생한다. 영아기에 자주 등장하는 건강상의 문제를 줄이기 위해 어렸을 때부터 건강 및 안전과 관련한 습관이 형성되도록 해야 한다.

건강과 안전과 관련한 기본생활습관은 영아에게 의미 있는 성인, 즉 부모나 교사의 행동을 보고 모방하거나 성인의 반복적인 가르침에 의해 형성되며(박옥희, 2000), 다른 어떤 영역보다 가정과의 연계성이 더 많이 요구된다. 기본생활습관은 영아의 행동이나 성격 형성에 크게 영향을 미치고, 인격 형성과 사회성 발달에 중요한 역할을 하며, 인지 및 언어 발달 등 전인적인 발달과 관련이 있다. 기본생활습관이 잘 형성된 영아는 사회에 잘 적응하고 봉사하며 능동적이고 행복한 삶을 살아갈 수 있게 되는 반면, 그렇지 않은 영아는 자립적인 신변 생활이 될 수 없을 뿐만 아니라 정신적으로도 의존적인 영아로 자라게 된다(김규수, 2000; 김재은, 이성진, 1979).

건강과 안전에 관한 지도는 일상생활에서 관련 상황을 활용하여 영아가 자연스럽게 기본생활습관을 기르도록 하는 것이 효과적이다. 예를 들어, 놀이가 끝난 후에 정리·정돈을 하도록 도와주어 정리·정돈 습관을 익히도록 하거나, 일정한 시간에 낮잠을 자게 하거나, 바깥놀이 후에 손을 씻도록 지도하여 기본생활습관을 일상생활 속에서 익히도록 할 수 있다. 한편으로는 영아가 좋아하는 기본생활습관과 관련된 동화를 들려주거나 인형극을 보게 하여 영아가 건강과 안전에 관심을 갖게 하는 것이 좋다.

특히 영아기에 일단 형성된 기본생활습관은 좀처럼 변하지 않는 발달 특징을 나타내기 때문에 영유아기의 기본생활 지도가 가지는 의미는 대단히 크다. 즉, 가소성이 풍부한 영아기에 기본생활 지도를 하는 것이 영아의 습관 형성에 가장 용이할 뿐만 아니라 효율적이며 경제적이다(이숙희, 강병재, 2002). 교사는 영아의 개별적 요구를 수용하고, 영아가 스스로 시도해 볼 수 있도록 안전한 환경과 기회를 마련한다. 또한, 적절한 도움과 격려를 제공하여 영아가 편안하고 자연스럽게 일상을 경험하도록 지원해야 한다(이미화 외, 2020).

오늘날 시대적 환경의 변화에 따라 영아의 기본생활 지도의 필요성이 더욱 강조되고 있는데, 주요 원인은 다음과 같다.

첫째, 최근에 이르러 영아는 무기력하고 수동적인 존재가 아니라 적극적이고 자발적인 존재이며, 주변 환경과 상호작용하면서 문제의 해결 방안을 탐색해 가는 인격체라는 인식이 고조되어 가고 있다. 이와 같이 영유아에 대한 가치관의 변화에 따라 영유아의 잠재 능력이 개발되도록 돕는 방법으로 기본생활 지도가 필요하게 되었다(강문희, 2000).

둘째, 예전에는 영아에 대한 기본생활의 일차적인 교육은 가정에서 부모를 중심으로 이루어졌다. 그러나 최근 취업모의 증가, 가족 구조의 변화, 가족 구성원의 역할 변화 등으로 어린이집 등 영유아교육기관을 이용하는 영아의 연령이 낮아지고 이용 시간도 늘어나면서 이들 기관에서의 기본생활 지도에 대한 역할의 중요성이 대두되고 체계적이고 전문적인 기본생활 지도가 필요하게 되었다(여성가족부, 2005).

셋째, 요즈음의 부모들은 자녀의 조기교육이나 특기교육에 지나치게 열중하는 반면 인성에 대한 측면은 등한시한다. 이로 인해 영아가 스트레스를 받고 부적응 행동을 보이는 현상이 증가하고 있다(이기숙 외, 2001). 학교 폭력 및 청소년 범죄 또한 매년 증가하고 그 연령 또한 점차 낮아지고 있는데, 주된 원인이 영아기에서 비롯된다는 종단적 연구의 증거들이 제시되었다. 이와 같은 현상들은 인성의 기본적 틀이 완성되는 영아기부터 기본생활 지도가 잘 이루어져야 한다는 것을 의미한다(조운주, 최일선, 2004).

2. 영역의 이론적 기초

영아기의 건강은 성인기 건강의 기초가 되며 개인의 건강은 가족, 사회, 국가의 안녕과 상호관계가 있다. 특히 생후 3년 미만의 영아기의 정서, 신체, 인지적 경험은 이후 생활에 영향을 미치며 영아기에 형성된 건강과 안전에 대한 태도와 습관은 성인기까지 지속된다. '세 살 버릇 여든 간다'는 속담이 있듯이 영아기부터 몸을 깨끗이 하고, 즐겁게 먹고, 건강하게 일상생활을 하는 건전한 건강습관을 몸에 익힌 영아는 성인이 되어서도 건강을 계속 유지하고 증진할 수 있다.

영아기는 호기심이 왕성한 반면, 사고의 위험을 모르는 시기이므로 영아를 돌보는 교사는 영아의 건강과 안전사고 예방에 만전을 기해야 한다(Oesterreich, 1995). 건강은 영아가 시간을 보내는 모든 장소에서 가장 중요하게 다루어져야 하며 특히 집단으로 영아가 보육을 제공받는 어린이집에서 가장 신경을 써야 할 측면이다. 영아는 전염성 질환에 취약하므로 질환의 전염을 예방하기 위해 위생적이고 청결한 환경을 조성해야 한다. 또한 집단의 크기는 영아의 건강을 유지하는데 중요한 역할을 하는데, 중이염이 반복되는 위험은 6명 이상의 영유아를 보육하는 기관에서 더 많이 나타났다(Hardy & Fowler, 1993). 교사 대 영아의 비율 또한 영아의 건강에 영향을 미치는데, 교사 대 영아의 비율이 낮을수록 교사가 영아를 감독하기 수월하고 건강과 관련한 행동을 실천하도록 도울 수 있다.

영아는 주변 환경에 잠재된 건강 및 안전과 관련된 위험요인을 자각하지 못하기 때문에 교사는 영아에게 건강과 안전에 대해 지각하도록 도와야 한다. 또한 영아를 지도하는 교사는 영아의 활동을 방해하는 건강상의 문제를 발견하면, 부모에게 자녀의 건강 상태에 대해 알리고 자녀의 건강에 관심을 갖도록 도움을 주어야 한다. 한편으로는 영아의 정서적 건강과 안전 또한 중요시해야 한다. 영아의 정신건강은 타인의 정서적 반응과 사회·정서적 경험에 의해 영향을 받는다. 특히 영아의 정신건강은 주 양육자인 가족 구성원의 정신건강과 밀접한 관계가 있다. 영아의 정신건강은 영아가 안전하고 편안하다고 느끼고 자신의 요구가 받아들여지고 있다고 느끼는 안녕에 대한 정서이다. 영아의 사회·정서적 안녕은 정서적으로 반응적이고, 따뜻한 양육과 교육적 놀이를 제공하는 환경에서 발달한다. 영유아교육기관과 가족과의 협력적인 관계는 가족 간 상호작용, 기대, 신념 등에 영향을 미치는 가족 구성원들의 공유 가치를 보육교직원이 이해하는 데 도움을 준다.

3. 목표

기본생활 영역은 영아가 건강하고 안전한 일상생활을 경험하도록 하고 건강하고 안전한 생활습관의 기초를 형성하는 데 목표를 둔다. 영아의 주변 환경을 청결하고 안전하게 조성해 주고 영아에게 건강 및 안전과 관련한 활동을 일상생활 속에서 경험하게 하여 기본생활습관을 익히도록 한다.

3.1. 표준보육과정

1) 0~1세 보육과정: 건강하고 안전한 일상생활을 경험한다

영아는 씻고, 먹고, 자고, 배변하는 등의 일상에 적응하면서 어린이집 생활에 편안함을 느끼게 된다. 영아는 어린이집 생활에 적응하면서 주변 환경에 호기심을 가지고 탐색하게 되는데, 위험에 대해 잘 알지 못하므로 교사의 주의 깊은 관찰과 감독이 필요하다.

영아가 건강하고 안전한 일상생활을 편안하고 자연스럽게 경험할 수 있도록 씻고, 먹고, 자는 등의 일상생활을 통해 영아의 욕구가 충족되고 교사와 영아 간 애착이 형성되어야 한다. 교사는 영아의 개별적 요구를 수용하고, 영아가 스스로 시도해 볼 수 있도록 안전한 환경과 기회를 제공해야 한다.

2) 2세 보육과정: 건강하고 안전한 생활습관의 기초를 형성한다

영아는 어린이집에 등원하여 즐겁게 놀이하면서 일상생활을 경험한다. 식사와 휴식, 낮잠을 통해 자신의 신체적 욕구를 해결하고 칫솔질을 하거나 씻어 보는 시도를 하고 스스로 배변하는 습관의 기초를 형성해 가면서 위생 개념을 습득하게 된다.

2세 영아는 이동반경이 넓어지고 주변 환경에 대한 호기심을 가지고 적극적으로 탐색하고자 하는 발달 경향을 지니고 있어서 안전사고의 개연성이 높다. 따라서 교사는 일상생활 속에서 위험에 대해 인지하고 안전에 대한 관심을 키울 수 있도록 지원해야 한다. 영아는 위생과 청결, 급·간식, 낮잠, 배변 및 안전 경험을 통해 몸과 마음이 건강하게 성장할 수 있다.

4. 연령별 목표 및 내용

기본생활 영역의 내용 범주에 따른 연령별 보육목표 및 내용은 다음과 같다.

4.1. 표준보육과정

1) 0~1세

(1) 목표

건강하고 안전한 일상생활을 경험한다.

① 건강한 일상생활을 경험한다.

② 안전한 일상생활을 경험한다.

(2) 내용 체계

내용 범주	내용
건강하게 생활하기	도움을 받아 몸을 깨끗이 한다.
	음식을 즐겁게 먹는다.
	하루 일과를 편안하게 경험한다.
	배변의사를 표현한다.
안전하게 생활하기	안전한 상황에서 놀이하고 생활한다.
	안전한 상황에서 교통수단을 이용해본다.
	위험하다는 말에 주의한다.

2) 2세

(1) 목표

건강하고 안전한 생활습관의 기초를 형성한다.

① 건강한 생활습관의 기초를 형성한다.

② 안전한 생활습관의 기초를 형성한다.

(2) 내용 체계

내용 범주	내용
건강하게 생활하기	자신의 몸을 깨끗이 해 본다.
	음식에 관심을 가지고 즐겁게 먹는다.
	하루 일과를 즐겁게 경험한다.
	건강한 배변습관을 갖는다.
안전하게 생활하기	일상에서 안전하게 놀이하고 생활한다.
	교통수단을 안전하게 이용해 본다.
	위험한 상황에 대처하는 방법을 경험한다.

제 4 장

신체운동 · 건강

신체운동 · 건강 영역은 유아가 자신의 몸에 관심을 가지고 신체활동에 즐겁게 참여하며, 건강하고 안전한 생활을 해 나가는 다양한 경험과 관련된 내용이다. 유아는 몸을 움직여 놀이하는 것을 좋아하며, 자신의 몸을 건강하고 안전하게 지키고자 하는 힘을 가지고 있다. 교사는 유아가 몸을 충분히 움직이는 경험을 통해 신체활동의 즐거움을 느끼고 기초체력을 키우도록 돕는다. 또한 유아가 일상에서 건강하고 안전한 생활을 실천할 수 있도록 지원할 수 있다. 이 영역은 하루 일과 속에서 다양한 활동을 통해 이루어지고 다른 영역과 통합하여 다루어져야 한다. 본 장에서는 신체운동· 건강 영역의 필요성, 이론적 기초, 목표, 연령별 목표 및 내용을 소개하고자 한다.

1. 영역의 필요성

영아는 신체를 움직이는 능력을 갖고 태어나며, 움직임을 통해 발달해 간다. 유아에게 신체 움직임은 세상을 탐색하고, 자신을 인식하며, 움직이고자 하는 욕구를 충족하게 하는 도구가 된다. 영유아는 신체를 통한 다양한 활동 속에서 신체 및 운동 능력을 발달시키며, 정서적 만족과 인지적 학습의 기회를 경험한다. 또한 영유아기의 활발한 신체 활동은 영유아－영유아, 영유아－성인, 영유아－환경과의 자발적 상호작용 기회를 가지게 함으로써 친근한 인간관계를 이룰 수 있는 기회를 제공하고, 영유아의 전인적 발달과 교육에도 긍정적 역할을 한다. 따라서 영유아기의 신체운동 능력은 발달과 적응 및 전인교육을 위한 기본적이고도 중요한 부분이라 할 수 있다.

그러나 최근의 사회 및 생활환경의 변화로 인해 한정된 공간에서 앉은 자세로 그리고 쓰는 등의 학습활동과 TV 시청과 컴퓨터 앞에서 보내는 시간은 늘어나고 있으나, 대근육 활동 시간은 상대적으로 줄어들고 있다. 움직임이 제한된 생활환경으로 인해 영유아는 활동 욕구나 정신적 스트레스를 해소하지 못하고 과잉행동과 공격성을 유발하거나 무기력과 건강상의 문제를 나타내기도 한다. 활동량은 줄어드는 반면, 생활 및 식생활 형태의 변화로 비만 아동들이 증가하고 있으며, 이러한 소아비만은 어려서부터 신체를 움직이는 습관을 갖는 데 부정적 영향을 주고 있다.

사회적 변화와 핵가족화는 영유아의 주 양육자인 부모 중 여성의 사회경제적 활동을 증가시키고, 영유아를 둘러싼 양육 환경을 변화시키고 있다. 어려서부터 하루의 대부분을 어린이집에서 보내는 영유아의 수가 날로 증가하고 있으나, 상대적으로 부모와 시간을 함께 나누거나 신체 활동을 하는 시간이 줄어들고 있다. 특히 충분하게 움직일 수 있는 놀이실과 실외 공간이 어린이집에 부족하고, 형식적이고 구조적인 동작 활동에 익숙해 있는 교사의 인식 등으로 현장에서 영유아에게 필요한 적절한 양의 신체 활동이 잘 이루어지지 않고 있는 것이 현실이다.

이러한 사회적 변화에 대응하고 건강과 성장을 위한 아동 양육을 위해 보육현장에서는 영유아기에 적합한 신체 활동을 제공해야 할 필요가 있다. 발달심리학자들은 신체 움직임이 영유아기의 신경 발달에 자극제 역할을 하며, 신경 발달기인 영유아기는 협응, 균형, 리듬 등 운동 능력 발달의 민감기라고 한다(박대근, 2004). 신경 발달과 성숙은 급속히 진행되어 신체적으로 매우 활동적인 성향을 보이며 성장한다. 그러나 신체운동 능력은 매우 미숙한 모습을 보여 신체 조절 능력이 부족하고, 연령과 대상에 따라 운동 능력에 상당한 개인차를 보인다. 따라서 영유아기의 신체운동 능력을 계획하기 위해서는 무엇보다 발달에 적합한 활동들을 선별하는 것이 필요하며, 나아가 교사들이 편리하게 사용할 수 있도록 체계화된 보육과정을 구성할 필요가 있다.

이를 통해 영유아는 발달 수준에 적절한 활동을 제공받고, 신체 활동에 즐겁게 참여할 수 있을 것이며, 신체운동 능력의 발달과 함께 신체적 즐거움과 자신감을 갖고 긍정적 자아 개념을 형성하며, 또래와의 놀이를 확대하고 사회적 상호작용의 기회를 늘리며, 운동 · 정서 · 인지 발달의 전인적 기초를 형성할 수 있을 것이다.

영유아가 신체적 · 정신적으로 건강할 때 신체 활동이 활발하게 일어나며 이를 통해 운동 능력이 향상된다. 따라서 영유아기부터 건강 및 안전과 관련한 기본생활 지도가 강조되어야 한다. 영유아기에 형성된 건강 및 안전과 관련한 생활습관은 이후의 건강하고 행복한 삶의 기본 자산이 된다. 영유아가 자신의 몸과 주변을 깨끗이 하고, 바른 식생활과 건강한 일상생활을 실천하고, 질병을 예방하는 데 관심을 가지고 참여할 수 있도록 해야 한다. 또한 영유아가 안전하게 놀이하고, 교통안전 규칙을 지키며, 비상 시 적절히 대처할 수 있도록 주변의 적절한 도움과 지도가 필요하다.

2. 영역의 이론적 기초

인간의 발달 단계인 신생아기, 영아기, 유아기의 성장 과정을 거치면서 발달 초기인 영유아기는 신체와 운동 능력이 급속도로 발달하는 시기일 뿐만 아니라 평형성, 협응, 유연성, 리듬감, 대 · 소근육 등의 기본 운동 능력을 습득하는 결정적 시기이다.

영아기는 태어날 때부터 생명 유지를 위한 본능적인 움직임과 움직이고 싶어 하는 욕구를 충족하면서 주변 세계에 대한 이해 수단으로 감각 능력을 이용한다. 초기 신체 움직임의 성공적인 경험은 이후에 긍정적인 영향을 미치게 되고, 감각 운동이 발달하여 환경을 탐색하고 조정해 나가는 중요한 발달이 이루어지는 시기이다.

유아기는 자기의 신체를 조절하고 대·소근육의 발달 및 협응을 통해 일상생활에 활용할 능력을 기르고, 환경에 적응하기 위해 능동적으로 움직이면서 일상생활을 의미 있게 만든다. 영유아기에 경험하는 신체 활동의 경험과 질은 아동기, 청소년기에 운동 수행 능력의 기초가 된다.

영유아기의 다양한 감각 운동 경험은 인지발달을 도모할 뿐만 아니라 원만한 대인관계를 유지할 수 있게 된다. 또한 영유아들이 신체를 활발하게 움직이는 경험은 신체 활동에 적극적으로 참여하게 하여 창의적 동작표현을 위한 요구를 증진시키기도 한다.

신체운동 영역에 이론적 토대가 된 선행 연구들을 소개하면 다음과 같다.

연령에 따른 신체 변화는 발육, 발달 및 운동 능력에 관여하며, 전반적으로 연령이 증가할수록 운동 능력이 발달한다. 신체 활동이 유아의 체격 발달과 운동 발달에 효과가 있고, 기본 운동 능력의 60%는 유아기에 형성되며, 유아기에 익힌 기본 운동 능력은 후의 복잡한 운동 기능 학습에 많은 영향을 미친다(김재은, 2000)고 보고되고 있다.

영아는 신체 감각기관을 통해 사물을 보고 느끼며 새로운 개념을 형성해 나가므로 영아들이 자신의 신체 감각기관을 활용하여 환경을 탐색하고 사물 간의 차이를 발견하며 사물의 특성을 인식하는 활동에 참여하는 기회는 매우 중요하다. 유아기의 신체 활동은 생체조직의 발달을 도모할 뿐만 아니라 대·소근육 및 신체 각 부분의 균형적인 발달, 감각기관의 원활한 상호작용과 같은 신체발달을 촉진하며, 나아가 인내심과 협동심을 길러 주고 평형성, 유연성, 민첩성, 근력, 순발력, 협응성과 같은 기본 운동 능력을 향상시킨다(박대근, 2004; 오연주, 2003).

유아는 신체 활동을 통해 자신의 의지로 신체를 스스로 조절하고 움직일 수 있다는 것을 발견하게 됨으로써 자신감을 얻게 된다. 이러한 자신감에서 얻어지는 성취감은 자신과 주위 환경과의 긍정적인 관계를 인식할 뿐만 아니라 사회성 발달을 촉진시킨다(김상국, 1998). 유아는 운동을 통해 자신감과 독립심을 갖게 되며 이로 인해 만족감과 행복감, 정서 순화 및 즐거움을 느낄 수 있게 되어 정서발달에 도움을 주는 것으로 보고되고 있다(박장근, 이현자, 2002).

유아기에 기본 운동 능력을 적절히 발전시키지 못할 경우 신체 활동을 통한 즐거움과 만족감을 느끼지 못하며, 활동 의욕이 저하되어 놀이나 집단 활동에서 신체적 기능 발휘에 제한을 받고, 운동에 참여할 기회가 주어졌을 때 기피하며, 집단에 동화되지 못하는 문제점을 보일 수 있다(오연주, 2001). 초기 영아기에 익힌 기본 운동 기능의 숙달이 후기 유아기에 복잡한 운동 기능 학습에 도움이 되고, 초등학교와 중학교의 학업 성적이나 사회적 능력보다는 운동 능력이 또래와의 상호작용 및 인기도에 긍정적인 영향을 미치기도 하며, 청소년기의 열등의식은 유아기 · 아동기의 열등한 운동 기능에서 기인하는 경우가 많다는 연구 결과는 영유아기의 적절한 운동 기능 발달의 중요성을 일깨워 주는 것이라 하겠다.

운동 기술은 유아기에 충분히 발달되어야 함에도 불구하고 현대의 유아들은 큰 근육을 움직이는 동작 활동의 부족으로 건강상의 문제를 갖고 있다. 이는 대근육을 움직이는 동작 활동이 유아의 신체 건강을 위해서 충분히 제공되어야 함을 시사하는 것이고, 어린이집에서 하루 종일 보내는 영유아의 경우 동작 활동 경험은 더욱 중요하다(정세호, 엄정애, 2002). Laban의 동작교육이 소개되면서 유아기의 다양한 동작 활동에 대한 관심이 증가하고는 있으나 아동에게 단순한 음악을 들려주고 그 음악에 맞추어 교사의 지시에 따라 움직임을 모방하거나 흉내 내어 보는 활동 또는 교사의 시범을 따라 움직여 보는 활동 등이 주류를 이루고 있다. 영유아 교육기관에서 동작교육이 중요한 의미를 지니고 있는 것으로 교사들은 인식하지만, 교사 중심의 틀에 박힌 움직임에 한정되어 있거나 활동 공간의 부족으로 다양한 신체 활동을 제대로 시행하지 못하고 있다(김은심, 1994). 또한 동작교육이 유치원에서 원활히 이루어지지 않는 이유로 교사의 동작교육에 대한 인식 부족을 가장 큰 요인으로 지적하고 있다(오연주, 2001).

Gallahue는 운동발달의 단계를 연령에 따라 반사적 동작기, 초보적 동작기, 기본적 동작기, 전문화된 동작기의 4단계로 구분지어 설명하고 있다. 연령적으로 유아기에 해당하는 기본적 동작기는 유아들이 이동, 비이동, 조작적 운동 능력을 습득하기에 가장 이상적인 시기로 2세부터 7세까지의 연령을 포함한다. 이 시기의 발달은 전체 운동 능력 발달 단계상의 연속적인 순서에 따라 이루어지며, 초기 단계에서 기초 단계를 거쳐 성숙 단계에까지 이르게 된다. Gilliom이 제시한 문제 해결을 통한 자기 발견적 동작교육 프로그램은 Laban의 연구를 기초로 시간, 힘, 공간, 흐름에 신체 인식을 추가하여 주제로 선정하였으며, 해결해야 할 문제 상황을 제시해 주고 그 문제를 해결하는 기술을 유도할 때 학습활동이 이루어진다고 보았다(류진희, 황한옥, 최명희, 정희정, 김유림, 1999).

Gallahue와 Gilliom의 두 교수 방법은 신체를 이용하여 스스로 자기 신체와 동작을 탐색하게 하는 방법으로 Laban의 이론에 기초한 동작교육의 신체적 접근 방법이라고 할 수 있다. 여기에서 공통적으로 강조하고 있는 점은 아동에게 스스로 탐색하고 실험할 수 있는 기회를 제공하되, 충분한 기회와 시간적 여유를 주어 생각하고 느끼도록 하는 것이다. 또한 활동을 계획할 때 동작의 기본요소를 기초로 하여 문제 상황이나 활동의 주제로 삼는다는 것이다.

한편으로 건강 및 안전과 관련한 지식, 태도, 기술은 영유아기부터 일상생활 속에서 주변 어른 및 또래의 행동을 보고 배우게 된다. 영유아기는 호기심이 왕성한 반면 주변의 잠재적인 위험을 잘 모르기 때문에 상해를 입거나 이로 인한 장애를 갖기 쉽다. 영유아가 건강하고 안전하게 생활할 수 있도록 지속적이고 반복적인 지도가 필요하다. 영유아교육기관과 가정 간의 연계성 있는 지도를 통해 영유아가 건강하고 안전한 생활습관을 형성할 수 있을 것이다.

3. 목표

신체운동·건강 영역은 다양한 신체 활동을 통하여 자신의 신체에 대한 긍정적 인식 및 일상생활에 필요한 기본 운동 능력을 습득하게 하고 안전한 생활습관을 형성함으로써, 영유아 자신의 행복한 삶을 위한 영역이다.

3.1. 표준보육과정

1) 0~1세 보육과정: 감각으로 탐색하고 신체활동을 즐긴다

영아는 다양한 감각 경험을 통하여 주변 환경을 탐색하고 자신과 환경과의 관계를 인식한다. 오감각기관을 사용하여 외부 세계에 대한 정보를 얻게 되고, 지각 능력은 영아의 감각 운동과 연결되어 발달하게 된다. 그러므로 영아기에 기본적인 오감각 능력을 기르고 두 가지 이상의 감각을 협응하여 활동할 수 있는 다양한 기회를 제공해야 한다.

영아기에는 자신의 신체를 긍정적으로 인식할 수 있어야 하고, 발달 수준이나 흥미, 요구에 적절한 신체 활동을 통하여 성취감을 경험하도록 해야 한다. 신체운동 능력의 발달은 이후의 학습활동과 사회·정서적 활동과 밀접히 관련되어 있어 단순한 운동 발달 이상의 교육적 의미를 지닌다.

2) 2세 보육과정: 감각을 활용하고, 신체활동을 즐긴다

영유아기는 신체를 조절하고 균형감을 기르며, 기본 운동 능력이 발달하는 시기이다. 유아기에 습득된 운동 능력은 후에 운동 습관이나 태도에 영향을 주게 되므로 놀이나 신체운동을 통해 기본 운동 능력이 발달되도록 해야 한다. 영유아는 신체놀이를 통해 첫째, 신체를 사용하는 방법을 배우며, 신체를 조절하고 협응한다. 둘째, 자신과 세상에 대한 발견을 하며 새로운 기술을 배워 여러 방면으로 시도해 본다. 셋째, 몸의 유연성이 생기며, 균형을 잡는 등 신체가 발달하고, 만지고, 두드리고, 던지며 노는 가운데 눈과 손의 협응력을 익힌다.

3.2. 누리과정

실내외에서 신체활동을 즐기고, 건강하고 안전한 생활을 한다.

유아기에 신체 활동에 참여함으로써 협응력 및 신체 조절 능력을 획득하고, 바른 자세를 형성하며, 기본적 운동 수행 능력의 발달을 도모하여 기초체력을 형성하게 한다.

다양한 신체 활동을 경험하고, 신체 활동에 적극적으로 참여하는 것이 기본 운동 능력을 증진시키는 데 필수적이다. 신체 활동을 통해 유아는 불안정한 신체적·심리적 상태를 해소시킬 수 있고, 마음을 진정시켜 주며, 활발하게 해 준다. 일상생활에서 받는 여러 가지 스트레스를 해소할 수 있는 효과적인 방법으로 신체 활동에 즐겁게 참여하고, 생활 속에서 규칙적으로 운동할 수 있게 한다.

영유아기부터 형성된 건강한 생활습관은 이후 성인기까지 지속된다. 영유아가 위생적이고 청결한 생활습관을 지니도록 일상생활 속에서 반복적으로 지도해야 한다. 특히 손 씻기와 이 닦기 등의 몸을 깨끗이 하는 청결 습관은 질병 예방의 기본적인 실천이라고 할 수 있다. 규칙적으로 생활하고 하루 일과에 즐겁게 참여하는 건강한 일상생활을 통해 심신의 건강을 유지하고 질병을 예방하는 데 관심을 가지고 실천하도록 한다.

영유아기는 모험심이 강한 반면, 주변의 잠재적 위험을 인지하지 못하기 때문에 사고로 인한 상해를 입기 쉽다. 유아기에 자주 일어나는 놀이 안전사고와 교통사고를 예방하기 위한 안전교육을 반복적·정기적으로 실시하여 안전습관이 형성될 수 있도록 해야 한다. 또한 영유아기부터 쉽게 노출되는 TV, 인터넷, 통신기기 등의 유해성을 알고 바르게 사용하는 습관을 기르도록 해야 한다.

4. 연령별 목표 및 내용

4.1. 표준보육과정

1) 0~1세

(1) 목표

감각으로 탐색하고 신체활동을 즐긴다.

① 감각 탐색을 즐긴다.

② 신체활동을 즐겁게 경험한다.

(2) 내용

내용 범주	내용
감각과 신체 인식하기	감각적 자극에 반응한다.
	감각으로 주변을 탐색한다.
	신체를 탐색한다.
신체활동 즐기기	대·소근육을 조절한다.
	기본 운동을 시도한다.
	실내외 신체활동을 즐긴다.

2) 2세

(1) 목표

감각을 활용하고, 신체활동을 즐긴다.

① 감각을 활용하고, 신체를 인식한다.

② 신체활동을 즐긴다.

(2) 내용

내용 범주	내용
감각과 신체 인식하기	감각 능력을 활용한다.
	신체를 인식하고 움직인다.
신체활동 즐기기	대·소근육을 조절한다.
	기본 운동을 즐긴다.
	실내외 신체활동을 즐긴다.

4.2. 누리과정

1) 목표

실내외에서 신체활동을 즐기고, 건강하고 안전한 생활을 한다.

① 신체활동에 즐겁게 참여한다.

② 건강한 생활습관을 기른다.

③ 안전한 생활습관을 기른다.

2) 내용

내용 범주	내용
신체활동 즐기기	신체를 인식하고 움직인다.
	신체 움직임을 조절한다.
	기초적인 이동운동, 제자리 운동, 도구를 이용한 운동을 한다.
	실내외 신체활동에 자발적으로 참여한다.
건강하게 생활하기	자신의 몸과 주변을 깨끗이 한다.
	몸에 좋은 음식에 관심을 가지고 바른 태도로 즐겁게 먹는다.
	하루 일과에서 적당한 휴식을 취한다.
	질병을 예방하는 방법을 알고 실천한다.
안전하게 생활하기	일상에서 안전하게 놀이하고 생활한다.
	TV, 컴퓨터, 스마트폰 등을 바르게 사용한다.
	교통안전 규칙을 지킨다.
	안전사고, 화재, 재난, 학대, 유괴 등에 대처하는 방법을 경험한다.

제 5 장

의사소통

의사소통영역은 영유아가 일상생활에서 듣고 말하는 것을 즐기며 읽고 쓰기에 관심을 가지고 책을 보고 이야기를 들으며 상상하기를 즐김으로써 의사소통능력과 상상력을 기르도록 돕는 영역이다.

의사소통영역은 '듣기와 말하기', '읽기와 쓰기에 관심 가지기', '책과 이야기 즐기기' 등의 내용 범주로 구성된다. 영유아기에 의사소통능력을 기르기 위해서는 일상생활 속에서 자연스럽게 타인과 소통하며, 글자에 대한 흥미를 비롯하여 책에 대한 풍부한 경험을 갖도록 하는 것이 중요하다.

본 장에서는 의사소통영역의 필요성, 이론적 기초, 표준보육과정과 누리과정의 목표, 내용, 목표 이해하기를 소개하고자 한다.

1. 영역의 필요성

인간이 사회적 존재로 발달하기 위해서는 의사소통이 가능하여야 한다. 의사소통은 두 사람 또는 둘 이상의 사람들 간에 정보가 전달되는 교류 과정을 의미하며, 경험을 나누고 관계를 맺는 상호작용 과정이다.

영유아는 주변 사람들과 소통하면서 관계를 맺는 능동적인 소통자로 다른 사람의 말을 주의 깊게 듣고 자신의 생각과 느낌을 표정과 소리, 몸짓, 언어 등 다양한 방법으로 표현하면서 소통한다. 특히 언어적 능력을 충분히 가지지 못한 영아는 응시하기, 미소 짓기, 몸짓 같은 비언어적 의사소통방법으로부터 표정 짓기, 소리 내기, 몸동작, 신호 보내기 등 다양한 방법으로 주변 사물이나 사람들과 의사소통을 시도한다. 이 시기의 의사소통능력은 후일 언어적 발달로 연결되어 언어발달을 예측하는 주요한 요인(김명순, 김의향, 이유진, 2007)으로 영유아의 비언어적 의사소통은 언어가 출현하면서 비로소 안정적인 의사소통능력으로 발달하게 된다.

의사소통능력은 인지발달뿐 아니라 신체, 사회성, 정서 등의 다른 영역의 발달에도 많은 영향을 준다. 영아는 주변 환경을 적극적으로 탐색하면서 인지적 사고를 확장시키는데, 정신적 표상능력이 발달함에 따라 지적 능력이 성장함은 물론 어휘를 습득하는 속도도 급속히 증가하게 된다(김명순, 한찬희, 유지영, 2012). 영아가 주변을 탐색하는 과정에서 보이는 다양한 표현, 소통 방법, 그리고 영아의 표현에 대한 주변 사람의 반응, 상호 의사소통과정은 안전한 탐색을 자극하여 영아의 전인적 발달을 자극한다.

특히 의사소통을 하는 과정에서 언어는 소통을 위한 가장 기본이 되는 요소로 인간이 다른 사람들과 관계를 맺고 사회 구성원으로 역할을 다하려는 욕구를 충족시켜 줄 뿐만 아니라 부탁하고 명령을 함으로써 개인의 필요를 충족시켜 주는 수단이 되기도 한다(강성화, 김경회, 2016).

또한 사회적 상호작용에서의 의사소통에 대한 경험이 누적되면 이후 발달에서 긍정적 또는 부정적 영향을 미치며(Black & Logan, 1995; Hazan & Black, 1989), 대인관계에서의 성공적인 관계 형성과 유지, 성인이나 또래관계에서의 사회적 유능성을 예언하는 주요 요인이다(Black & Logan, 1995). 의사소통능력이 높은 유아는 놀이를 주도하고 또래나 성인들에게 인정받는 행동을 하는 비율이 높으나 의사소통능력이 낮은 유아는 또래와 놀이가 길지 못하며 또래에 접근하기를 어려워하며 자신이 원하는 것을 정확하게 표현하지 못한다(Hutchby, 2005).

이렇듯 유아의 의사소통능력은 사회적 상호작용을 위한 기본적인 대인관계에서의 질적 수준과 성공 여부를 결정하는 주요 요인이므로(Hazan & Black, 1989) 적절하고 효율적인 의사소통 기술과 태도를 길러야 한다.

2. 영역의 이론적 기초

의사소통능력은 사람이나 사물과 주고받는 언어적 · 비언어적 행동으로 대인관계에서 나타난다. 의사소통 과정에는 의도적이든 무의식적이든 감정과 욕구, 생각 등을 전달하는 행위가 포함된다. 의사소통 행위는 발성, 구화 등의 언어적 행위와 몸짓, 표정, 자세 등의 행위로 나눌 수 있다(Dunst, Lowe, & Barthilomew, 1990). 1~2세를 전후로 의사소통 수단이 비언어적 형태에서 언어적 형태로 전이되며 비언어적 의사소통능력은 표상적 사고 능력이나 인지발달 과정을 반영하여 이후의 언어발달을 지원하고 촉진시키는 기초가 된다.

언어를 아는 것은, 즉 적절하고 의미 있는 문장을 만들어 내고 이해하는 능력을 언어적 능력이라 한다면 소통을 위해 언어를 어떻게 사용하는지를 아는 것, 즉 사회적 상호작용에서 적절하게 문장을 사용하는 능력은 의사소통능력이라 할 수 있다(Hymes, 1972). 의사소통능력에는 언어적 능력이 포함되는데, 단순히 언어를 알고 언어를 사회적으로 적절한 방식으로 사용하는 것 이상으로 언어를 사용하는 방법을 아는 것에 읽고 쓸 줄 아는 것도 포함된다(Erika, 2001).

의사소통능력(communicative competence)이라는 용어는 1966년 Dell Hymes가 처음 사용하였다(Hymes, 1966). Hymes는 Chomsky(1965)가 언어능력(language competence)과 언어수행(languages performance)을 구분하여 언어를 제한적으로 설명하는 것에 반하여 언어의 실제적 사용을 강조기 위해 의사소통능력이란 용어를 만들어 냈다.

Chomsky(1965)는 언어능력은 동일한 언어를 사용하는 사회의 구성원으로 그 사회에서 사용되는 언어를 완벽하게 사용할 줄 아는 이상적인 화자와 청자(ideal speaker-listener)가 사용하는 언어에 대해 내적으로 가지고 있는 언어구조에 대한 추상적이고 총체적 지식으로 생득적인 것이라고 보았다. 언어수행은 언어를 사용하는 구체적인 맥락에서 상황에 따라 언어능력이 사용되는 것을 의미한다. 언어능력은 가장 이상적인 여건에서만 언어수행으로 나타나며 언어능력이 반드시 언어수행을 전제로 하지 않는다고 하였다.

이러한 Chomsky의 생각에 대해 사회언어학자들은 언어가 의사소통을 목적으로 사용되기 때문에 언어가 사용되는 사회적 맥락을 고려하지 않고 언어를 설명하는 것은 언어의 본질을 이해하는 데 한계가 있을 수 있다고 보았다. 따라서 Chomsky가 주장하였던 언어능력을 보다 광범위한 개념의 언어능력을 재설정할 필요가 있다고 주장하고 새로운 언어능력으로 의사소통능력을 제안하였다.

Hymes의 의사소통능력 : Hymes는 Chomsky의 언어능력은 동질적인 언어를 사용하는 사회 안에서 이상적인 화자-청자의 언어지식을 의미하기 때문에 인간의 언어능력을 설명하기에는 이상적이고 한정적이라고 하였다. 특히 외국어를 학습하는 상황에서 보이는 이질적인 언어를 쓰는 사회에서 비이상적인 화자-청자가 보이는 언어행위는 동질적인 언어사회에서의 언어행위와 다르다고 보았다. 그는 Chomsky가 언어수행의 영역으로 보았던 사회적·문화적 요인을 포함하여 보다 넓은 의미의 언어능력을 설정하고 이를 의사소통능력이라고 명명하였다. 의사소통능력은 실제 상황에서 적절하고 합당하게 의사소통을 이어 나가는 능력을 말한다. 적절하고 합당한 의사소통이 가능하기 위해서는 ① 사용하고자 하는 언어가 문법적으로 가능한 구조를 가지고 있는지, ② 이것이 실제 사회적 상황에서 사용이 가능한지, ③ 실제 언어의 맥락과 관련하여 적절하게 다룰 수 있는지, ④ 사용된 언어가 사회 구성원들에 실제로 받아들여질 수 있는지 등의 개념들을 고려하여야 한다(Hymes, 1972).

Hymes가 의미하는 의사소통능력은 위에서 설명한 4가지 영역이 통합된 의미로 문법적 능력으로 설명되는 Chomsky의 언어능력보다 광범위한 개념이다.

Canale과 Swain의 의사소통능력 : 가장 중요한 언어능력은 문법이 아닌 언어가 사용되는 상황에 적절한 발화를 만들어 내고 이해하는 능력으로 문법능력, 담화능력, 사회 언어적 능력, 전략적 능력 등 4가지 하위 구성요소가 의사소통능력을 구성한다(Canale & Swain, 1980).

① 문법능력(grammatical competence) - 어휘 지식, 형태소, 동사, 문장의 의미, 음운 규칙 등에 관한 지식으로 문법 규칙에 맞게 단어를 배열하고 문장으로 구성하며 이해하고 사용하는 능력이다.

② 담화능력(discourse competence) - 독립된 문장이 아니라 일련의 문장을 연결하는 담화 속에서 전체적인 의미를 형성해 내는 능력이다. 즉, 문장 간 관계가 명확하지 않을 때 알고 있는 여러 지식을 활용하여 언어 속에 내재되어 있는 의미를 추론하고 일정한 상황에 맞는 말이나 글을 구성할 수 있는 능력이다.

③ 사회 언어적 능력(socio-linguistic competence) - 모국어를 사용하는 사람들이 알고 있는 서로 다른 사회 언어적 상황에서 적절하게 언어적 표현을 할 수 있는 능력이다. 즉, 언제 침묵하고 언제 존댓말을 써야 하는지 등 특정 상황에서 어떤 말을 어떻게 해야 하는지를 아는 능력이다.

④ 전략적 능력(strategic competence) - 언어를 사용할 때 생기는 변수나 충분하지 않은 언어능력 때문에 의사소통이 잘 되지 않는 것을 보완하기 위해 사용되는 언어적, 비언어적 소통전략에 관한 지식으로 성공적인 의사소통을 결정하는 중요한 요소이다. 적절한 단어가 생각나지 않거나 상대의 말을 이해하지 못했을 경우 등 다양한 상황에서 말을 바꾸거나 돌려 말하거나, 반복해 말

하거나, 주저하거나 회피하는 등의 전략을 사용할 줄 아는 능력이다.

Bachman의 의사소통능력 : 의사소통능력은 ① 세상 지식, ② 언어능력, ③ 전략 사용 능력, ④ 심리 생리학적 기제, ⑤ 상황 등의 5개 요인이 상호작용한 결과이다. 의사소통능력은 언어적 지식뿐 아니라 실제 언어를 사용할 때도 가지고 있는 언어적 지식을 사용할 수 있는 능력을 포함한다. 언어를 제대로 사용하려면 언어지식과 화자와 청자를 둘러 싼 세상 지식이 필요하다. 또한 언어가 사용되는 실제적 맥락을 서로 연결시키는 전략적 능력과 주어진 상황을 이해하고 선험적 지식을 활용하여 적절히 표현하는 기술인 심리 생학적 메커니즘도 요구된다(Bachman, 1990).

의사소통능력과 언어능력의 관계를 보면 언어능력의 어떤 아주 작은 부분은 의사소통능력과 무관한 것으로 보이나 일반적으로 의사소통능력의 상당 부분이 언어능력으로 볼 수 있다. 즉, 언어능력보다 좀 더 넓은 의미가 의사소통능력이다. 의사소통능력은 언어의 구조적 의미, 기능적 의미, 사회적 의미를 이해하고 표현하는 능력으로 언어의 사회적 규칙을 상황에 적절하게 활용하는 것이 중요하다.

아동의 언어를 연구하는 연구자들은 아동이 어떻게 말하는 것을 배우는가를 설명하는 문제에 몰두하고 있지만 아직은 어느 누구도 완전한 해결책을 가지고 있지 않으며, 때로는 어떠한 이론이 우세하지만 대개는 각 이론의 일정 부분이 서로 다른 측면을 설명하는 데 유용하게 사용된다. 인간발달에 있어 계속되어 온 본성(nature) 대 양육(nurture)의 논쟁은 언어발달에 대한 설명에서도 예외는 아니다(Erika, 2001).

의사소통능력의 발달과정을 보면 언어발달과 마찬가지로 의사소통의 발달도 태어나면서부터 이루어지는데 10개월 된 영아는 다른 사람들이 자신의 목적을 달성하는 데 도움이 되며 의사소통을 통해 이러한 도움을 얻을 수 있다는 것을 안다. 또한 다른 사람들도 의사소통하려는 의도를 가질 수 있음을 이해한다. 영아들도 성인처럼 언어적 방법으로 의사소통 의도를 표현하기 이전에 이미 다양한 의사소통 의도를 가지고 있고, 초기 몇 해 동안 언어뿐만 아니라 의사소통 기능도 발달하게 된다. 성인들은 언어적 상호작용을 통해 후일 의도적 대화의 기초가 되는 의사소통적 상호작용영역에 영아들을 끌어들인다(Locke, 1993).

Bell과 Ainsworth(1972)는 26명의 엄마를 대상으로 생후 첫 1년 동안 아기의 울음에 대해 보이는 엄마의 반응성을 연구한 결과 6개월에서 12개월 사이에 반응적이었던 엄마의 아기들이 덜 반응적이었던 엄마의 아기들보다 12개월이 되었을 때 덜 울었으며, 12개월에서 덜 울었던 영아들이 언어적 또는 비언어적 방법으로 의사소통을 더 잘하였다는 연구결과를 발표하면서 엄마의 반응성이 좀 더 일반적으로 의사소통의 발달을 돕는다고 결론지었다. 즉, 발달의 초기에 일어나는 양육자와 아동의 상호작용이 의사소통 발달의 기초를 마련한다.

의사소통능력의 발달에 있어 보육교사와 영아들과의 언어적 상호작용이 중요하다. 교사가 말을 많이 해 주고 다양한 어휘를 사용해 주며 단순한 문장으로 이야기를 해 주고, 또한 영아가 말을 할 수 있는 기회를 제공하는 질문을 많이 하는 경험이 영아의 언어발달에 긍정적 영향을 준다. 구어가 성취되면 생각하고 말하는 능력이 발달되며, 구어적 의사교환에서만이 아니라 읽기와 쓰기 등의 표상 체계로 사용하는 능력인 문해능력도 발달하게 된다. 영유아의 경우 치명적인 기관의 손상이나 박탈이 없다면 모두 말하기를 배운다. 유아들은 끊임없이 읽고, 쓰는 것을 배우며, 듣기와 말하기를 배우는 것과 같은 과정을 통해 읽기와 쓰기도 배울 수 있다. 이를 위해서는 풍부한 언어 환경과 자극을 제공하는 교사의 역할이 중요하다(강성화, 김경희, 2016).

3. 목표

의사소통 영역의 목표는 영유아가 일상생활에서 필요한 의사소통능력을 기르고 상상력을 기르는 것이다. 영유아가 듣고 말하기를 즐기고, 읽고 쓰는 데 관심을 가져 다양한 방법으로 의사소통할 수 있는 능력을 기르며 소통하는 과정에서 경험하는 책이나 이야기를 통해 상상력을 기르는 것을 목표로 한다(교육부, 보건복지부, 2019; 보건복지부, 2020).

의사소통영역의 표준보육과정(보건복지부, 2020)과 누리과정(교육부, 보건복지부, 2019)의 목표는 다음과 같다.

3.1. 표준보육과정

1) 0~1세 보육과정: 의사소통능력의 기초를 형성한다

0~1세 영아를 위한 의사소통영역의 목표는 영아가 의사소통을 위한 기초 능력을 형성하는 데 초점이 맞추어져 있다. 이를 위해 영아는 주변의 소리에 관심을 갖고 표정이나 소리 또는 몸짓으로 생각이나 느낌을 표현하며, 그림책이나 환경 인쇄물에 관심을 갖으며 끼적이는 데 관심을 가져야 한다.

영아는 자신의 주위에서 들리는 다양한 소리에 관심을 갖고 반응을 보이며, 특히 생활 소리와 말소리를 구별하고 양육자의 목소리를 듣고 울음을 멈추고 필요한 욕구 충족을 기다릴 수 있게 된다. 또한 표정이나 소리·몸짓 등으로 자신의 의사를 표현한다. 대부분의 의사표현은 울음으로 이루어지나 기분이 좋을 때의 웃음이나 옹알이 등으로 자신의 느낌을 나타낸다. 그림책이나 환경 인쇄물에 관심을 가지고 일정 시간 눈을 맞춘다. 특히 촉감 책이나 소리가 나는 장난감 책, 목욕을 하면서 가지고 놀 수 있는 책과 이야기에 관심을 갖는다. 또한 광고물의 현란한 그림에도 눈을 맞추기도 한다. 영아가 손으로 무엇인가를 잡을 수 있게 되면 종이나 쓰기 도구에도 관심을 가지고 이것을 좋은 놀잇감으로 생각한다. 아직 제대로 잡을 수는 없지만 후일 쓰기를 위한 손 근육이나 손가락 근육의 발달을 위해 종이를 구기거나 연필류를 잡는 것을 좋아한다.

2) 2세 보육과정: 의사소통능력과 상상력의 기초를 형성한다

2세 영아는 두세 개의 단어를 가지고 의사를 표현하는 전보식 언어기에 있으며 구어발달이 빠르게 이루어지므로 가까운 사람들과는 큰 불편 없이 의사소통이 가능하다. 이때의 영아들은 이야기 듣기를 즐기며 사람들과 이야기하는 것을 좋아한다. 또래들끼리 소통은 어려우나 서로 얼굴을 보며 이야기를 나누는 것과 같은 행동을 취하기도 한다. 두세 개의 단어를 가지고 자신의 생각과 느낌을 표현하게 되는데 아직은 혼잣말도 즐기지만 상호작용이 일어나지는 않아도 거울을 보거나 다른 또래가 있거나 하는 경우 말하기를 더 잘한다.

영아는 주변에서 흔히 경험하는 환경 인쇄물, 즉 광고지나 매일 먹는 우유나 과자 봉지에 있는 상징, 그림이나 부호, 글자 등에도 관심을 가지면서 끼적이면서 표현하기를 즐긴다. 종이나 쓰기 도구를 가지고 놀이하는 과정에서 표현되던 선의 모양에서 글자 비슷한 모양이 나타나고 글자를 베껴 쓰려는 시도를 하게 된다.

또한 영아는 보여 주는 그림책에 관심을 가지고 그림이나 이야기를 통해 상상하기를 즐기고 재미있는 소리를 흉내 내고 따라하는 과정에서 말놀이를 즐기고 줄거리가 있는 이야기에 재미를 느끼게 된다.

3.2. 누리과정 : 일상생활에 필요한 의사소통능력과 상상력을 기른다

3~5세 누리과정에서의 의사소통 영역의 목표는 유아가 일상생활에 필요한 의사소통능력과 상상력을 기르는 것이다(교육부, 보건복지부, 2019).

유아는 주변 사람들과 능동적으로 소통하면서 관계를 맺다. 유아는 다른 사람의 말을 주의 깊게 듣고 자신의 생각이나 느낌을 다양한 방법으로 표현하면서 소통한다. 유아는 의사소통하는 과정에서 경험하는 말이나 문자를 통한 의사소통의 의미를 파악하게 되어 일상생활에서 만나는 글자나 상징에 관심을 가진다. 글자나 그림, 상징으로 표현된 책이나 이야기를 즐기게 된다.

유아가 일상생활에서 점차 상대방의 말소리에 귀 기울여 집중하고 동시에 말하는 사람의 눈길이나 표정, 몸짓 등 비언어적인 표현이나 기타 주위의 분위기를 종합하여 들어서 그 내용과 의미, 의도를 판단하게 되면서 다른 사람의 이야기를 듣고 말하는 것을 즐기게 된다. 유아의 듣고 말하는 능력은 생활 속에서 이루어지는 자연스러운 대화를 통해 향상된다.

유아 주변의 일상생활과 관련된 인쇄물이나 글자들을 접하거나 그림책이나 동시, 동요 등의 내용을 자주 들으며 말과 글의 관계에 관심을 가지며 주변에서 경험하는 상징이나 글자를 통해 그림과 글자가 다르다는 것을 알고 읽기와 쓰기에 관심을 가지게 된다. 좋아하는 과자 이름을 보거나, 교실에 붙어 있는 이름표나 영역 표시판을 보면서, 또는 가게 간판, 교통표지판 등 자신을 둘러싸고 있는 주변 환경과 일상생활에서 자연스럽게 글자를 접하게 되면서 글자에 친숙해지고 관심을 가지게 된다. 또한 자신의 생각을 글자와 비슷한 형태로 표현하게 된다.

글자와 비슷한 형태로 표현하려는 욕구는 영아기 때부터 나타나 종이에 무엇인가를 끊임없이 그리고 끼적거린다. 유아는 말로 전달하는 것처럼 글자로 무엇인가를 타인에게 전달할 수 있음을 알게 된다. 유아가 주변에서 성인의 쓰기 모델을 자주 접하면서 말과 글의 관계를 자연스럽게 알고 가장 친숙한 자신의 이름 글자를 써 보는 것을 즐기게 된다.

유아는 읽기에 관심을 가지고 글자와 비슷한 형태로 표현하게 되면서 책과 이야기를 즐기게 된다. 책의 그림을 보거나 교사나 주변 어른이나 친구가 들려주는 이야기를 들으며 상상하기를 즐기는데, 이야기를 제공하는 동화를 듣고 동시를 들으며 말의 재미를 경험하게 된다. 재미있게 표현된 소리를 흉내 내거나 비슷한 소리를 경험하면서 말놀이를 즐기게 된다. 또한 동화 속 이야기나 주변에서 들은 이야기, 일상생활에서의 경험 등을 이야기로 만들어 보면서 이야기 짓기를 즐기게 된다.

4. 연령별 목표 및 내용

4.1. 표준보육과정

1) 0~1세 보육과정

(1) 목표

의사소통능력의 기초를 형성한다.

① 일상생활에서의 듣고 말하기를 즐긴다.

② 읽기와 쓰기에 관련된 관심을 가진다.

③ 책과 이야기에 관심을 가진다.

(2) 내용

내용 범주	내용
듣기와 말하기	표정, 몸짓, 말과 주변의 소리에 관심을 갖고 듣는다.
	상대방의 이야기를 들으면서 말소리를 낸다.
	표정, 몸짓, 말소리로 의사를 표현한다.
읽기와 쓰기에 관심 가지기	주변의 그림과 상징에 관심을 가진다.
	끼적이기에 관심을 가진다.
책과 이야기 즐기기	책에 관심을 가진다.
	이야기에 관심을 가진다.

(3) 목표 이해하기

0~1세를 위한 의사소통영역의 목표는 영아가 후일 주변 사람들과의 의사소통이 가능하도록 의사소통의 기초 능력을 형성하는 것으로 3개의 목표로 구성된다.

듣기와 말하기와 관련된 내용은 일상생활에서 듣고 말하는 것을 즐기는 것이다. 양육자가 보이는 표정이나 몸짓, 말소리와 주변에서 들리는 다양한 생활 소리를 관심 있게 들어야 한다. 특히 상대방이 이야기를 할 때 들으며 말소리를 낼 수 있어야 하고 더 나아가 표정이나 몸짓, 말소리로 자신의 의사를 표현하여야 한다.

교사는 영아에게 다양한 소리를 경험하도록 하고 영아와 짧은 시간이라도 영아에게 1대1로 이야기를 들려준다. 영아는 주변에서 들리는 소리와 양육자의 음성을 기억하므로 기저귀를 갈아 주거나 수유를 제공할 때 상황에 대한 언어적 설명을 해 주는 것도 필요하다. 또한 영아가 보이는 표정, 몸짓, 울음, 말소리 등에 즉각적으로 반응을 보이고 특히 말소리를 낼 때 이를 격려해 준다.

읽기와 쓰기에 관심 가지기에서는 읽기와 쓰기에 관련된 관심을 가지는 것이다. 즉, 영아가 주변에서 보는 그림이나 상징에 관심을 가지고 끼적이기에 관심을 가져야 한다. 영아가 앉을 수 있게 되고 기기를 통해 이동을 하게 되면서 영아의 시야는 보다 확장된다. 영아는 주변에서 보게 되는 이미지에 관심을 가지고 이를 기억한다. 또한 손과 손가락 근육이 발달하고 팔을 움직이게 되면서 쥐기나 잡기를 시도한다.

교사는 영아가 경험하는 그림이나 상징에 대해 설명하고 움직일 수 있는 공간을 제공하며 종이나 쓰기도구를 경험하도록 한다. 또한 교사가 끼적이는 모델이 되어 영아가 끼적이는 행동을 따라 경험하도록 한다.

책과 이야기 즐기기에서는 영아가 책과 이야기에 관심을 가지도록 한다. 영아는 어린시기부터 책과 이야기에 관심을 가지고 즐긴다.

교사는 다양한 장난감 책을 제공하고 이야기를 들려주어 영아가 책에 관심을 가지고 이야기에 집중하도록 돕는다. 책을 소개할 때는 무릎에 앉혀서 책을 보여주며 영아의 반응을 격려하고 영아가 책을 만지는 것을 허용한다.

2) 2세

(1) 목표

의사소통능력과 상상력의 기초를 형성한다.

① 일상생활에서 듣기와 말하기를 즐긴다.

② 읽기와 쓰기에 관심을 가진다.

③ 책과 이야기에 재미를 느낀다.

(2) 내용

내용 범주	내용
듣기와 말하기	표정, 몸짓, 말에 관심을 갖고 듣는다.
	상대방의 이야기를 듣고 말한다.
	표정, 몸짓, 단어로 의사를 표현한다.
	자신의 요구와 느낌을 말한다.
읽기와 쓰기에 관심 가지기	주변의 그림과 상징, 글자에 관심을 가진다.
	끼적이며 표현하기를 즐긴다.
책과 이야기 즐기기	책에 관심을 가지고 상상한다.
	말놀이와 이야기에 재미를 느낀다.

(3) 목표 이해하기

2세 영아의 의사소통영역의 목표는 의사소통능력과 상상력의 기초를 형성하는 것이다. 일상생활에서 들리는 다양한 소리와 대화를 듣고 놀이 과정 속에서 자신의 생각이나 느낌을 말로 표현하는 것을 즐기고 그림, 상징, 문자를 보면서 말소리가 문자로 기록되는 경험을 통해 읽고 쓰기에 관심을 가진다. 또한 책에 관심을 가지고 본 책의 내용을 상상해 보는 경험을 하고 이야기 내용을 다시 말해 보거나 확장해 보면서 말놀이와 이야기에 재미를 느낀다.

듣기와 말하기의 내용은 교사나 친구들이 보이는 표정과 몸짓, 말에 관심을 갖고 들으며 상대방의 이야기를 듣고 반응을 보여 말을 하는 것이다. 또한 울음이 아닌 표정과 몸짓, 단어로 의사를 표현하며 자신의 감정, 느낌, 필요나 요구, 경험 등을 말하는 것이다.

교사는 2세 영아에게 언어적 메시지와 일치하는 다양하고 분명한 표정과 몸짓을 보여주고 단어나 문장은 물론 이야기를 들려준다. 또한 영아가 자신의 느낌이나 요구, 경험, 생각 등을 울음이 아닌 말로 표현하고 교사나 또래들과 소통하는 것을 격려한다. 영아가 말로 요구를 표현할 때는 그 필요를 바로 충족시켜 주도록 한다.

읽기와 쓰기에 관심 가지기에서는 2세 영아는 교실환경 안에서나 산책을 하면서 보는 그림이나 상징, 글자 등에 관심을 가지고 읽는 척 행동하며 쓰기 도구를 사용하여 끼적이며 표현하는 것을 즐긴다.

교사는 2세 영아가 주변에서 경험하는 그림이나 싱징, 표식, 글자 등을 소개하고 이에 관심을 가지도록 격려한다. 또한 경험한 그림이나 싱징, 표식, 글자 등을 기억하고 이를 끼적거려 보도록 다양하면서도 적절한 쓰기도구를 제공한다. 영아에게 끼적이며 표현하는 것이 즐거운 경험이 되도록 격려한다. 2세 영아가 보이는 끼적인 결과물도 소중히 다룬다.

책과 이야기 즐기기에서는 2세 영아가 책에 관심을 가지고 그림이나 이야기를 들으며 상상한다. 또한 상상한 내용을 말로 표현하면서 책 속의 재미있는 단어나 문장을 말놀이하는 것과 이야기를 듣고 이야기로 표현하여 말하는 것에 재미를 느낀다.

이를 위해 교사는 다양한 책을 제공하고 이야기를 들려주며 2세 영아의 다양한 말소리 표현과 이야기를 들어 주고 그 표현을 격려하여 영아가 말하고 이야기를 꾸며 말하는 것에 재미를 느끼도록 돕는다.

4.2. 누리과정

1) 목표

일상생활에 필요한 의사소통능력과 상상력을 기른다.

① 일상생활에서 듣고 말하기를 즐긴다.

② 읽기와 쓰기에 관심을 가진다.

③ 책과 이야기를 통해 상상하기를 즐긴다.

2) 내용

내용 범주	내용
듣기와 말하기	말이나 이야기를 관심 있게 듣는다.
	자신의 경험, 느낌, 생각을 말한다.
	상황에 적절한 단어를 사용하여 말한다.
	상대방이 하는 이야기를 듣고 관련해서 말한다.
	바른 태도로 듣고 말한다.
	고운 말을 사용한다.
읽기와 쓰기에 관심 가지기	말과 글의 관계에 관심을 가진다.
	주변의 상징, 글자 등의 읽기에 관심을 가진다.
	자신의 생각을 글자와 비슷한 형태로 표현한다.
책과 이야기 즐기기	책에 관심을 가지고 상상하기를 즐긴다.
	동화, 동시에서 말의 재미를 느낀다.
	말놀이와 이야기 짓기를 즐긴다.

3) 목표 이해하기

의사소통영역의 목표는 일상생활에 필요한 의사소통능력과 상상력을 기르는 것이다. 유아는 일상생활에서 다른 사람의 말이나 이야기를 듣고 말하기를 즐기며, 주변의 상징을 읽고 글자와 비슷한 형태로 써 보기에 관심을 가진다. 또한 다양한 책과 이야기를 통해 상상하기를 즐긴다.

2019개정 누리과정(교육부, 보건복지부, 2019a)에서는 유아의 듣고 말하는 경험이 분리되지 않음을 고려하여 기존에 누리과정에서 '듣기'와 '말하기'로 구분되어 있던 내용을 '듣기와 말하기'로 통합하였다. 또한 유아의 읽고 쓰는 경험 역시 분리되지 않음을 고려하여 기존 누리과정의 '읽기'와 '쓰기'를 '읽기와 쓰기에 관심 가지기'로 제시하였다. 더 나아가 유아가 동화와 동시, 말놀이와 이야기 짓기 등 일상에서 자연스럽게 문학을 즐기는 경험에 중점을 두어 '책과 이야기 즐기기' 내용 범주를 새롭게 제시하고 있다.

듣기와 말하기 : 유아가 다른 사람의 말이나 이야기를 관심 있게 듣고, 자신의 경험, 느낌, 생각을 상황에 적절한 단어를 사용하여 말한다. 더불어 듣고 말하는 상황에서는 상대방의 이야기와 관련한 말하기를 하며 듣고 말할 때는 대화예절을 지켜 바른 태도로 듣고 말한다. 더 나아가 고운 말을 사용하는 내용도 포함된다.

유아가 자신의 생각을 말하고 다른 사람의 의견을 듣는 기회가 많아지면 바르게 말하고 듣는 태도 형성에 도움이 된다.

읽기와 쓰기에 관심 가지기 : 유아가 말과 글의 관계에 관심을 가지고, 주변의 상징, 글자 등을 읽으며, 자신의 생각을 글자와 비슷한 형태로 표현해 보는 내용이다.

예를 들어 교사나 글을 아는 친구의 도움으로 탐구 결과를 기록하거나 산책 후 지도 그리기, 이야기나 주제 책 만들기 등 방법에 관심을 가지고 이름과 숫자를 글자로 표현하는 경험을 할 수 있다(교육부, 보건복지부, 2019b).

책과 이야기 즐기기 : 유아가 다양한 책에 관심을 가지고 상상하며, 동화, 동시에서 말의 재미를 느끼고, 말놀이와 이야기 짓기를 즐기는 내용이다. 유아는 끊임없이 이야기를 만드는데 이야기는 새로운 이야기로 연결되고, 놀이에 생동감을 준다. 따라서 이야기를 다시 지어 보고 책을 만들어 보는 과정에서 상상력을 기를 수 있다.

교사는 유아가 자신의 생각이나 느낌, 경험 등을 말로 적절하게 표현하여 바른 언어생활을 하도록 도와야 한다. 또한 유아가 아름다운 우리말이 담긴 책과 이야기에 흥미를 가지고 언어가 주는 재미와 상상을 즐길 수 있도록 지원하여야 한다.

이를 위해 교사는 유아의 의사소통을 위해서 복잡한 언어 체계를 가르치기보다는 유아가 언어사용에 대한 자신감을 갖고 언어사용을 즐기도록 한다. 그리고 이야기나 책을 통해 전달된 구어나 문어의 내용을 바르게 이해하고 이해한 내용을 확장하여 새로운 이야기를 구성하거나 자신만의 책을 만들도록 격려하여 상상하기를 즐기도록 돕는다.

제 6 장

사회관계

사회관계 영역에서는 영유아가 자신에 대해 알고 존중감을 가지며, 가족을 소중히 여기고 다른 사람과 더불어 생활할 수 있도록 하며, 지역사회를 비롯하여 우리나라와 세계 여러 나라의 문화에 관심을 가지고 이해하도록 한다.

이 영역은 '나를 알고 존중하기', '더불어 생활하기', '사회에 관심 가지기'의 내용 범주로 구성되어 있다. 본 장에서는 사회관계 영역의 필요성, 이론적 기초, 연령별 목표 및 내용을 제시하고자 한다.

1. 영역의 필요성

사회관계 영역은 영유아가 자신을 알고 소중하게 생각하며 가족, 또래와 함께 지내는 방법뿐만 아니라 공동체에서 함께 살아가는 방법을 익히고 주변 세계에 관심을 가지고 적응해 나갈 수 있는 기초 능력과 인성을 기르기 위한 영역이다.

21세기는 첨단 통신망과 교통의 발달을 비롯한 과학기술의 발달로 전 세계가 하나의 생활권이 되어 엄청난 속도로 새로운 지식을 창출하고 부를 축적하게 되었다. 그러나 그 역기능으로 인간성 상실의 문제가 대두되면서 인간성 회복의 중요성과 사람과 사람의 관계 중심의 가치관이 부각되고 있다. 또한 세계화가 이루어질수록 획일적인 문화 중심의 세계화 문제가 지적되면서 각국의 전통 문화 및 다양한 문화를 존중하는 다문화 교육, 반편견 교육의 중요성과 각국 사람의 다름을 존중하고 공존하는 사회가 되어야 한다는 사회적 가치가 새롭게 조명되고 있다. 이에 사회관계 영역에서는 오랜 역사를 거쳐 사람과 사람의 관계를 존중해 온 우리나라의 세계관을 투영하고 나로부터 가족, 이웃, 사회로 관계와 관심이 확장되는 동심원적 체계를 반영하고 있다(장명림, 서문희, 이정욱, 양미선, 이민정, 정미라 외, 2012).

사회관계 영역은 '나를 알고 존중하기', '더불어 생활하기', '사회에 관심 가지기'의 내용 범주로 구성되어 있다. '나를 알고 존중하기'의 자신을 아는 것은 영유아기 초기에 외부 대상보다 먼저 자신의 신체를 탐색하고 다른 사람과의 관계에서 다른 사람과 분리된 자기를 인식하게 되는 것에서 시작된다. 이러한 자기 인식은 거울이나 사진으로 자신의 상을 다른 사람과 구별하면서 발달하고, 인지발달 및 사회적 경험과 밀접하게 관련되어 있다. 영아가 점차 성장하여 유아기에 이르면 자신에 대한 이해를 넓히고, 복잡한 자기 묘사를 하게 될 뿐만 아니라 자신의 특징을 평가하는 등 자아개념을 형성하기 시작한다(이미화, 이윤진, 이세원, 2007). 이때부터 형성되는 자신에 대한 존중감은 영유아가 자신에 대하여 가지고 있는 총체적인 의미, 감정, 태도로서 자신에 관하여 영유아 스스로가 내리는 평가와 자신에 대하여 느끼는 감정에 의하여 이루어진다. 자신을 존중하는 것은 어느 한 시기에 완성되는 것이 아니라 발달 단계에 따라 지속적인 변화와 성숙의 과정을 거쳐 완성되어 가는 것으로, 인생 초기의 자기 존중은 영유아가 자신을 긍정적으로 보고 능동적인 인간으로 성장해 가도록 돕는 매우 중요한 과정이다. 영유아가 자기 존중감을 가지고 성장하고 발달할 수 있도록 하기 위해서는 긍정적이고 따뜻한 보육환경을 마련해 줄 필요가 있으며 동시에 영유아가 자신감을 가지고 주변을 탐색하도록 배려해야 한다. 이러한 과정 속에서 영유아는 자기 동기화를 통하여 다양한 발달 영역에서 적극적이고 자발적인 노력을 함으로써 성취감을 가지고 삶을 개척해 나갈 수 있는 기본 능력을 기르게 될 것이다. 특히 학문적 성취를 강조하는 현대사회에서 영유아기 발달에 적합하지 않은 과도한 학문적 압박이 일상화되고 있는 현실을 고려할 때 영유아의 발달에 적합한 보육과정을 제공함으로써 획득될 수 있는 자신에 대한 존중감은 영유아 이후의 삶에 긍정적인 영향을 미치게 될 것이다.

'더불어 생활하기'는 친구 관계를 형성하고 자신이 속한 공동체에서 소속감과 책임감을 가지고 능동적으로 대처할 수 있는 능력을 기르는 것을 의미한다. 영유아는 한 사회의 구성원으로 태어나서 또 다른 사회 구성원들의 도움과 상호작용을 통하여 성장한다. 그러므로 영유아가 그들에게 가장 친숙한 사회구성원인 가족뿐만 아니라 친구, 그리고 공동체 구성원들과 적절한 관계를 맺고 유지하도록 돕는 것은 사회 속의 한 개인으로서 행복한 삶을 영위하도록 하는 데 가장 기본적인 조건이라 할 수 있다. 특히 현대사회에서는 일찍부터 부모와 떨어져 어린이집에서 생활하는 영유아들에게 가족 내에서 경험하기 어려운 다양한 횡적·종적인 인간관계를 모두 경험시켜 주고, 자율성을 길러 스스로 문제를 해결하는 능력을 키워주며, 여럿이 모여 생활하기 위해 필요한 사회적 규칙과 질서, 예절, 양보와 협동 등의 사회적 가치를 알고 지킬 수 있도록 도와주어야 한다.

'사회에 관심 가지기'란 영아기에서부터 형성되기 시작한 기본적인 사회적 능력을 바탕으로 보다 넓은 사회에서 유능한 사회 구성원으로서 성장해 나가기 위해 유아가 자신이 속한 사회현상에 대해 관심을 갖고 이해하는 것을 의미한다. 유아는 매우 이른 시기부터 자신을 둘러싼 지역사회와 관계를 맺기 시작한다. 지역사회의 여러 자원들을 활용하고 자신이 속한 사회의 특성을 알아 가면서 정체성의 기본을 형성하기 시작하며 유아는 지역사회와의 상호작용을 통하여 지리적·시간적 변화의 양상을 이해하고 이러한 현상과 관련된 다양한 지식을 획득하면서 자신이 특정 지역사회에 속해 있음을 이해하기 시작한다. 교사는 유아들이 살고 있는 지역사회에 관심을 갖고, 지역사회의 구성원으로 정체성과 자부심을 갖도록 해야 한다. 더 나아가 유아들이 대한민국 국민으로서 자부심을 갖고 우리나라를 사랑할 수 있도록 유아가 경험할 수 있는 전통문화와 놀이를 제공하며, 세계 여러 나라에 관심을 갖고, 다양한 문화를 인정하고 존중하며, 조화롭게 지낼 수 있는 지식과 태도를 형성할 수 있도록 도와야 한다(여성가족부, 2005).

2. 영역의 이론적 기초

인간은 태어나면서 자신을 돌보아 주는 사람을 통해 기본적 신뢰감을 형성하고 점차 다른 사람들과 관계를 맺어 가면서 자아를 확립하게 된다. 영아기에 주 양육자와의 관계에서 형성한 애착은 기본적인 정서적 능력 형성에 기초가 된다. 유아기에는 자신의 감정을 알고 상황에 맞게 적절하게 표현할 수 있으며, 자신과 가장 가까운 가족 및 친구를 중심으로 다른 사람과의 긍정적인 관계를 맺을 수 있게 되고 공동체 안에서 책임감과 소속감을 키울 수 있게 된다. 또한 사회구성원으로서 자신이 사는 지역에 관심을 가지고 탐구하며 점차 문화의 다양성을 이해하고 존중할 수 있게 된다.

사회관계 영역의 이론적 기초가 된 연구들을 사회관계 영역의 내용 범주별로 제시하고자 한다. 먼저 '나를 알고 존중하기'에 관련된 선행 연구들을 소개하면 다음과 같다. 영아는 자신을 다른 대상과 구분되는 독립된 실체로서 인식하기 시작하게 되는데, 이러한 자아 인식은 자아 개념과 자아존중감 발달의 기초가 된다. 유아기에 접어들게 되면 자신이 독특하고 타인과 구별되는 분리된 실제라고 인식하기 시작하면서 자신의 신체적 특징, 가치관, 희망, 역할 등을 포함하여 자신이 누구인지 깨닫게 되는 자아 개념을 발달시키기 시작한다(정옥분, 2002). 더 나아가 자신이 기대하는 기준에 비추어 자아 평가를 하게 되는데, 이러한 자아 평가의 결과가 바로 자아존중감이다. 자아존중감의 발달은 2세부터 나타나는 자조 기술의 발달과 더불어 시작되는데, 밥 먹기, 옷 입기, 세수하기, 대소변 가리기 등 일상의 과업들을 성공적으로 수행하면서 유아는 자신의 기본적인 능력에 대해 신뢰감을 갖게 되며, 이러한 신뢰감은 자아존중감의 중요한 기초가 된다(송명자, 1995). 긍정적인 자아존중감의 형성은 심리적 건강이나 긍정적인 사회적 관계를 발달시키는 데 근간이 된다. 자아존중감이 높은 유아는 생활에 대해 만족감을 느끼고(Crandall, 1973), 또래와 긍정적인 관계를 형성할 수 있다. 반면 자아존중감이 낮은 유아는 자신을 열등하다고 생각하며 사랑을 주거나 받는 데 어려움을 겪고, 낙심하기 쉬우며 자신의 잠재력과 성취 정도를 낮게 생각하는 경향이 있다(Coopersmith, 1967).

'더불어 생활하기'에서 강조되는 요소인 다른 사람과 긍정적인 사회적 관계를 맺는 것은 애착을 형성하는 것에서부터 시작된다. 애착이란 영아 자신과 양육자 간에 형성되는 친밀한 정서적 유대감으로서, 영아는 주 양육자를 비롯하여 주변의 친숙한 사람에게 애착을 발달시켜 나간다. 안정된 애착을 형성한 영아는 애착 대상을 안전기지로 삼음으로써 새로운 환경에 대한 탐색행동과 호기심을 보일 수 있으며(Ainsworth, 1973), 안정성과 신뢰감, 타인과 협동할 수 있는 능력, 자율감, 자신감을 가질 수 있으므로, 안정 애착은 영아가 앞으로 성장하면서 맺게 되는 대인관계에 긍정적인 영향을 줄 수 있다(유효순, 이영자, 1986).

영아가 점차 성장해 감에 따라 성인과 지내는 시간은 점차 감소하게 되고 또래와 보내는 시간은 증가하게 된다. 또래와의 관계는 부모-자녀 관계와 달리 수평적 관계이므로 유아는 또래집단 안에서 서로의 생각을 자유롭게 표현하고 갈등을 경험하며 해결해 나가는 평등한 상호작용을 하게 된다(Hartup & Moore, 1990). Sullivan에 의하면 유아는 또래와의 상호작용을 통해 사회적 역할과 규범을 배우고 사회적 조망수용 능력을 발달시키며 사회적 기술을 연습하게 된다(Hartup, 1983, 재인용). Bukowski와 Hoza(1989)도 또래 관계가 성공적인 사회적 상호작용을 위해 기본적으로 요구되는 사회적 기술을 훈련시키며, 유아에게 사회적 지원과 안전감을 느끼게 하고, 유아로 하여금 또래 관계라고 하는 사회관계 내에서 자아를 정의하게 하므로 자아 개념 발달에 기여한다고 보았다. 따라서 긍정적인 또래 관계를 유지하는 것은 사회적 발달과 사회화에 매우 중요하다고 볼 수 있다.

'사회에 관심 가지기'는 유아가 자신을 둘러싼 사회 현상에 관심을 가지고 이해하는 것을 의미하는 것으로 이는 유아가 유능한 사회 구성원으로 기능하도록 돕기 위해 필요하다. Seefeldt(1997)는 사회성 발달 교육만이 중요한 것이 아니라 사회과학적 지식을 통합하여 유아의 건전한 자아 발달, 가치관과 태도를 형성하는 것이 중요하다고 보았으며, 미래의 유능한 시민으로 성장하려면 다문화교육, 경제, 역사, 지리 등에 대한 지식이 필요하다고 하였다. 유아가 사회적 지식을 습득하도록 하기 위해서 매일 접하는 가정에서 부터 지역사회, 우리나라, 세계 여러 나라로 관심을 확장하도록 해야 한다. 사회적 지식의 습득과 함께 유아들이 미시적·거시적 체계 안에서 자신의 정체성을 발견하도록 하는 것이 중요하다. 이러한 사회적 지식에 대한 이해와 사회 속에서 자신의 정체성 확립은 유능한 시민으로서의 자질을 기르는 데 필요한 중요 요소가 될 것이다(이미화 외, 2007).

3. 목표

3.1. 표준보육과정

1) 0~1세 보육과정: 나를 인식하고, 친숙한 사람과 관계를 맺는다

영유아기 초기에는 외부 대상보다 먼저 자신의 신체를 탐색하고, 다른 사람과의 관계를 통해 타인과 분리된 자기를 인식하게 된다. 이러한 자기 인식은 거울이나 사진을 통해 자신의 상을 타인과 구분하는 모습을 통해 발견될 수 있으며, 인지 발달 및 사회적 경험과 밀접하게 관련되어 있다. 또한 영아는 생의 초기에도 즐거운 감정과 갑작스러운 큰 소리에 대한 공포를 분명히 보이며, 8~12개월이 되면 여러 가지 방법으로 행복감을 나타내며 불안과 두려움을 표현할 수 있다. 이와 같이 영아는 기본 정서를 표현할 수 있게 되며 다른 사람의 감정에도 주의를 기울일 수 있게 되어 자신을 돌보아 주는 교사와 안정적인 애착을 형성하고 또래와 함께 지낼 수 있게 된다(여성가족부, 2005).

2) 2세 보육과정: 나를 알고 다른 사람과 더불어 생활하는 경험을 한다

영아가 점차 성장하면서 자신에 대한 이해를 넓히고 자신이 소유하는 것의 특징을 평가하는 등 자아개념을 형성하기 시작하게 되는데 이때 형성된 자아존중감은 자신감 및 주도성과 밀접한 관련이 있으므로 여러 가지 새로운 기술들을 숙련시켜야 하는 영유아기에 매우 중요하다. 장시간 동안 어린이집에서 지내야 하는 영유아가 다른 사람과 더불어 생활하면서 행복한 시간을 보내기 위해서는 자신의 감정에 주의를 기울이면서 다른 사람의 감정에 적절하게 반응을 보일 수 있는 능력을 습득하는 것이 필요하다. 또한 교사와 안정된 애착을 형성하고 또래와 적절하게 관계를 맺고 유지하며 함께 더불어 살아가면서 삶에 필요한 여러 가지 지식을 배울 필요가 있다. 아울러 자신이 속한 가족의 소중함을 알고 가족을 사랑하는 마음을 가지며 이를 표현하는 것이 중요하다(여성가족부, 2005).

3.2. 누리과정

자신을 존중하고 더불어 생활하는 태도를 가진다.

유아가 자신을 알고 존중함으로써 긍정적인 자아존중감을 형성하도록 하며, 자신과 타인의 감정을 알고 조절하는 능력을 갖추어 타인과 원만한 관계를 맺도록 하는 것이 중요하다. 가족을 소중하게 여기는 마음을 가짐으로써 자신의 가족배경과 구성원에 대하여 편견 없는 태도를 형성하도록 하는 것이 필요하다. 유아가 타인을 존중하고 배려하며 협력하여, 갈등을 조절하고 문제를 해결할 줄 아는 능력을 배워 나가도록 함으로써 친구나 공동체 구성원들과 더불어 생활할 수 있도록 한다. 한편 유아기부터 우리나라의 전통문화에 자부심을 갖고 나아가 세계의 다양한 문화에 관심을 갖는 것을 통해 유아가 사회 구성원으로서의 정체감을 가지고 성장해 나가도록 하는 것이 필요하다(교육과학기술부, 보건복지부, 육아정책연구소, 2013).

4. 연령별 목표 및 내용

4.1. 표준보육과정

1) 0~1세

(1) 목표

나를 인식하고, 친숙한 사람과 관계를 맺는다.

① 나를 고유한 존재로 안다.

② 안정적인 애착을 형성하고 또래, 교사와 함께 지낸다.

(2) 내용

내용 범주	내용
나를 알고 존중하기	나를 인식한다.
	나의 욕구와 감정을 나타낸다.
	나와 친숙한 것을 안다.
더불어 생활하기	안정적인 애착을 형성한다.
	또래에 관심을 가진다.
	다른 사람의 감정과 행동에 관심을 가진다.
	반에서 편안하게 지낸다.

2) 2세

(1) 목표

나를 알고, 다른 사람과 더불어 생활하는 경험을 한다.

① 나를 알고 긍정적으로 여긴다.

② 다른 사람과 즐겁게 지내기 위한 태도를 기른다.

(2) 내용

내용 범주	내용
나를 알고 존중하기	나와 다른 사람을 구별한다.
	나의 감정을 표현한다.
	내가 좋아하는 것을 한다.
더불어 생활하기	가족에게 관심을 가진다.
	또래와 함께 놀이한다.
	다른 사람의 감정과 행동에 반응한다.
	반에서의 규칙과 약속을 알고 지킨다.

4.2. 누리과정

1) 목표

자신을 존중하고 더불어 생활하는 태도를 가진다.

① 자신을 이해하고 존중한다.

② 다른 사람과 사이좋게 지낸다.

③ 우리가 사는 사회와 다양한 문화에 관심을 가진다.

2) 내용

내용 범주	내용
나를 알고 존중하기	나를 알고 소중히 여긴다.
	나의 감정을 알고 상황에 맞게 표현한다.
	내가 할 수 있는 것을 스스로 한다.
더불어 생활하기	가족의 의미를 알고 화목하게 지낸다.
	친구와 서로 도우며 사이좋게 지낸다.
	친구와의 갈등을 긍정적인 방법으로 해결한다.
	서로 다른 감정, 생각, 행동을 존중한다.
	친구와 어른께 예의 바르게 행동한다.
	약속과 규칙의 필요성을 알고 지킨다.
사회에 관심 가지기	내가 살고 있는 곳에 대해 궁금한 것을 알아본다.
	우리나라에 대해 자부심을 가진다.
	다양한 문화에 관심을 가진다.

제7장

예술경험

예술경험 영역은 영유아가 자연과 사물의 예술적 요소를 인식하고 창의적 표현 능력과 심미감을 기르며 정서적 안정감을 목표로 두는 영역으로 아름다움 찾아보기, 창의적으로 표현하기, 예술 감상하기 등으로 구성되어 있다. 이 영역은 자신의 생각과 느낌을 음악, 율동, 조형, 극놀이와 같은 다양한 활동을 통하여 자발적, 창의적으로 표현해 볼 수 있는 기회를 제공함으로써 풍부한 감수성과 표현 능력 및 심미감을 기르고 정서적 안정감을 가지도록 돕고, 다양한 활동을 통해 다른 영역과 통합적으로 이루어져야 한다. 본 장에서는 예술경험 영역의 필요성, 이론적 기초, 목표, 연령별 목표 및 내용을 소개하고자 한다.

1. 영역의 필요성

생후부터 영아와 유아는 자신이 느끼는 생각들을 표현하고자 하는 기본적 욕구를 지니고 있다. 그러나 아직 자신의 생각과 느낌을 언어로 표현하는 능력이 능숙하지 못하기 때문에 언어보다는 조금 더 쉬운 형식의 소리, 음악, 몸 움직임, 춤, 극놀이, 만들기와 그리기 등을 통해서 표현하고자 한다. 이처럼 예술경험은 자기표현의 중요한 수단이 된다. 그러나 영아에게 이러한 표현은 즉흥적으로 언제나 가능한 것이 아니다. 영유아는 표현에 앞서 또는 표현하는 과정이나 그 후에 자신이 표현하고자 했던 예술적 요소들에 대해 끊임없이 탐색하는 과정을 시도한다.

예술적 요소에 대한 영유아의 탐색은 처음에는 무의식적이고 비체계적으로 이루어지다가 점차 의식적이고 체계적으로 이루어지며 아름다움을 느끼게 된다. 즉, 예술적 요소들을 탐색할 때 영유아는 소리, 움직임, 형태를 호기심으로 바라보다가 점차 주의 깊게 관찰하게 되고 한두 가지 요소에 집중하여 시행착오를 겪는 과정을 거치며, 영유아의 탐색 행동은 자발적 시도가 주를 이룬다. 이처럼 주변의 환경이나 사물, 사람, 작품이 지니고 있는 예술적 요소들을 자발적으로 탐색해 보는 과정을 통해, 영유아의 지각력이 높아질 뿐만 아니라 예술적 요소에 대해 인식이 생기게 된다. 또한 아름다움에 흥미와 관심을 가지면서 이를 발견하려는 태도를 형성하게 된다. 이러한 태도는 이후 삶에 있어서 아름다움을 찾고자 하는 심미감의 기초를 이룬다.

영유아는 자신을 둘러싸고 있는 자연과 사물, 사람들의 소리나 형태, 움직임, 극을 보고 들으면서 생각한 것이나 상상한 것들을 표현하고자 하는 욕구를 지닌다. 이러한 욕구를 자발적으로 표현하는 과정을 통해서 영유아는 신체적으로나 정서적으로 조화와 일치를 도모할 수 있고, 이를 바탕으로 다양한 표현력과 창의력 및 풍부한 감성과 심미적 태도를 증진시킬 수 있다.

2. 영역의 이론적 기초

인성교육의 기본이라 할 수 있는 예술경험은 인간성 회복 차원에서뿐만 아니라 창의성 개발 측면에서도 가장 큰 효과를 기대할 수 있는 분야이다. 인간은 누구나 자신의 내부에 있는 다양한 사고와 감정을 외부로 표현하고자 하는 욕구를 지니고 있는데 영유아들의 주변 세계를 탐색하고 표현하고 감상하는 욕구, 즉 자신의 내면적 세계를 표현하려는 예술적 욕구는 신체, 언어, 인지, 정서 발달에 직접적인 도움이 된다(이춘희, 1999). 이러한 의미에서 영유아의 예술적 욕구는 영유아의 성격 형성에 중요한 의미가 될 수 있으며, 이것은 영유아의 생활 전반에 걸쳐 다양한 경험을 통해 다른 활동의 효과를 증진시켜 준다. 따라서 생활 속의 탐색, 표현, 감상은 영유아의 일상생활 속에서 체험하는 자연물과 다양한 사물 및 조형물 속에서 아름다움을 발견하고 다양한 문화를 이해할 수 있으며 이러한 현상은 조상들의 삶을 이해하고 전통미의 이해를 통해 다른 문화의 차이점과 우리 조상들의 표현의 우수성을 이해할 수 있는 심미적 안목도 기를 수 있다. 또한 음악(노래, 악기 활동, 감상, 움직임 등), 극놀이, 미술 활동 등의 다양한 예술 분야와 밀접하게 연관을 지니면서 통합적으로 지도함으로써 예술 전반에 관한 폭넓은 이해를 도와주며, 영유아의 창의력 표현을 향상시켜 준다(김정, 이수경, 1995).

예술경험 영역에 이론적 토대가 된 선행 연구들을 통합적으로 소개하면 다음과 같다. Hoffman 등(1991)은 음악적 경험은 영유아가 느낀 바를 표현하는 능력을 증진시키며 정서적 예민성을 증진시켜 준다고 하였다. 즉, 음악은 영유아 자신의 감정을 자연스럽게 표현할 뿐만 아니라 타인의 감정을 민감하게 의식하게 함으로써 보다 성숙한 감정 표현 및 통제를 발달시키도록 돕는다. Daicroze는 인간 내면의 감정은 여러 가지 몸짓으로 표현될 수 있다(안재신, 1996)고 하였는데, 노래와 악기 같은 음악은 신체의 움직임을 더욱 즐겁게 해 주며, 신체 탐색과 함께 신체 움직임을 박자에 맞추어 보는 리듬 탐색을 더욱 확장시켜 준다. 신정자(1998)는 '음악 활동이 유아의 음악 능력에 미치는 영향'에서 음악 활동이 5세 유아의 청각 기능과 음악적 개념 발달에 유의한 효과를 가졌다고 하였다. 음악 능력과 함께 음악의 창의성, 그림 표현에 관한 간접적인 활동을 통한 연구들도 이루어졌는데, 박은옥(2004)의 연구에서는 음악 감상을 통한 신체 표현이 유아의 음악성 향상과 정서지능에 긍정적인 영향을 미쳤다. 또한 송영희(2001)의 연구에서는 음악 감상 활동 프로그램이 유아들의 창의적 신체 표현력에 긍정적인 효과를 보여 주었음을 밝혔다. 손수연(2002)은 음악 감상을 통한 그림 표현과 이야기하기가 유아의 창의성을 증진시키는 데 영향을 미친다고 하였다.

Gallahue(1993)는 음악의 실제적 움직임과 동극을 통하여 유아는 자신의 내면의 감정을 표현할 수 있으며, 더불어 감상할 수 있는 능력도 기른다고 하였다. Arnheim와 Pestolest는 유아의 움직이는 경험을 통하여 스스로 생각하고 문제를 해결하는 자발적인 태도를 기르며 한 가지 움직임의 습득은 다른 움직임의 응용 및 습득과 관련성을 가지고 있기 때문에 유아의 지적 발달 및 문제 해결 능력을 발달시킨다고 하였다. 음악과 신체 표현은 분리될 수 없는 밀접한 관련이 있으므로 신체 표현을 음악 활동에 통합할 것을 제안하였고(홍용희, 이한영, 최혜로, 원영신, 1999), 또한 음악과 신체 표현은 서로 상호 의존 및 보완적 역할을 한다고 말하고 있다(김은심, 2004).

최근에는 영유아를 둘러싼 주변 환경이나 일상생활 속에서의 느낌, 경험, 생각을 중심으로 표현 활동이 실시되어야 함을 통해 미술 활동의 중요성이 강조되고 있다. 미술 표현은 영유아들이 각자가 독특한 방법으로 생각한 것을 분명하게 드러내는 활동이며, 탐색, 구별, 선택, 시각적 세계를 즐기는 과정을 의미하며, 명화를 통한 다양한 감상 활동이 유아의 그리기 표현 및 태도에 미치는 영향을 연구해 오고 있다. 이러한 연구들은 감상 활동이 표현 능력에 긍정적인 영향을 미친다는 결과를 제시하고 있지만 자연환경과 유아의 일상생활 속에서의 아름다움을 인식할 수 있는 폭넓은 미적 체험 기회의 필요성도 함께 제기하고 있다(이정욱, 임수진, 2017).

통합적 미술교육방법을 통해 확산적 사고의 과정과 다양한 미술 재료의 사용 등 여러 가지 형태의 새로운 미술 기법을 유아를 대상으로 활용하고, 작업을 통해 선, 표현 방식, 질감, 색, 형태를 발견하는 경험과 창작 과정의 필요성, 활동과정의 중요성, 자신의 창의적인 자질을 나타내기 위한 표현방법을 탐색할 수 있는 기회를 제공하는 것이 필요하다. 더불어 자신의 감정이나 느낌을 움직임으로 표현하게 하는 신체 활동과 연관시켜 보게 하며, 교사는 유아 스스로 선택하고 결정하여 유아 나름대로의 생각이나 느낌을 그들의 방법으로 표현할 수 있는 허용적 분위기를 만들도록 도와주어야 한다(안경숙, 신애선, 2018).

극놀이는 2세부터 나타나기 시작해 3세 이후에야 분명해지며, 4세 이후 유아들이 즐기는 극놀이는 사회적·정서적·지적 재능을 필수적으로 활용하는 매우 복합적인 활동이라 할 수 있다. 유아들은 극놀이를 통하여 자신의 현실 세계에서는 불가능한 역할이나 행동을 실현해 봄으로써 정서적인 만족감을 느끼고 사회 조직에 대한 적응 기술 및 지식을 습득할 수 있다. 극놀이는 유아의 상상력, 경험, 희망에 따라 자유롭게 구성되는 놀이로 유아가 극놀이의 책임자로서 내용을 구성하고 역할을 분담하며 적절한 놀잇감을 선택하고 준비하는 과정에서 새롭게 창조해 보는 기회를 많이 갖게 되므로 창의력이 증진되며, 사회적 역할 놀이와 창의성에 영향을 미친다. 극놀이의 교육적 가치는 유아들의 정서교육 또는 예술교육의 기초 과정에서 연극을 접함으로써 유아들의 지적인 사고력이나 정서적 성취의 속도, 시각을 통한 공간미와 청각을 통한 이원적 감성의 예술적 통합 능력 등 심미적 효과를 보인다(김명이, 2016).

이와 같이 모든 예술경험을 통한 활동은 영유아의 창의적 사고의 출구로, 허용되는 분위기 속에서 수행되며, 무엇을 만들거나 조작하는 가운데 자신의 아이디어나 감정을 표현할 수 있는 창조적인 가치를 지닌다(이기숙, 2004). 따라서 영유아는 자신이 경험하는 모든 활동 속에서 자신에게 진정한 의미가 있는 것들을 재구성해 나간다.

3. 목표

주변의 친근한 환경과 생활에서 예술적 요소에 관심을 보이고 흥미롭게 경험하고 즐김으로써 창의성과 감성을 기른다.

예술경험 영역의 표준보육과정 및 누리과정의 목표는 다음과 같다.

3.1. 표준보육과정

1) 0~1세 보육과정: 아름다움을 느끼고 경험한다.

영유아의 주변 환경은 아름다운 것들로 둘러싸여 있다. 이것을 관심 있게 탐색하고자 하는 욕구를 영아는 지니고 태어난다. 태어나자마자 영아는 주변에서 소리 나는 쪽으로 시선을 돌리고 손을 뻗으며, 점차 목소리로 소리를 만들어 내다가 다른 사물이나 리듬악기를 사용하여 소리를 만들 수 있다. 영아들이 만드는 소리도 처음에는 산발적이다가 연령이 점차 많아지면서 리듬 있고 듣기 좋은 소리가 되며, 주위에서 들리는 음악에 맞추어서 리듬을 탐색하기도 한다. 몸 움직임이나 미술, 극놀이 역시 주변의 단순한 요소로부터 점차 다양한 요소들까지 관심을 가지고 탐색하게 되며 이러한 탐색 활동은 예술적 요소에 대한 인식과 지각력을 발달하게 하고 다시 주변의 아름다움에 대해 관심을 가지고 관찰하는 심미적 태도를 증진시킨다.

2) 2세 보육과정: 아름다움을 느끼고 즐긴다.

영유아들은 자연이나 주변 환경의 사물, 그리고 음악, 움직임, 극, 미술 등의 예술 작품들을 보고 듣고 즐기면서 자연스럽게 아름다움을 경험하게 된다. 또한 이러한 아름다움을 즐기는 경험을 통해 자신의 생각을 나눌 수 있을 뿐만 아니라 다른 사람의 생각과 느낌을 존중하게 되고 다양성을 인정하게 된다.

3.2. 누리과정

아름다움과 예술에 관심을 가지고 창의적 표현을 즐긴다.

영유아들은 태어나면서부터 자신의 생각과 느낌을 표현하고 싶어 하는 욕구를 지니고 있다. 예술적 표현은 인류의 역사가 진행되면서부터 내려온 대표적인 표현 방식이며 음악이나 춤, 미술 활동은 언어 이전부터 있어 왔던 표현 양식이다.

영유아가 자신의 느낌이나 생각, 아이디어를 리듬이나 노래, 악기, 몸 움직이기, 춤, 극놀이, 그리기와 만들기 등의 미술 활동을 통해 자유롭게 나타내 보고, 자기 나름의 의미와 즐거움을 찾도록 하는 것은 이들의 창의적 표현력 향상과 심미감 증진에 중요하다.

4. 연령별 목표 및 내용

4.1. 표준보육과정

1) 0~1세

(1) 목표

아름다움을 느끼고 경험한다.

① 자연과 생활에서 아름다움에 관심을 가진다.

② 예술적 경험을 표현한다.

(2) 내용 체계

내용 범주	내용
아름다움 찾아보기	자연과 생활에서 아름다움을 느낀다.
	아름다움에 관심을 가진다.
창의적으로 표현하기	소리와 리듬, 노래로 표현한다.
	감각을 통해 미술을 경험한다.
	모방 행동을 즐긴다.

2) 2세

(1) 목표

아름다움을 느끼고 즐긴다.

① 자연과 생활에서 아름다움을 느끼고 관심을 가진다.

② 예술을 통해 자유롭게 표현한다.

(2) 내용 체계

내용 범주	내용
아름다움 찾아보기	자연과 생활에서 아름다움을 느끼고 즐긴다.
	아름다움에 관심을 갖고 찾아본다.
창의적으로 표현하기	익숙한 노래와 리듬을 표현한다.
	움직임과 춤으로 자유롭게 표현한다.
	미술 재료와 도구로 표현해 본다.
	일상생활 경험을 상상놀이로 표현한다.

4.2. 누리과정

1) 목표

아름다움과 예술에 관심을 가지고 창의적 표현을 즐긴다.

① 자연과 생활 및 예술에서 아름다움을 느낀다.

② 예술을 통해 창의적으로 표현하는 과정을 즐긴다.

③ 다양한 예술 표현을 존중한다.

2) 내용 체계

내용 범주	내용
아름다움 찾아보기	자연과 생활에서 아름다움을 느끼고 즐긴다.
	예술적 요소에 관심을 갖고 찾아본다.
창의적으로 표현하기	노래를 즐겨 부른다.
	신체, 사물, 악기로 간단한 소리와 리듬을 만들어 본다.
	신체나 도구를 활용하여 움직임과 춤으로 자유롭게 표현한다.
	다양한 미술 재료와 도구로 자신의 생각과 느낌을 표현한다.
	극놀이로 경험이나 이야기를 표현한다.
예술 감상하기	다양한 예술을 감상하며 상상하기를 즐긴다.
	서로 다른 예술 표현을 존중한다.
	우리나라 전통 예술에 관심을 갖고 친숙해진다.

3) 목표 및 내용범주 이해하기

예술경험 영역의 목표와 내용범주는 유아가 자연, 생활, 예술에서 아름다움을 느끼고, 음악, 움직임과 춤, 미술, 극놀이 등의 예술에서 자신의 느낌과 생각을 창의적으로 표현하는 과정을 즐기며, 다양한 예술 작품을 감상하며 다른 사람의 예술 표현을 존중하는 내용으로 구성하였다.

- 유아가 자연과 생활, 예술에서 아름다움을 느끼고 즐기는 경험을 반영하여 '아름다움 찾아보기'를 새롭게 편성하였다.
- '창의적으로 표현하기'에서는 유아가 자신의 느낌과 생각을 음악, 움직임과 춤, 미술, 극놀이 등을 통해 자유롭게 표현하는 과정을 즐기는 내용으로 구성하였다.
- '예술 감상하기'에서는 유아가 다양한 예술을 통해 상상하기를 즐기고, 우리나라 고유의 전통 예술에 친숙해지는 경험을 강조하였다.

'아름다움 찾아보기' : 유아가 자연과 생활에서 아름다움을 느끼며 예술적 요소에 관심을 가지고 찾아보는 내용이다.

'창의적으로 표현하기' : 유아가 노래를 즐겨 부르고, 간단한 소리와 리듬을 만들어 보며, 자유롭게 움직이며 춤추고, 다양한 미술 재료와 도구를 활용하여 표현하며, 경험과 이야기를 극놀이로 표현하는 내용이다.

'예술 감상하기' : 유아가 자신과 또래의 작품뿐만 아니라 다양한 예술을 감상하며 상상하기를 즐기고, 서로 다른 예술 표현을 존중하며, 우리 고유의 전통 예술에 친숙해지는 내용이다.

제 8 장

자연탐구

영유아는 호기심이 많고 다양한 감각을 활용하여 주변 사물과 자연 환경의 특징을 지각하고 탐색한다. 이에 따라 자연탐구 영역은 영유아가 일상에서 관찰과 탐색의 과정을 통해 발견한 사실을 탐구하며 나타난 의문점 또는 문제점을 해결하는 역량을 키운다. 0~1세, 2세, 3~5세의 내용 범주는 '탐구과정 즐기기', '생활 속에서 탐구하기', '자연과 더불어 살기'로 구분한다. 이 장에서는 자연탐구 영역의 필요성, 이론적 기초, 성격, 목표, 연령별 목표와 내용을 소개하고자 한다.

1. 영역의 필요성

21세기 지식 정보화 사회는 과학적 사고에 기반한 창의적 인재를 필요로 한다. 창의적 인재는 우리 주변의 많은 정보를 올바르게 판단할 수 있는 건전한 가치관과 비판적 사고력을 갖춘 사람을 말한다. 이러한 분별력, 판단력, 창의적 사고력은 갑자기 발달할 수 없다. 영유아기부터 자신의 주변 환경에 관심을 갖고, 일상생활을 영위하며 궁금한 것을 탐색하고, 스스로 답을 찾아가는 탐구적 태도를 꾸준히 가질 때 창의적 인성을 형성할 수 있다.

미래 인재 양성에 대한 노력은 개인적 차원과 국가적 차원에서 동시에 접근해야 한다. 먼저 개인적인 측면에서 살펴보면, 예리한 비판적 사고와 창의성을 지닌 인성은 자신의 주변 세계에 대하여 호기심 있는 태도로 주변 사물이나 상황을 주도면밀하게 관찰할 수 있는 개인 성향을 말한다. 이러한 개인의 특성은 타인의 의지나 기준이 아닌 자신의 주관을 갖고 능동적으로 유용한 정보를 선별하여 수집할 수 있다. 또한 이러한 과정에서 접하는 문제점이나 난관들을 보면 그냥 지나치지 않고 문제를 해결하기 위해 객관적이고 합리적인 기준에 따라 여러 사실과 현상을 분류하고 종합하는 사고를 통해 다각적인 대안을 마련한다. 이러한 문제 해결의 과정은 개인의 지식 영역을 확장할 수 있고, 다양한 해결 방안을 모색하면서 창의적 사고를 키우는 데 중요한 경험이자 필요한 단계이다.

과학적인 사고와 창의성은 한 개인에 국한되는 것은 아니다. 국가적인 측면에서도 매우 높은 가치를 가진다. 전 세계 수많은 나라는 미래 첨단 과학 기술을 자국의 자원으로 개발하고 특성화 산업으로 발전시키고자 고심하고 있다. 이러한 이유로 새로운 미래 첨단 과학 기술과 지적 자원을 선도하려면 과학적 사고와 창의적 인재를 양성하는 것이 국가 경쟁력과 직결된다고 생각한다.

따라서 영유아기부터 자연 현상에 관심을 갖고 주변 세계를 탐색하며 규칙을 발견하고, 새로운 아이디어를 만들어 내는 능력을 국가 수준의 보육과정에서 길러 줄 필요가 있다.

흔히 영유아의 시기를 들어 타고난 과학자라고 말한다(Duckworth, 1987). 영유아는 "왜요? 왜 그런데요?"라고 끊임없이 질문하면서 주변 환경에 대해 자연스러운 흥미와 관심을 표현한다. 아울러 과학적 상상력을 동원하여 호기심을 충족하며 점진적으로 자신의 지식과 이해를 넓혀 간다. 영유아는 때때로 성인이 감당하기 어려울 정도로 왕성한 호기심을 나타내며 여기에 그치지 않고 자신의 호기심을 실험에 옮김으로써 주변 세계를 연구하고, 이론을 세워 가는 일선의 과학자와 같은 특성과 태도를 보여준다(강숙현, 2003; Chaille & Britan, 1991). 영유아가 주변 환경과 자연을 탐구하는 수·과학적 지식과 태도는 우리가 일반적으로 떠올리는 딱딱하고 추상적이며 난해한 분야가 아니다. 오히려 영유아가 생활하는 일상에서 환경과 사물과의 상호작용을 통해 새롭게 발견하고 문제를 해결해 가는 과정을 경험하며 성취감을 느낄 수 있다.

제4차 산업혁명과 지식 정보화 사회는 영유아에게 이미 축적된 폭발적인 과학 정보의 양을 가르친다는 것이 거의 불가능하다. 또한 그들에게 어떠한 과학 지식이 가장 필요한지 예견하기도 어렵다. 하지만 분명한 것은 앞으로 풀어 가야 할 수많은 문제를 계속적으로 대면하게 되고, 이것을 극복해 가는 문제해결 능력과 합리적인 사고 및 의사결정이 최대 관건이라는 점이다. 이러한 관점에서 볼 때 일반적으로 자연탐구 영역은 단편적인 지식의 체계나 묶음이라기보다는 개인이 전체 상황을 고려하여 합리적 기준에 따라 판단하고 의사결정을 하는 데 도움을 준다.

이러한 점을 고려하여 논리적이며 비판적으로 사고하는 태도의 함양이라는 명제 아래 영유아가 주변의 세계를 탐구하는 태도와 문제해결을 위한 기초 능력을 키워 주는 방향을 제시해야 할 것이다. Lorton과 Walley는 영유아 수·과학 교육의 중요성을 피력하면서, 특히 과학교육을 통하여 새로운 사실과 정보를 배우는 것뿐만 아니라 주변과 자연 세계에 대하여 사고를 조직하며, 발견중심 학습의 과정을 즐기는 것으로 과학은 영유아에게 매우 자연스러운 활동이라고 밝혔다. 말하자면 영유아기부터 탐구적 태도를 키울 수 있는 경험을 제공하며, 영유아가 자신의 생각을 격려하고 지지하는 분위기를 반복 경험하면서 사물 간 상호관계를 발견해 가는 사고력의 발달을 지원한다(Bredderman, 1982; Shymansky, Kyle, & Alport, 1982).

2. 영역의 이론적 기초

영유아는 자연탐구를 위한 지식을 어떻게 구성해 가는가? 이것은 동서고금을 막론하고 20세기 심리학자와 교육학자의 중요한 연구주제가 되어 왔다. 여기서 우리는 논리-수학적 지식과 물리적 지식의 발달을 연구한 Piaget의 인지발달이론, 사회적 상호작용을 강조한 Vygotsky의 사회적 구성주의, 학습자의 능동적 탐구를 신뢰한 Bruner의 발견학습, 지능의 다양성 이론을 구축한 Gardner의 다중지능 이론을 중심으로 살펴보고자 한다.

2.1. Piaget의 인지발달이론

Piaget는 영유아와 아동의 인지발달 연구에 획기적인 이정표(milestone)를 제시했다. 그는 유아의 오답을 체크하면서 아동이 성인과 달리 독특한 사고 과정을 갖고 있다는 사실을 밝혔다. 즉, 유아가 성인과 같은 수준의 논리적 사고가 불가능한 이유는 구체적 조작기 이후의 인지적 능력이 아직 형성되지 않은 것으로 보았다. 또한 Piaget는 수학적 사고의 발달을 위해서 물리적 지식, 사회적 지식, 논리-수학적 지식이 서로 깊은 연관이 있다고 착안하였고 이것은 자연탐구 영역에 기본적인 틀을 제공한다(Kamii, 1982 재인용; 임수양, 2002; 박홍자, 2002; 이경우, 1995).

먼저 물리적 지식을 살펴보자. 물리적 지식이란 지식의 근원이 영유아의 외부에 존재한다고 보고, 관찰할 수 있는 물체들에 관한 지식이다. 예컨대 영유아는 숟가락을 떨어뜨리면서 그 물체들이 어떻게 반응하는지 자신의 감각을 통해 지각하고 습득한다. 이러한 물리적 지식을 형성하기 위해 유아 스스로 직접 경험을 통해 물체를 탐색하고 관찰하고 지식을 형성해 나갈 수 있는 환경 조성이 필요하다. 또한 물리적 지식을 설명하기 위해서 사회적 지식을 필요로 한다. 사회적 지식은 사람들과의 관계에 의해서 만들어진 규칙과 관습에 그 근원을 둔다. 예컨대 숫자 5를 보고 '다섯'이라 명명하는 것은 사회에서 통용되는 약속인 사회적 지식을 전제로 한다. 물리적 지식과 사회적 지식과 관련하여 유아가 수의 정신적 구조를 구성하는 것이 수학적 지식이다. 간단한 예로 유아가 '하나, 둘, 셋, …' 숫자의 이름을 기계적으로 암기할지라도 숫자의 명칭과 그 속에 내포된 의미를 유아의 정신적 구조에서 논리적으로 구성할 수 없다면 수에 대한 논리-수학적 지식을 확실하게 획득했다고 볼 수 없다. 이러한 지식은 우연한 사건에 의해 만들어지는 것이 아니라 유아들이 구체적인 사물을 직접 다루어 보고, 스스로 탐색하는 기회를 자주 접할 때 의미가 있다. 결론적으로 Piaget는 영유아가 성인과 달리 그들만이 갖는 독특한 사고의 틀이 있으며, 유아가 형성해 가는 지식은 물리적 지식, 사회적 지식, 그리고 논리-수학적 지식이 상호 깊은 연관성이 있다고 강조하였다. 이를 위해 유아 스스로 주변의 환경과 사물을 탐색하고 경험할 수 있는 기회와 환경을 조성하는 것(배소연, 서현아, 백혜리, 강민정, 2005)이 자연탐구 영역을 가장 잘 실천할 수 있는 방안이다.

2.2. Vygotsky의 사회적 구성주의

Vygotsky는 지식을 사회집단이 긴 역사를 통해 쌓아 온 문화적 산물로 보았다. 문화적 산물인 지식은 사회문화적 상황에서 공동으로 문제를 해결하는 과정을 통해 이루어진다는 것을 전제로 한다(김경미, 김현주, 송연숙, 2003). 그는 인지발달의 사회적 지원을 설명하면서 '근접발달지대 또는 근접발달영역(ZPD: The Zone of Proximal Development)'의 개념을 사용하였다. 이는 영유아가 혼자서 수행하는 현재 수준에서 교사, 또래 친구들과 상호작용하여 단서 및 힌트를 제공받거나 직접 도움을 받아 잠재적으로 수행 가능한 수준으로 도달할 수 있는 능력 간의 차이를 말한다. 다시 말해서, 영유아가 이미 성취한 발달 수준과 앞으로 도달할 수 있는 잠재적 발달 수준의 간격을 의미하며, 학습과 인지발달이 일어나는 역동적이고 효율적인 영역이다(배소연 외, 2005).

교사와 부모는 영유아의 근접발달 영역이 어느 정도인지 파악하기 위해 영유아의 능력과 요구를 민감하게 살펴보고, 그에 적합한 교육의 내용과 방법을 제공한다. 따라서 교사는 영유아와 사회적 상호작용을 하며 인지적 수준을 높이는 '도약을 위한 발판(scaffolding)'을 잘 활용해야 할 것이다(박홍자, 2002).

2.3. Bruner의 발견학습

Bruner는 학습자가 어떻게 배우고 또 어떻게 잘 배울 수 있도록 도와줄 것인가를 고민하며 교수-학습방법에 주목하였다. 그는 영유아가 능동적인 탐구자로서 결과를 예측하고 문제해결 과정을 통해서 학습한다는 '발견학습'에 관심을 가졌다. 발견학습이란 교사가 정보나 답을 제시하기보다는 영유아 스스로 혹은 또래 집단이 문제를 해결할 수 있는 방안을 직접 제시하는 학습의 기본 구조를 말한다. 학습자가 주어진 과제를 탐색하고 문제를 파악하는 단계를 통해 해결책을 고안하고 나름의 규칙성을 발견하고 개념을 정리하는 단계, 발견한 규칙을 다른 문제해결에 적용하고 응용하는 단계를 거친다. 각 단계별로 학습자는 자신의 과거와 최근 지식을 바탕으로 새로운 아이디어나 개념을 확장하는데, 이를 '나선형 교육과정'으로 부르기도 한다(박홍자, 2002).

Bruner가 자연탐구 영역에 주는 시사점은 다음과 같다. 교사는 학습자가 스스로 원리를 발견하고 문제를 해결할 수 있도록 유아의 발달 수준에 적합한 새로운 학습경험을 제공해야 한다. 또한 영유아가 스스로 구체적 물체를 조작할 수 있는 활동적 표상, 시각 및 다른 감각을 이용하여 정보를 조직할 수 있는 영상적 표상, 경험과 생각을 언어 또는 기호로 표현할 수 있는 상징적 표상을 고려하여 효과적으로 배울 수 있는 교수-학습 방법을 선택한다.

2.4. Gardner의 다중지능이론

하버드대학의 Gardner 교수는 기존의 지능평가와 관련하여 지능지수(IQ)라는 획일적이고 표준화된 방식에 대해 반발하였다. 기존의 지능 개념은 논리 및 수리력, 기억력, 언어 능력 등 주로 인지적 능력을 강조하였고, 오늘날 중요하게 떠오른 창의성, 대인관계, 정서조절 등을 고려하지 않았다. 하지만 협소한 지능의 개념을 확장하려는 의도에 따라 그의 저서 『정신의 구조: 다중지능 이론』은 인간의 지능에 관하여 새로운 개념을 제시하였다. Gardner는 인간의 지능을 단지 몇몇 개의 지능에만 한정 지을 수 없고, 개인은 그가 소개한 여덟 가지 지능을 모두 가지고 있으며, 이런 지능이 결합하여 자신만의 독특한 지능을 형성한다고 하였다.

여덟 가지 지능에는 언어적 지능, 논리-수학적 지능, 공간적 지능, 신체 운동적 지능, 음악적 지능, 대인관계 지능, 자기 이해 지능, 자연탐구 지능 등이 있다. 일반적으로 다중지능은 모든 사람에게 나타나며 이 지능들은 여러 가지 복잡한 방식으로 상호 교류하며 어느 정도 수준까지 개발이 가능하다. 말하자면 지능 개발의 가능성은 유익한 교육환경과 교육내용, 교사의 자질과 역할에서 교육 여건을 충족할 때 이루어진다.

Gardner는 개개인이 가진 독특한 지능을 발휘할 수 있는 다양한 기회와 풍부한 표현, 그리고 탐구활동을 제시할 것을 권장한다. 또한 각 지능 사이의 활발한 교류를 통해 자연현상을 탐구하고 생태환경에 적응할 수 있도록 격려한다.

3. 목표

자연탐구 영역은 영유아가 다양한 감각과 호기심으로 주변 사물과 자연환경의 특징을 지각하고 탐색하며, 이러한 과정에서 발생하는 의문점을 탐구하고 해결하여 궁극적으로 사람과 자연이 상호 존중하고 소통하는 태도를 기르는 데 그 목표가 있다.

자연탐구 영역의 0~2세 보육과정 및 3~5세 누리과정의 목표는 다음과 같다.

3.1. 표준보육과정

1) 0~1세 보육과정: 주변 환경과 자연에 관심을 가진다

0~1세 영아는 친근한 사물에 대해 손을 뻗어 만져 보고 입으로 느끼고, 두드리며 소리를 듣는 등 여러 가지 감각을 활용하여 다양한 탐색을 시도한다. 이렇게 감각과 조작을 통해 주변 사물과 자연환경에 대해 관심을 가진다. 일상생활에서 감각을 통해 외부 자극을 받아들이며, 주변 환경에 호기심을 갖고 탐색을 즐긴다.

2) 2세 보육과정: 주변 환경과 자연을 탐색하는 과정을 즐긴다

영아는 궁극적으로 인간이 자연과 더불어 조화롭게 살아가기 위해 주변의 사물과 자연 환경에 대해 관심을 갖고, 감각을 활용하여 탐색하고, 문제를 해결해 가는 과정을 즐긴다. 이 시기에 여러 가지 감각을 활용하여 탐색하고 반복 활동하는 기회를 충분히 제공함으로써 탐구의 기초를 다지는 것이 중요하다. 또한 생활도구에 관심을 갖고 날씨와 계절의 변화도 느낄 수 있다.

3.2. 누리과정

탐구하는 과정을 즐기고, 자연과 더불어 살아가는 태도를 가진다. 누리과정이 추구하는 인간상은 앞서 언급한 것처럼 모두 다섯 가지이며, 자연탐구 영역에 가장 가까운 인간상은 '창의적인 사람'이라고 생각한다. 누리과정의 다섯 가지 목표 중 자연탐구 영역에 해당하는 목표는 '사람과 자연을 존중하고 배려하며 소통하는 태도를 기른다'이다(보건복지부 고시 2019-152호). 자연탐구 영역도 역시 3~5세 연령의 구분 없이 모두에게 적용한다. 또한 0~2세 보육과정과 초등학교 저학년 교육과정과 연계할 수 있도록 보육과정을 구성하고 누리과정의 다른 영역과 통합적으로 운영한다. 특히 유아의 경험에 근거하여 아동의 권리를 존중하는 놀이 중심 누리과정의 운영을 권장한다.

누리과정은 유아의 탐구과정을 격려한다. 개정 전 누리과정은 표준보육과정에서 보는 것처럼 수학적 탐구, 과학적 탐구 등으로 구분하였으나 생활 속 탐구하기로 통합하여 구성하였다. 자연탐구의 세 번째 내용범주는 생태교육의 중요성을 반영하여 생명과 자연환경의 소중함을 경험하는 기회를 제공한다.

유아 중심, 놀이 중심의 누리과정은 교사 주도적인 활동을 준비하여 그대로 실행에 옮기는 것이 아니라 교사와 유아가 협력하여 함께 만들어 가는 교육을 지향한다. 유아 놀이를 주의 깊게 관찰하고 유아가 무엇에, 어디에 관심을 두는지, 유아의 놀이가 어떻게 변해 가는지, 놀이를 어떻게 지원해 줄지를 고민하는 교사가 되어야 한다. 교사는 놀이, 일상생활, 활동의 측면에서 다각도로 접근하여 유아가 누리과정의 변화에 잘 적응할 수 있도록 역할의 변화를 적극적으로 수용한다. 교사는 우선 유아와 놀이 중심의 교육과정을 이해하고 실천하는 역할을 해야 하며, 둘째, 놀이와 놀이 자료 제공을 통한 유아의 배움을 지원하는 역할과 셋째, 놀이와 배움을 기록하고 평가하는 역할, 마지막으로 교사와 유아가 함께 배우며 성장하는 놀이 지원자로서의 역할이 매우 중요하다.

4. 연령별 목표 및 내용

4.1. 표준보육과정

1) 0~1세

(1) 목표

주변 환경과 자연에 관심을 가진다.

① 일상에서 탐색을 즐긴다.

② 주변 환경을 탐색한다.

③ 생명과 자연에 관심을 가진다.

(2) 내용

내용 범주	내용
탐구 과정 즐기기	주변 세계와 자연에 대해 호기심을 가진다.
	사물과 자연 탐색하기를 즐긴다.
생활 속에서 탐구하기	친숙한 물체를 감각으로 탐색한다.
	물체의 수량에 관심을 가진다.
	주변 공간과 모양을 탐색한다.
	규칙성을 경험한다.
자연과 더불어 살기	주변의 동식물에 관심을 가진다.
	날씨의 변화를 감각으로 느낀다.

2) 2세

(1) 목표

주변 환경과 자연을 탐색하는 과정을 즐긴다.

① 일상에서 탐색하는 과정을 즐긴다.

② 주변 환경에 관심을 가지고 탐색한다.

③ 생명과 자연에 관심을 가진다.

(2) 내용

내용 범주	내용
탐구 과정 즐기기	주변 세계와 자연에 대해 호기심을 가진다.
	사물과 자연을 반복하여 탐색하기를 즐긴다.
생활 속에서 탐구하기	친숙한 물체의 특성과 변화를 감각으로 탐색한다.
	물체의 수량에 관심을 가진다.
	주변 공간과 모양을 탐색한다.
	규칙성에 관심을 가진다.
	주변 사물을 같고 다름에 따라 구분한다.
	생활 도구에 관심을 가진다.
자연과 더불어 살기	주변의 동식물에 관심을 가진다.
	날씨와 계절의 변화를 감각으로 느낀다.

4.2. 누리과정

1) 목표

탐구하는 과정을 즐기고, 자연과 더불어 살아가는 태도를 가진다.

① 일상에서 호기심을 가지고 탐구하는 과정을 즐긴다.

② 생활 속의 문제를 수학적, 과학적으로 탐구한다.

③ 생명과 자연을 존중한다.

2) 내용

자연탐구 영역은 유아가 호기심을 가지고 궁금한 점을 적극적으로 탐구하는 과정을 통해 즐거움을 맛보고, 일상생활에서 만나는 문제들을 수학적으로, 과학적으로 탐구하는 자세와 태도를 기른다. 아울러 생명과 자연환경을 존중하는 기회를 가지면서 자연을 사랑하고 환경을 보호하는 마음을 키우고자 한다. 아래 표는 자연탐구 영역의 내용범주와 내용으로 교육부와 보건복지부가 동시에 발간한 2019 개정 누리과정 해설서에 근거한다.

내용 범주	내용
탐구과정 즐기기	주변 세계와 자연에 대해 지속적으로 호기심을 가진다.
	궁금한 것을 탐구하는 과정에 즐겁게 참여한다.
	탐구과정에서 서로 다른 생각에 관심을 가진다.
생활 속에서 탐구하기	물체의 특성과 변화를 여러 가지 방법으로 탐색한다.
	물체를 세어 수량을 알아본다.
	물체의 위치와 방향, 모양을 알고 구별한다.
	일상에서 길이, 무게 등의 속성을 비교한다.
	주변에서 반복되는 규칙을 찾는다.
	일상에서 모은 자료를 기준에 따라 분류한다.
	도구와 기계에 대해 관심을 가진다.
자연과 더불어 살기	주변의 동식물에 관심을 가진다.
	생명과 자연환경을 소중히 여긴다.
	날씨와 계절의 변화를 생활과 관련짓는다.

(1) 탐구과정 즐기기

① 주변 세계와 자연에 대해 지속적으로 호기심을 가진다.

유아가 물질, 물체, 동식물, 자연현상 등에 호기심을 가지고 놀이에서 지속적으로 궁금한 것을 찾아가거나 표현하는 내용으로 구성한다. 예를 들어 유아가 모래 구덩이 만들기를 계속하다가 물을 붓고 있는 유아에게 "물이 자꾸 없어져."라고 말하자 옆에 있던 유아들이 "왜 자꾸 없어지지?", "땅을 더 파야 해.", "아니야, 빨리 물어 부어야 해."라고 이야기하며 물이 모래에 스며드는 것에 호기심을 갖는다.

② 궁금한 것을 탐구하는 과정에 즐겁게 참여한다.

유아가 궁금한 것을 알아보기 위해 관찰, 비교, 분류, 예측, 실험 등의 다양한 탐구과정을 자발적으로 즐기는 내용을 말한다. 앞서 소개한 모래에 물을 붓는 상황에서 물을 더 붓거나 땅을 더 파는 활동에 즐거움을 느끼면 적극적으로 참여할 수 있다.

③ 탐구과정에서 서로 다른 생각에 관심을 가진다.

유아가 탐구하는 과정에서 자신의 생각을 또래나 교사와 함께 공유하고, 서로 다른 생각에 관심을 가지는 내용이다. 위에 소개한 '모래 구덩이 만들기' 놀이 경험의 사례는 모래에 물이 스며들어 없어지는 현상을 보고 유아 자신이 생각하는 이유를 각기 다르게 제시하고 있다. 서로 다른 의견을 나누고 서로의 생각을 존중한다.

(2) 생활 속 탐구하기

① 물체의 특성과 변화를 여러 가지 방법으로 탐색한다.

유아가 주변에서 쉽게 발견할 수 있는 친숙한 물체나 물질의 크기, 모양, 색, 냄새, 소리, 질감과 같은 기본적 특성에 관심 갖고, 더 나아가 그 물체나 물질을 자르고 서로 섞어 보는 시도를 한다. 이렇게 다양한 방법으로 변화한 물질의 상태, 변화한 특성, 변화되지 않는 특성을 탐색하는 과정을 말한다. 예를 들어 유아가 요리 활동을 할 때, 밀가루 반죽을 만들면서 반죽의 색깔이 점점 짙어지는 변화를 관찰하고 이에 대한 탐색을 다양하게 할 수 있다.

② 물체를 세어 수량을 알아본다.

유아가 일상에서 수에 관심을 가지고 수량을 세어 보며 많은지 적은지를 알아볼 수 있고, 수량의 변화를 알아본다. 수를 직접 세면서 복잡한 수 체계를 경험할 수 있다. 예를 들어 유아가 모여 서로 어떠한 놀이를 할지 정할 때, 손을 들거나 의견 표시를 한다면 하고 싶은 놀이를 지원한 친구들이 몇 명인지 사람 수를 셀 수가 있을 것이다.

③ 물체의 위치와 방향, 모양을 알고 구별한다.

유아가 자신과 물체를 기준으로 앞, 뒤, 옆, 위, 아래 등 공간 안에서 위치와 방향을 알아간다. 유아가 주변 환경에서 네모나 세모, 둥근 기둥, 상자 모양 등을 찾고 다양한 모양에서 공통점과 차이점을 발견한다.

④ 일상에서 길이, 무게 등의 속성을 비교한다.

유아가 일상에서 길이나 무게 등 측정 가능한 속성을 알고, 이 속성을 기준으로 물체를 비교하여 순서를 지어 보는 내용을 말한다. 이 과정에서 유아는 자신의 신체를 비롯하여 다양한 물체를 활용하고 다양한 비교 어휘를 사용하면서 순서를 지어 볼 수 있다. 예를 들어 유아들이 놀다가 누가 키가 더 큰지, 누가 더 무거운지를 비교하며 키나 무게를 대략 재 볼 수 있다.

⑤ 주변에서 반복되는 규칙을 찾는다.

유아가 생활 주변에서 사물이나 사건의 양상이 일정한 순서로 반복 배열되는 것에 관심을 갖고 즐긴다. 반복되는 배열에 숨겨져 있던 질서와 규칙을 발견하여 다음에 올 것이 무엇인지를 예측할 수 있다. 예를 들어 아침부터 반복하는 하루 일과의 리듬을 직접 느끼고 체험하다 보면 하루 일과의 규칙을 알게 되고, 다음 활동이나 시간을 예측할 수 있다.

⑥ 일상에서 모은 자료를 기준에 따라 분류한다.

유아가 일상생활에서 흥미와 관심에 따라 필요한 자료를 다양한 방법으로 모으고, 수집한 자료의 공통점과 차이점을 탐색하며 이를 하나 또는 그 이상의 다양한 기준에 따라 정리하고 조직해 본다. 다양한 기준의 예로는 모양, 크기, 색깔별 기준으로 자료를 분류할 수 있다. 유아의 놀이 사례를 보면, 유아가 실외놀이시설에서 열매를 줍는 놀이를 하며 열매의 크기에 따라 분류할 줄 알고 색깔에 따라 빨간 열매와 초록 열매를 구분하여 골라낸다.

⑦ 도구와 기계에 대해 관심을 가진다.

유아가 일상생활에서 필요한 다양한 도구와 기계에 대한 관심을 바탕으로 직접 사용하면서 도구와 기계가 우리의 생활에 얼마나 도움을 주는지를 알아보는 내용이다. 예를 들어 유아가 교사와 요리활동 중 콩나물 무침 요리를 하고 있었고, 작은 절구를 보고 "오늘 콩나물 무침에 쓰려고요?"라고 묻자 교사는 절구 안에 깨를 넣으며 "그래, 이걸로 깨소금을 만들어 볼까?"라고 말한다. 많은 유아가 이 장면을 흥미롭게 지켜본다.

(2) 자연과 더불어 살기

① 주변의 동식물에 관심을 가진다.

유아가 등원 및 하원, 산책활동, 바깥놀이, 보육실에서 접할 수 있는 동식물을 관찰하거나 직접 길러 보면서 동식물의 특성을 탐구한다. 예를 들어 어린이집 앞에서 개미를 발견하고 유아들은 매우 신기해하고 호기심이 가득하다. 움직이는 개미를 보며 개미가 길을 지나갈 수 있도록 몸을 오히려 비켜 주기도 한다.

② 생명과 자연환경을 소중히 여긴다.

유아가 동식물뿐 아니라 동식물이 살아가기에 좋은 환경을 만들어 줘 생명체의 가치를 인정하고 생명을 소중하게 생각한다.

2. 영아를 위한 보육과정 계획 및 운영의 실제

영아에게 적합한 보육과정 계획 시 고려해야 할 사항은 다음과 같다.

- 영아들의 보육과정은 일상생활 속의 경험들이 모두 교육적인 경험으로 제공되도록 한다. 즉, 영아들이 생활하기 위해 필요한 잠자기, 먹기, 배설하기, 놀기 등의 기본 욕구를 충족하기 위한 경험이 놀이에 포함되도록 한다.
- 가정에서처럼 편안하고 안정된 분위기에서 놀이를 통해 개념 및 기술, 기본생활습관 등이 반복적으로 이루어질 수 있도록 한다.
- 신체발달이 왕성한 영아 특성을 고려하여 대·소근육 발달을 증진하는 놀이가 이루어지도록 한다.
- 감각발달이 활발한 영아의 특성을 고려하여 듣고, 냄새 맡고, 만지고, 맛볼 수 있는 기회와 경험을 많이 제공하는 놀이가 이루어지도록 한다.
- 영아와 교사 간의 비언어적인 의사소통방법에 중점을 두는 놀이가 이루어지도록 한다. 언어적 능력이 부족한 영아이지만, 비언어적인 의사소통방법을 통해 영아가 자신의 생각이나 감정 표현을 적극적으로 표현하고 존중받으면서 자신감과 사회적인 기술의 기초를 형성하기 때문이다.

2.1. 0~1세 보육과정

0~1세는 발달이 급격히 진행되며 개인차가 큰 시기이다. 0세는 개별적인 생리적 리듬에 따라 먹고, 자고, 배변하며, 머리 들기, 뒤집기, 앉기, 기기, 걷기 등 신체적 발달이 활발하게 진행되므로 개별적 특성에 초점을 둔다. 1세는 먹고 자는 생리적 리듬이 비교적 안정되면서 낮잠 시간, 식사 및 간식 시간 등이 비교적 유사해지지만 영아 개인 스케줄을 고려한 하루 일과가 운영되도록 한다. 또한 걷거나 뛰는 등 신체적 능력이 안정적으로 발달되고 한두 단어의 언어를 사용하면서 주변 세계를 보다 적극적으로 탐색하므로 영아 개개인의 호기심과 탐색에 적절한 놀이 활동이 운영되도록 한다. 즉, 각 영아의 개별적인 생체 리듬과 개인적 욕구 등이

보육과정에 반영될 수 있도록 융통성 있게 계획한다.

1) 0~1세 보육과정 계획 및 운영의 예

0~1세는 안정적이고 건강한 성장과 보호가 더 중요한 시기이므로 학습 주제보다는 0~1세 발달 과정을 고려하여 1년간 영아가 일상생활에서 경험하는 내용을 주제로 선정한다. 대체로 어린이집에 적응하는 것과 0~1세의 발달에 필요하고 일상생활에서 친숙하게 경험하는 내용을 선정하는 것이 적절하다. 예를 들면 다음 〈표 9-1〉과 같다.

〈표 9-1〉 0~1세의 보육과정 주제의 예

0세		1세	
주제	교사의 놀이 지원 내용	주제	교사의 놀이 지원 내용
낯설어요	• 부모 및 양육자와 친밀한 관계를 토대로 영아와 친밀감 형성하기 • 영아의 일과 리듬 및 특성을 토대로 하루 일과 운영하기	새로운 것이 낯설어요	• 어린이집, 우리 반의 물건, 사람 등에 대해 놀이로 탐색하며 친숙해질 수 있도록 지원하기
느껴 보아요	• 수유 및 이유, 기저귀 갈기, 옷 입히기 시간에 정서적 지원하는 상호작용하기 • 주변의 물건, 환경 등을 느껴 볼 수 있도록 안내하기	느낄 수 있어요	• 오감각을 활용한 여러 가지 놀이를 제공하는 환경 구성하기 • 영아가 궁금해하는 것을 안전하게 살펴볼 수 있도록 지원하기 • 각 영아가 좋아하는 감각놀이를 충분히 즐길 수 있도록 지원하기
움직여요	• 영아의 발달 단계에 따라 누워서 움직이기, 기기, 서기, 걷기 등을 스스로 시도해 볼 수 있도록 안전한 환경 제공하기	놀이할 수 있어요	• 영아의 흥미에 적절하게 학급의 놀잇감, 바깥놀이 등을 제공하기 • 즐겁게 놀이하는 영아를 격려하며 함께 즐거워하기

0세		1세	
주제	교사의 놀이 지원 내용	주제	교사의 놀이 지원 내용
놀이는 재미있어요	• 까꿍 놀잇감, 굴러가는 놀잇감, 소리 나는 놀잇감 등 영아의 오감각을 활용할 수 있는 놀잇감을 제공하고 함께 놀이하기	나는 할 수 있어요	• 일상생활에서 영아 스스로 해 볼 수 있는 부분을 제공하기 • 영아 스스로 하는 즐거움을 느낄 수 있도록 격려하고 지원하기
		움직이는 것이 재미있어요	• 자신의 몸을 안전하게 움직여 보거나 주변 사물이나 놀잇감을 움직이는 놀이 제공하기 • 움직이는 놀이를 즐기는 영아의 호기심 격려하기
		좋아하는 놀이가 있어요	• 영아가 좋아하는 놀이를 충분히 즐길 수 있도록 환경 지원하기 • 교사나 또래의 놀이를 따라하면서 함께 놀이하는 즐거움을 경험하도록 지원하기 • 응가, 쉬 놀잇감을 제공하여 놀이를 통해 대소변 가리기를 즐겁게 경험하도록 지원하기

또한 0~1세 영아는 먹기, 잠자기, 기저귀 갈기, 씻기 등의 기본적인 욕구 충족을 위한 일상 활동이 깨어 있는 시간의 대부분을 차지하므로 이러한 일상 활동 속에서 교육적인 놀이 활동이 포함되도록 계획 및 운영한다.

(1) 0세 보육과정 계획 및 운영 예

0세는 대체로 매일 일상생활을 편안하게 지내는 경험을 통해 기본생활습관에 필요한 지식과 기술을 경험하는 것에 중점을 두어야 하며 특히 어린이집 교사와 함께 일상생활이 편안하게 이루어져야만 한다. 0세의 편안한 일상생활은 영아의 건강한 성장과 발달을 도모하기 때문이다. 또한 0세의 신체리듬은 개별적으로 큰 차이를 보이기 때문에 영아마다 자는 시간, 먹는 시간, 놀이하는 시간 등의 패턴이 각각 다르므로 이를 반영한 보육과정이 이루어져야 한다. 다음은 '낯설어요'라는 영아의 대표적인 경험을 토대로 운영된 0세 보육과정 계획 및 운영의 예이다

① 배경

7개월인 A는 매일 잠든 채 등원하여 10~11시까지 잠을 잔다. 그리고 울면서 잠에서 깨므로 재빠르게 아이를 안아서 달래야만 한다. 울기 시작했을 때 즉각 달래지지 않으면 오랫동안 울기 때문에 다른 영아들이 따라 울기도 한다. 그리고 오후 2~3시에 낮잠을 한 차례 더 자고 우유나 이유식도 잘 먹는 편이다.

10개월인 B는 매일 낮잠 시각도 다르고, 낮잠 시간도 다르다. 오전 11시, 오후 2시에 각각 낮잠을 1시간 이상 자는 날은 기분이 좋다. 그런데 이런 날은 1주일 중에서 하루 정도 있을 뿐이다. 어떤 날은 오전 10시에 잠들어서 1시까지 자고 일어나서 귀가할 때까지 잠들지 않고 짜증을 부리기도 하고, 어떤 날은 점심 식사 후 오후 1시에 잠들어서 귀가하기 직전인 5시에 일어나기도 한다. 대체로 우유나 이유식을 거부하는 경우가 많고 잠들려고 할 때 우유를 먹이면 비교적 많이 먹는 편이다.

② 하루 일과 및 놀이 흐름에 따른 교사의 고민과 교육적 지원

▫ 7개월 A영아의 경우

A영아

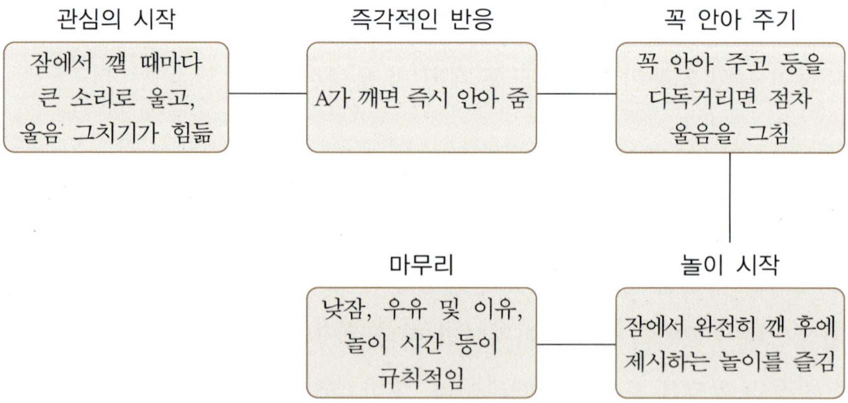

〈관심의 시작〉

• 매일 잠든 채로 등원하는 A는 잠에서 깰 때마다 마치 누군가가 꼬집은 듯이 울면서 깼다. A의 큰 울음소리로 다른 영아들도 따라 울었다. A의 잠깨기 패턴

으로 영아들을 보육하기 힘들었다.

- 잠든 채 등원하여 오전 낮잠을 자고 오후 2시 즈음에 낮잠을 한 차례 더 자며, 수유를 하던 중에 잠이 들기 때문에 잠재우기는 무난한 편이었다.
- 수유와 이유식, 그리고 배변도 정해진 시간에 규칙적으로 이루어졌고 먹는 것을 즐기기 때문에 수유 및 이유식 시간에 항상 즐거워했다.
- 깨어 있는 시간에는 교사와 까꿍 놀이하기를 즐기며 까꿍 인형으로 놀이하는 것도 즐긴다.
- 안정된 일과를 위해서는 A의 기상 시간마다 반복되는 모든 영아들의 울음에 대한 적절한 대책을 마련해야 한다.

〈즉각적인 반응〉

- A의 울음이 걱정되어 A가 일어날 즈음에 바로 옆에서 지켜보던 교사는 A가 눈을 뜨자마자 "잘 자고 일어났어?"라고 말하며 즉각 안아 주었다. A의 울음소리가 평소보다 작았다. 마치 울려다가 만 아이처럼!
- A가 울지 않아서 교사가 A를 내려놓는 순간 A는 크게 울기 시작했고 다른 영아들도 따라 울기 시작했다.

교사의 일상생활 지원 실제	편성 및 교수학습
A가 잠에서 깰 때의 행동을 지속적으로 관찰하였다.	상호작용 (관찰하기)
A의 울음을 조금이라도 짧게 하기 위해서 고민하며 A가 일어나면 가능한 한 빨리 안고 달래는 방법을 시도해 보았다.	

〈꼭 안아 주기〉

- A가 일어날 즈음에 옆을 지키고 있던 교사는 A가 눈을 뜨자마자 꼭 안아 주었다. 교사는 A를 세운 자세로 품에 안고 "잘 자고 일어났어요! 잘 자고 일어나서 기분이 좋아요"라고 A의 기분을 추측해서 말해 주면서 반복적으로 A의 등을 쓰다듬었다.
- A가 교사 품에서 충분히 안겨 있도록 안아 주자 A가 고개를 들고 주변을 살피기 시작했다.

교사의 일상생활 지원 실제	편성 및 교수학습
A가 잠에서 완전히 깨서 다음 일과로 전이될 때까지의 행동을 지속적으로 관찰하였다.	상호작용 (관찰하기)
A가 잠에서 완전히 깨면 스스로 움직이거나 주변에 관심을 보이는 행동을 한다는 것을 발견하고 A가 스스로 움직일 때까지 안고 안정감을 취하도록 도와주었다.	영아의 행동변화 (영아의 욕구 충족을 위한 지원)

〈놀이 시작〉

- A는 교사가 얼굴을 가렸다가 나타나게 하는 까꿍 놀이를 하면 까르르 웃으며 좋아했다. 교사는 A의 기분이 좋지 않거나 무료해할 때 까꿍 놀이를 시도하였다.
- A를 위해 여러 종류의 까꿍 놀이를 준비하여 시도해 본 결과, A는 주변 물건을 스스로 찾는 까꿍 놀이와 교사가 막대를 조작하면 나타나는 까꿍 인형 놀이를 할 때 가장 즐거워했다.

교사의 놀이 지원 실제	편성 및 교수학습
0세 영아들이 좋아하는 까꿍 놀이를 시도했고 A가 이를 즐거워해서 반복적으로 실시하였다.	상호작용 (함께 놀이하기)
교사가 막대를 올리면 나타나는 까꿍 인형, 버튼을 조작하면 뚜껑이 열리면서 나타나는 까꿍 놀잇감, 영아 주변의 물건 위에 스카프를 덮은 후에 물건을 찾아내는 까꿍 놀이 등 다양한 놀이를 시도하였다.	상호작용 (함께 놀이하기/놀이에 참여하기)

〈마무리〉

- A의 점심 및 간식, 낮잠, 배변 활동 등 일상생활은 A의 리듬에 맞추어 규칙적으로 운영하였다.
- A가 잠에서 깨는 순간에는 민감하게 정서적 지원을 제공한다.
- A가 즐겨하는 놀이를 제공하면 적극적으로 참여하며 즐긴다.

교사의 일상생활 및 놀이 지원 실제	편성 및 교수학습
A만의 생활리듬에 맞추어 하루 일과 운영을 계획하였다.	상호작용 (관찰하기)

교사의 일상생활 및 놀이 지원 실제	편성 및 교수학습
• 등원부터 11시까지 오전 낮잠 → 배변 및 점심 식사 → 놀이 → 2시 즈음 오후 낮잠 → 배변 및 이유식 → 놀이 → 하원 순서로 하루 일과를 운영하였다. • 까꿍 놀이 및 물건 숨기고 찾기 놀이를 반복하되, 조금씩 새로운 놀이 방법을 시도해 보았다.	일과의 변화 (A 특성에 맞춘 일과 운영) 상호작용 (함께 놀이하기)

□ 10개월 B영아의 경우

B영아

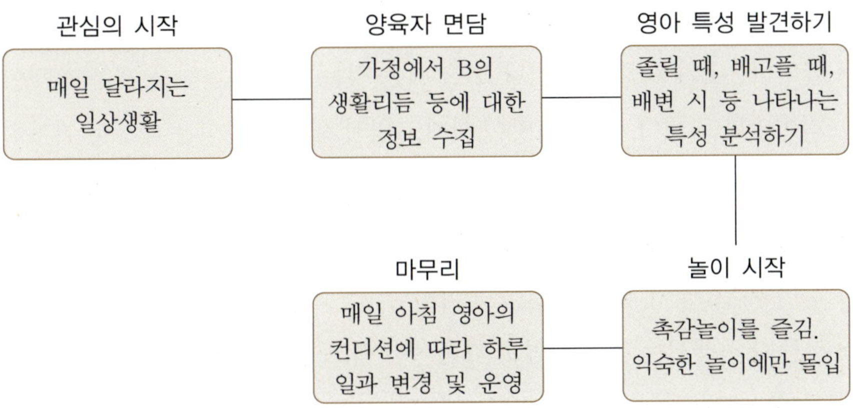

〈관심의 시작〉

- 매일 낮잠 시간, 식사 및 간식 시간 등이 다르다.
- 짜증을 내기 시작하면 원하는 것이 무엇인지 알아차리기 힘들고 쉽게 달래지지 않는다.
- 오전 낮잠과 오후 낮잠이 실행된 날에만 기분 좋게 생활한다.
- 한 번에 먹는 수유 및 이유식의 양이 매우 적다. 단, 낮잠 들기 직전 수유의 양이 가장 많은 편이며 많이 먹고 잠이 든 경우에 깊고 오래 자는 경향이 있다.
- 애착 인형이 있어서 항상 휴대해야만 하고 애착 인형이 없는 경우에는 매우 불안해한다.
- 안정된 일과를 위해서는 B의 특성을 파악하여 욕구에 적절한 일상생활이 운영되도록 해야 한다.

〈양육지 면담〉

• 부모 및 주 양육자인 할머니와의 면담을 통해 그동안 가정에서 B의 하루 일과 시간 및 특성에 대한 정보를 수집하였다. 주중에는 주로 할머니 댁에서 할머니가 양육하고, 금요일 밤이나 토요일 오전에 집으로 와서 주말 동안 엄마, 아빠와 함께 집에서 지낸다.

• 할머니의 보고에 따르면 주말에 집에 다녀 온 월요일에 가장 많이 짜증을 내는 편이고 수, 목요일 즈음이면 오전 낮잠과 오후 낮잠 2번의 낮잠을 자면서 비교적 짜증이 줄어든다고 하였다. 이를 토대로 B는 생활하는 장소, 양육자 등 일상의 변화에 민감하게 긴장하는 성향인 듯하다.

• 할머니는 B가 짜증을 내거나 보챌 때는 먹는 것보다는 잠을 재우는 것이 효과적이었다고 했다. 또한 입맛이 까다로워서 새로운 음식은 대부분 거부하고 자기가 익숙한 음식만 즐겨 찾는 편이라고 하였다.

• B는 우유병으로 우유 먹기를 즐겨하고, 밥보다는 잘게 자른 국수나 빵을 좋아하며 키위, 딸기 같은 과일을 좋아한다.

• 잠들기 위해서는 업거나 안고 다독여야 하고 반드시 애착 인형을 손에 쥐어 주어야만 한다.

• B의 이불, 베개, 애착 인형은 잠들 때 반드시 있어야 하는 물건이라서 B가 이동할 때마다 함께 해야만 한다.

교사의 일상생활 지원 실제	편성 및 교수학습
B에 대한 정보 및 특성을 파악하기 위해 부모 및 양육자와 면담을 하였다.	상호작용 (관찰하기)

〈영아 특성 발견하기〉

• 매일 양육자로부터 어젯밤의 취침 시간과 음식을 섭취한 시간, 배변 상태, 기분이 어떤지, 특별한 사건이 있었는지 등에 대한 정보를 토대로 B의 그날 하루 일과 순서를 계획하였다. 예를 들면 어젯밤에 늦게 잠이 들었다면 오전 낮잠을 일찍 잘 수 있도록 하고, 아침을 먹지 못하고 등원한 날이면 우유나 간식을

먼저 먹을 수 있도록 하였다.

- 졸리면 B는 머리가 뜨거워지거나 머리에 땀이 나며 손으로 머리를 자주 만지는 행동을 했다. 이때 애착 인형을 주고 교사가 안고 토닥이면 잠에 들곤 했다.
- B가 짜증을 낼 때는 대체로 배가 고프거나 심심한 경우였다. 이유 없이 짜증을 내면 먼저 수유 및 간식 시간인지 확인하여 음식을 먹도록 한다. 음식을 충분히 먹고 나면 기분이 좋아지는 경우가 종종 있었다.
- 짜증이 났는데 음식 먹기로 해결이 되지 않을 때는 B의 흥미나 관심이 어디에 있는지 발견하기 위해서 B와 함께 보육실 내 놀잇감이나 물건들을 탐색하면 짜증이 줄거나 좋아하는 놀이를 찾을 수 있었다.
- 위의 두 방법으로 B의 짜증을 해결하지 못할 경우에는 교사가 다양한 놀이 시범을 보이면서 B의 관심을 놀이로 유도하는 방법이 비교적 효과적이었다.
- 1달간 B의 행동에 따른 하루 일과 운영을 하면서 B가 비교적 편안해하는 하루 일과 운영 패턴 3개를 파악하였다.

교사의 일상생활 지원 실제	편성 및 교수학습
전날의 경험 및 그날 아침 컨디션에 따라 B의 낮잠, 식사 및 간식, 놀이, 배변 순서를 계획하고 운영하였다.	상호작용 (관찰하기)
낮잠, 음식, 놀이를 제공할지를 판단하기 위해서 B가 보이는 행동을 지속적으로 관찰하고 B의 행동에 따라 지원하였다.	영아의 행동변화 (영아의 욕구 충족을 위한 지원)

〈놀이 시작〉

- 애착 인형을 좋아하고 애착 인형을 손에 쥐고 만지면서 안정감을 찾는 B의 행동을 토대로 촉감 놀이를 우선적으로 제공하였다.
- B는 자신의 애착 인형과 비슷한 촉감의 인형, 쿠션, 매트 등을 만지거나 몸으로 뒹굴기 놀이를 좋아했다. 따라서 B가 좋아하는 촉감이되 다양한 형태, 다양한 조작방법의 놀잇감을 하나씩 소개하고 놀이하도록 하였다.
- B가 애착 인형과 비슷한 놀잇감에 충분히 익숙해진 다음에는 약간 다른 촉감의 놀잇감을 제공하고 촉감을 비교해 보도록 하였다. 두 물건의 촉감의 차이

를 탐색하고 비교하는 놀이에 점차 몰입하였다.

교사의 놀이 지원 실제	편성 및 교수학습
그날의 기분과 컨디션에 따라 일과가 달라져야 하는 B의 특성을 반영한 하루 일과를 운영하고 그 결과 다음 번 하루 일과 계획에 반영하면서 영아가 안정적으로 생활할 수 있도록 지원하였다.	상호작용 (관찰하기)
애착 인형을 좋아하는 0세 특성을 토대로 애착 물건의 특성을 반영한 놀이를 반복적으로 시도하였다.	상호작용 (함께 놀이하기/ 놀이에 참여하기)

〈마무리〉

- 그날의 기분, 컨디션, 경험 등에 따라 B의 하루 일과는 매일 새롭게 계획되고 운영되도록 하였다.
- 잠들기, 식사 및 간식, 놀이, 배변 시 나타내는 B의 행동, 표정, 동작 등을 세심하게 관찰하여 그에 적합한 보육이 이루어지도록 지원하였다.
- B가 짜증을 많이 내는 날은 애착 물건과 즐겨하는 놀이를 제공하면서 최대한 정서적 지지를 제공하였다.
- B가 즐겨하는 놀이를 반복적으로 안내하되 종종 새로운 놀이 방법을 시도해 본다. 만약 B가 새로운 놀이 방법을 즐기면 함께 놀이하고 거부하거나 관심을 보이지 않으면 즉시 철회한다.

교사의 일상생활 및 놀이 지원 실제	편성 및 교수학습
그날의 기분 및 컨디션에 따라 매일 새로운 하루 일과 운영을 계획하였다.	상호작용 (관찰하기)
• 매일의 상황에 따라 대체로 다음 3가지 패턴의 하루 일과를 운영하되 B의 상태에 따라 놀이, 낮잠, 식사 등의 순서를 수정 운영한다. - 등원 후 즉시 오전 낮잠으로 시작하는 하루 일과 운영 - 등원 후 수유로 시작하는 하루 일과 운영 - 등원 후 애착 인형 안고 매트에 누워 뒹굴기로 시작하는 하루 일과 운영	일과의 변화 (B의 특성에 맞춘 일과 운영)
• 촉감 놀이를 제공하되 익숙한 촉감 놀이와 새로운 촉감 놀이의 비율을 적절히 조절한다.	상호작용 (함께 놀이하기)

③ 일과운영 및 놀이 실행과 지원을 기록한 보육과정의 예

다음은 신체적 리듬과 생리적 욕구의 개인차가 많은 0세 영아의 개별적인 특성을 고려하고 일상생활 지도 속에서 자연스럽게 교육적인 내용이 포함되도록 운영한 보육과정의 예이다.

〈표 9-2〉 0세 보육과정의 예

주제: 낯설어요	목표: 새로운 보육환경과 일과에 익숙해진다.	
주차	실행	지원
1~2주차	• 각 영아의 부모 및 양육자로부터 매일 영아의 기분, 상황 등에 대해 대화를 나눔.	• 각 영아의 부모와 친밀하게 대화를 나누며 영아가 교사를 친숙하게 느낄 수 있도록 지원함.
3~4주차	• 잠에서 깰 때 우는 A영아 행동에 대해 부모 및 양육자와 대화를 나눔. • B영아의 기분 등에 대한 상세한 정보에 대해 부모 및 양육자와 대화를 나눔	• 가정에서 사용하는 A영아 달래기를 실행하면서 매일 관찰 기록함. • 매일 변화되는 B영아의 기분 및 특성과 하루 일과를 기록함.
5주차	• 잠에서 깨는 A영아의 행동 및 상황에 대한 기록을 분석함. • 매일 B영아의 기분 등에 영향을 미치는 요인들을 분석함.	• A영아가 잠에서 깰 때의 불안감을 위로하는 정서적 지원을 제공함. • B영아의 짜증 및 불안을 위로하기 위한 정서적 지원 및 환경을 제공함.
6~7주차	• A, B영아를 달래거나 위로하는 데 효과적이었던 방법과 각 영아가 즐겨하는 놀이 특성을 분석함.	• 각 영아의 요구에 최대한 즉각적으로 반응하여 정서적 안정감 제공함. • 까꿍놀이와 촉감놀이를 안내하고 함께 놀이하도록 지원함.
7~8주차	• A영아의 특성에 적합한 일과를 규칙적으로 운영함. • B영아의 특성에 적합한 일과 패턴을 상황에 따라 적용함.	• 교사와 각 영아가 보다 신뢰로운 관계를 형성하기 위해 정서적 지원을 제공함. • 각 영아가 흥미를 보이는 놀이를 함께하면서 친밀한 관계를 형성하도록 노력함.

④ 하루 일과 및 놀이사례 한눈에 보기

놀이 시작	• 일상생활 속에서 영아가 흥미를 보이는 놀이를 시작함.
공간 및 자료	• 안전하고 편안하게 일상생활을 할 수 있도록 이유/낮잠/기저귀 갈기 공간을 분리하여 구성함. • 일상생활 영역마다 0세 영아의 흥미에 적절한 놀잇감 제공
하루 일과	• A영아와 B영아에 특성 및 욕구에 적합한 하루 일과 순서 및 시간을 각각 계획하여 운영함.
상호작용	• 영아 개별 특성 관찰하기 • 영아의 욕구를 충족하는 하루 일과 지원하기 • 영아의 욕구를 충족하는 놀이 및 정서적 지원 제공하기
안전	• 안전사고 예방을 위해 매일 보육 전후에 안전 지침에 따라 점검하고 보완하기
놀이지원 계획 및 평가	• A영아가 예민하게 잠에서 깰 때 이를 지원하기를 계획하여 최대한 안정된 보육을 경험하도록 함. • B영아의 까다로운 특성을 반영하는 보육과정을 계획하고 운영하고 운영한 내용을 기록함. • A, B영아가 각각 흥미와 관심을 보이는 놀이를 제공하고 함께 놀이한 과정을 일화로 기록함. • 교사의 관찰과 기록을 토대로 각 영아가 경험한 표준보육과정 5개 영역의 경험을 찾아봄.

(2) 1세 보육과정 계획 및 운영 예

1세의 경우에도 양육과 보호가 더 중요하므로 교육활동과 일상생활을 구분하지 않고 일상생활 속에서 자연스럽게 놀이 중심으로 생활하도록 운영한다. 1세는 개인차가 크고 끊임없이 반복을 통해 발달 과업을 성취하는 특성을 가지고 있으므로 한 가지 놀이가 반복되면서 영아가 충분히 탐색할 시간을 갖도록 한다. 또한 0세보다는 놀이 시간이 다소 길어지고, 탐색활동이 활발하며 스스로 서거나 걷게 되면서 신체운동 욕구가 강해지므로 이를 충족시킬 수 있는 환경 및 놀이를 지원한다. 다음은 감각활동을 즐기는 1세 영아의 놀이 경험을 토대로 운영된 보육과정 예이다.

① 배경

1세의 발달 특성에 적합한 촉감 놀잇감, 공, 소리 나는 놀잇감 등으로 환경 구성을 하였다. 예를 들면 기저귀 갈기 영역에 영아가 누우면 영아가 만져 볼 수 있는 놀잇감이 제시되도록 하여 영아는 기저귀를 가는 동안 소리, 촉감 등을 탐색하며 놀이 한다.

1세반 영아들은 낮잠 자기 전에 자신의 베개와 이불을 스스로 찾고 이불 위에 누워서 베개나 이불의 촉감을 온몸으로 느끼는 놀이를 즐겨한다.

교사는 이불과 베개의 촉감을 즐기는 영아들에게 다양한 촉감을 경험할 수 있는 놀잇감과 공간을 제공하였다.

② 하루 일과 및 놀이 흐름에 따른 교사의 고민과 교육적 지원

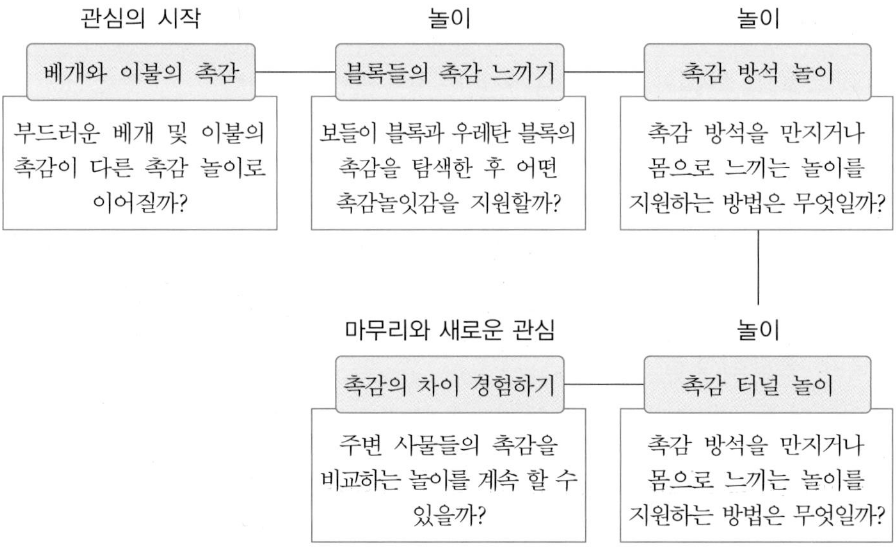

〈관심의 시작〉

- 낮잠 준비를 마친 영아가 자신의 이불을 찾아서 눕도록 하자 각 영아들은 자신의 베개와 이불 찾기를 즐겼고 자신의 이불 위에서 뒹굴거리며 온몸으로 이불 촉감 경험하기를 즐겼다. 혹은 자신의 베개의 촉감이나 애착 물건의 촉감을 손으로 느끼며 즐거워했다.

교사의 놀이 지원 실제	편성 및 교수학습
동료 교사와 의논하여 교실 내 놀잇감을 활용하여 촉감 놀이를 안내하기로 하였다.	놀이 방법의 변화 (영아가 즐기는 놀이방법 지원)

〈놀이 : 블록들의 촉감 느끼기〉

- 블록 영역의 보들이 블록과 우레탄 블록의 촉감을 느끼는 탐색 행동이 다양하게 나타났다.
- 보들이 블록, 우레탄 블록을 손으로 만지거나 얼굴에 비벼보기, 꼭 안아보기 등을 하였다.
- 블록들을 바닥에 늘어놓고 발로 밟거나 블록 위로 몸을 눕히는 행동을 하여 영아들이 넘어지는 경우가 있었다.

교사의 놀이 지원 실제	편성 및 교수학습
교사는 영아가 블록들의 촉감을 만질 때 영아의 놀이 행동을 따라하면서 '부드러워, 미끌미끌해'와 같이 촉감을 이야기해 주면서 놀이를 격려하며 영아가 각 촉감을 즐기는 경험을 관찰하였다.	상호작용 (관찰하기/ 정서적 지원하기)
교사는 우레탄 블록 위에 누우려는 영아의 행동을 지원하며 안전하게 누워서 블록의 촉감을 느끼도록 지원하였다. 또한 좀 더 다양한 촉감을 안전하게 경험할 수 있는 놀잇감을 추가하기로 하였다.	기타 (교사 간 협의)

〈놀이 : 촉감 방석 놀이〉

- 영아의 블록의 촉감 놀이 관찰 결과를 토대로 교사들이 협의한 결과, 안전하게 촉감을 즐기도록 하기 위해 블록 영역 공간을 확장하고 영아가 올라가면 넘어지기 쉬운 세모 모양의 우레탄 블록은 잠시 빼기로 하였다.
- 다양한 촉감을 온몸으로 경험할 수 있는 촉감 방석을 제공하였다. 영아들은 각 방석 위에 앉아서 손으로 만져보기, 누워서 온몸으로 뒹굴거리기 놀이로 각 촉감을 충분히 경험하였다.

교사의 놀이 지원 실제	편성 및 교수학습
교사는 블록들 사이에 충분한 공간을 두고 블록을 배치하였다. 블록을 탐색하는 영아들 간에도 충분한 거리가 유지되도록 지원하였다.	공간의 변화 (블록 영역 확장)
촉감 방석 놀이를 통해 영아가 충분히 촉감을 경험하도록 놀이를 격려하였다.	상호작용 (관찰하기/ 정서적 지원하기)

〈놀이 : 촉감 터널 놀이〉

- 촉감 방석에 흥미를 보이는 영아들이 많아졌고, 촉감 방석 위를 기어 다니거나 몸을 굴리는 영아들이 나타났다.
- 각 촉감 방석을 연결하여 길게 제시하자 그 위를 기어 다니는 놀이 행동이 나타났다.
- 교사가 영아들이 순서대로 촉감 방석 길을 놀이할 수 있도록 촉감 방석 길 위에 투명 터널을 만들어서 제시하였다. 터널이 있음으로 인해 영아들은 자연스럽게 순서대로 촉감 길을 기어가며 느끼는 놀이에 참여하며 즐거워했다.

교사의 놀이 지원 실제	편성 및 교수학습
교사는 촉감 방석으로 만든 길을 활용하여 촉감을 경험하는 영아의 놀이를 격려하여 관찰·기록하였다.	상호작용 (관찰하기)
촉감 방석으로 만든 길 위에서 영아들이 서로 부딪히지 않고 놀이할 수 있는 방법을 모색하였다.	기타 (교사 간 협의)
• 영아들이 부딪히지 않고 순서대로 놀이할 수 있도록 촉감터널을 제시하였다. • 터널이 생기자 영아들은 자연스럽게 순서대로 터널을 통과하며 촉감 방석 길의 다양한 촉감을 즐겼다.	놀잇감 변화 (새로운 놀이 방법 제시)

〈마무리와 새로운 관심〉

- 포장지 촉감 방석을 비비면 나는 소리에 흥미를 갖는 영아 몇 명이 나타났다.
- 교사들 간의 협의를 통해 촉감 방석 놀이는 유지하고, 소리 탐색 놀이가 충분히 이루어질 수 있는 방법을 모색하였다.

교사의 일상생활 및 놀이 지원 실제	편성 및 교수학습
촉감 터널 놀이 참여도가 낮아지고 비닐 촉감 방석 탐색에 흥미를 보여 촉감 방석 놀이만 제시하였다.	기타 (교사 간 협의)
교사는 영아가 비닐 방석 소리를 탐색을 충분히 하도록 격려하고 새로운 소리 탐색 놀이를 제안하였다.	상호작용 (관찰하기/ 함께 놀이하기)

③ 일과 운영 및 놀이 실행과 지원을 기록한 보육과정의 예

다음은 위에서 살펴본 1세 영아의 촉감 놀이 실행 및 지원을 기록한 보육과정 운영의 예이다.

〈표 9-3〉 1세 보육과정 운영의 예

<table>
<tr><th colspan="4">주제: 느낄 수 있어요 (총 10주)</th></tr>
<tr><th colspan="2">목표</th><td colspan="2">일상생활에서 다양한 감각을 경험한다.</td></tr>
<tr><th colspan="2">소주제</th><td colspan="2">만져 보아요 / 살펴보아요 / 들어 보아요 / 맡아 보아요 / 맛보아요 / 온몸으로 느껴 보아요</td></tr>
<tr><th colspan="2">등원 및 맞이하기</th><td colspan="2">• 부모와 교사가 반갑게 인사하기
• 영아의 옷차림과 건강에 대해 이야기하기</td></tr>
<tr><th rowspan="4">일상생활</th><th>기본생활 및 안전</th><td colspan="2">• 혼자서 양말을 벗어요 • 양말을 서랍에 넣어요
• 내 물건을 찾아요 • 옷의 촉감을 느껴보아요</td></tr>
<tr><th>식사 및 간식</th><td colspan="2">• 즐겁게 먹어요 • 숟가락, 포크를 사용해요
• 꼭꼭 씹어 먹어요</td></tr>
<tr><th>낮잠</th><td colspan="2">• 내 이불, 내 베개를 찾아요 • 편안한 옷을 입고 잠을 자요
• 이불을 덮고 잠을 자요</td></tr>
<tr><th>기저귀 갈이/배변 활동</th><td colspan="2">• 친구들도 기저귀가 있어요 • 기저귀를 휴지통에 버려요
• 쉬, 응가라고 표현해요</td></tr>
<tr><th rowspan="7">실내 자유놀이</th><td colspan="3">영아의 흥미에 따른 촉감 놀이가 시작되었고 이를 반영함</td></tr>
<tr><th>주</th><th>실행</th><th>지원</th></tr>
<tr><td>1주</td><td>• 교사는 영아가 자신의 이불과 베개의 촉감에 대한 느낌을 말로 이야기해 줌.</td><td>• 영아가 경험하는 촉감에 대해 말로 표현해 주고 다른 사물들의 촉감을 느껴 보도록 지원함.</td></tr>
<tr><td>2주</td><td>• 보들이 블록과 우레탄 블록의 촉감을 탐색하는 영아에게 각 촉감에 대해 말로 이야기해 줌.</td><td>• 영아가 각 블록의 촉감을 다양한 방법으로 안전하게 탐색할 수 있도록 지원함
• 온몸으로 촉감을 느끼려는 영아를 위해 촉감 방석 놀잇감을 제공함.</td></tr>
<tr><td>3~5주</td><td>• 촉감 방석으로 이어진 길을 통해 충분히 촉감을 느낄 수 있도록 놀이를 격려함
• 차례대로 촉감 터널을 통과하면서 다양한 촉감을 경험할 수 있도록 놀이함.</td><td>• 여러 촉감을 충분히 느낄 수 있도록 촉감 방석을 이어서 지원함.
• 촉감 방석 길 위에 투명 터널을 만들어서 촉감 터널 놀이로 지원함.</td></tr>
<tr><td>6주</td><td>• 비닐 촉감 방석의 소리, 주변 놀잇감들의 소리를 탐색하도록 격려함.</td><td>• 촉감 터널은 치우고, 비닐 촉감 방석의 소리를 충분히 탐색할 수 있도록 비닐 촉감 방석을 추가로 제공함.</td></tr>
<tr><td>…</td><td>…</td><td>…</td></tr>
<tr><th colspan="2">실외 놀이</th><td colspan="2">• 모래로 놀아요 • 소리 나는 신발을 신고 걸어요
• 향기 나는 꽃과 물을 찾아요 • 그늘이 시원해요 • 바람이 불어요</td></tr>
<tr><th colspan="2">귀가 및 가정과 연계</th><td colspan="2">• 놀이 사진을 함께 보아요 • '누가 왔을까?' 목소리를 들어요
• 만났을 때 꼭 안겨요</td></tr>
<tr><th colspan="2">비고</th><td colspan="2">이 주제는 1년 중 어느 시기라도 할 수 있도록 융통적으로 조정할 수 있으며 각 소주제가 적어도 2주 동안 충분히 이루어지도록 계획한다.</td></tr>
</table>

④ 놀이사례 한눈에 보기

놀이 시작	• 영아가 이불과 베개의 촉감 느끼기에 관심을 보이고 놀이를 시작함.
공간 및 자료	• 안전하게 블록의 촉감을 탐색할 수 있도록 블록 영역을 확장하여 블록 간의 간격을 넓힘. • 촉감 기차 위에 터널을 구성하여 안전하게 순서대로 촉감 놀이에 참여할 수 있는 촉감 터널을 제시함.
하루 일과	• 옷 갈아입기 시간과 같이 일상생활 중 다양한 촉감을 탐색하고 느껴 보도록 격려함.
상호작용	• 촉감 놀이 특성 관찰하기 • 영아와 함께 촉감 놀이 참여하기 • 영아의 놀이를 격려함으로써 정서적 지원 제공하기
안전	• 안전사고를 방지하기 위해 세모 모양 블록을 제외함. • 영아들이 서로 부딪히지 않도록 충분한 공간을 제공함.
놀이지원 계획 및 평가	• 영아의 '촉감'에 대한 관심을 지원하기 위해 관련된 활동을 포함하여 계획함. • 영아가 즐기는 촉감 놀이에 대해 관찰·기록함. • 영아가 각각 흥미와 관심을 보이는 촉감 놀이를 제공하고 함께 놀이한 과정을 일화로 기록함. • 교사의 관찰과 기록을 토대로 영아가 경험한 표준보육과정 5개 영역의 경험을 찾아봄.

⑤ 1세 하루 일과 운영의 예

1세 영아는 먹기, 자기, 기저귀 갈기, 씻기 등의 기본적인 욕구 충족을 위한 일상 활동이 깨어 있는 시간의 대부분을 차지하므로 일상생활에 보다 중점을 두어 하루 일과를 운영하는 것이 적절하다. 다만 0세에 비해 탐색활동이 활발해지고 스스로 움직일 수 있는 능력이 발달되었기 때문에 이전 연령보다 오전과 오후, 실내와 실외에서의 놀이 시간을 계획하고 운영하는 것이 효과적이다. 다음은 1세를 위한 하루 일과 운영의 예이다.

〈표 9-4〉 1세를 위한 하루 일과 운영의 예

주요 일과	주요 활동 내용
등원 및 실내 놀이 (통합보육)	• 밝은 분위기로 영아와 보호자를 맞이하고 보호자에게 영아의 상태를 듣는다. • 영아의 건강 상태와 기분 등을 살피고 관찰한다. • 부모가 기록한 일일 보고서를 확인한다. • 영아와 놀잇감을 가지고 놀이한다. 하루의 시작이므로 과격하거나 흥분된 놀이보다는 편안한 놀이를 제공한다.
대소변 가리기 손 씻기	• 영아의 기저귀를 살피고, 변기를 사용하도록 권장한다. • 손을 씻겨 주거나 스스로 씻을 수 있도록 도와준다.
오전 간식 및 실내 자유 놀이	• 포크나 수저를 이용해 스스로 먹어 보도록 도와준다. • 먹고 난 후 정리·정돈을 한다. • 보육실에 준비된 놀이를 자유롭게 탐색할 수 있도록 한다. • 교구와 상호작용, 또래와 접촉, 혼자놀이 등의 활동을 한다.
정리·정돈 및 전이	• 주로 교사가 정리하지만 영아도 제자리에 놓아 보는 기회를 제공한다. • 실외 놀이 나가기 전에 기저귀를 살피고 변기 사용을 권유해 본다. • 다음 놀이 장소를 알려 주고 안전하게 이동한다.
실외 자유 놀이	• 준비한 실외 놀이, 대근육 활동, 물·모래 놀이 등을 한다.
점심 준비 및 점심 식사 이 닦기 및 대소변 가리기	• 식사 전에 손을 씻고 수저를 이용해 스스로 먹어 보도록 한다. • 점심 식사 후 이 닦기를 도와준다. • 낮잠 자기 전에 기저귀를 갈거나 변기 사용을 권유해 본다.
낮잠 준비 및 낮잠	• 편안한 차림으로 자기 이불에 눕도록 한다. • 조용한 음악이나 자장가를 들려준다.
낮잠 깨기 및 정리·정돈 화장실 가기 손 씻기 및 오후 간식	• 낮잠에서 일어나면 잠자리를 정리한다. • 기저귀를 갈거나 변기를 사용해 보도록 권유한다. • 손을 씻겨 주거나 손을 씻도록 도와준다. • 포크나 수저를 이용해 스스로 먹어 보도록 도와준다.
실내외 자유 놀이	• 오후 실내외 자유 놀이는 영아들이 흥분하지 않도록 과도한 자극은 줄이고 편안하게 놀이하도록 한다. 주로 오전에 계획된 활동을 반복하거나 교실 외 다른 공간(실외 놀이터, 옥상, 유희실 등)으로 이동하여 놀이하는 것이 좋다.
조용한 놀이 귀가 준비 및 귀가 (통합보육)	• 간단히 얼굴과 손 등을 씻기고, 옷 입히고, 소지품을 챙기는 등 귀가 준비를 하고 일일 보고서를 작성한다. 부모가 올 때까지 영아가 안전하고 편안하게 개별적인 놀이를 하도록 한다. • 부모와 영아의 상태에 대해 이야기하고 귀가 인사를 한다.

2.2. 2세 보육과정

2세가 되면 언어 능력이 급속히 발달하면서 의사소통이 가능해지고 성인 및 또래와의 상호작용이 가능해지고 간단한 상상 놀이가 활발해진다. 그러나 여전히 성인에게 의존하면서 독립심과 자율성이 생기고 '나'에 대한 개념이 발달되어 스스로 해 보려는 시기이다. 0~1세보다 스스로 탐색하고 구성해 보기를 즐긴다.

따라서 2세는 그 이전 연령과는 달리 신체적 보호에서 벗어나 일상생활에서의 경험이 신체적·정서적·언어적·사회적·인지적 발달에서 통합된 교육적인 개념으로 다루어지도록 계획 및 운영되어야 한다. 2세에게 발달적으로 필요한 개념은 일상생활이나 교육적 놀이 활동에 포함되어야 하고 동일한 개념이 다양한 발달적 영역에서 반복되어 다루어지도록 보육과정을 계획 및 운영해야 한다.

2세는 탐색 활동이 활발해지고 의사소통능력도 가능해지므로 익숙한 교육적인 주제를 다룰 수 있다. 그러나 여전히 급격히 성장하는 시기이므로 건강하게 성장할 수 있도록 양육적인 특성도 강조되어야 한다. 따라서 2세의 발달 과정을 고려하여 학습과 발달에 필요한 개념들을 주제로 선정하는 것이 적절하다. 선정된 개념들은 어린이집의 특성, 어린이집 행사, 계절적 특성, 그리고 2세 발달 과정을 고려하여 적절한 시기에 보육과정으로 운영하되, 실시 기간 등은 각 기관, 학급, 영아의 특성에 따라 융통성 있게 운영한다. 특히 2세는 월령에 따른 발달상의 편차가 크기 때문에 보육과정을 일률적으로 계획하고 운영하기보다는 각 학급의 상황에 따라 융통성 있게 운영하는 것이 효과적이다. 다음은 2세에게 적절한 보육과정 주제의 예이다.

〈표 9-5〉 2세 보육과정 주제의 예

주제	교사의 놀이 지원 내용	행사
어린이집이 좋아요	• 내 물건, 내 옷장 등 자신의 물건 위치 알아보기, 우리 반, 우리 선생님, 친구들을 토대로 관계 형성하기 • 좋아하는 놀이를 통해 교사 및 친구들과 친밀감 형성하기 • 개인 특성에 따라 어린이집 생활에 편안하게 적응할 수 있도록 지원하기	신체검사 부모 면담
봄 나들이 갈까요?	• 바깥 놀이터를 탐색하고 바깥놀이를 안전하고 즐겁게 경험하도록 지원하기 • 꽃, 벌레 등을 탐색할 수 있는 기회 제공하기	어린이날 행사 가족 축제
나는요	• 내 이름, 내 몸, 내가 좋아하는 것 등에 대해 알아보면서 자신을 자랑스러워하도록 지원하기 • 일상생활 중 스스로 할 수 있는 것들을 스스로 해결하도록 지원하기	
재미있는 여름이에요	• 여름 옷차림, 여름 물건, 여름 음식 등에 대해 탐색하도록 지원하기 • 물놀이를 통해 물의 속성과 수·과학적 탐색을 시도하도록 지원하기 • 가족 여행을 다녀온 영아가 자신의 여행 경험을 교사 및 친구와 나누도록 지원하기	공원 산책
나는 가족이 있어요	• 엄마, 아빠, 가족사진, 물건 등을 통해 내 가족과 친구 가족에 대해 알아보도록 지원하기 • 엄마 흉내, 아빠 흉내, 할머니 흉내 등을 통해 각 가족의 역할을 알아보도록 지원하기	물놀이
동물 놀이해요	• 여러 가지 동물의 모양, 이름, 특성 등에 대해 알아보도록 지원하기 • 동물처럼 소리 내거나 동물처럼 걸어보면서 동물의 특성을 표현하도록 지원하기 • 좋아하는 동물에 대해 알아보고 동물을 소중히 다루어야 함을 경험할 수 있도록 지원하기	
알록달록 가을이에요	• 나뭇잎 색, 가을 곡식 및 과일 등에 대해 알아봄으로써 가을을 경험하도록 지원하기 • 색깔에 대해 알아보고 색을 이용한 다양한 놀이를 경험할 수 있도록 지원하기	신체검사 부모 워크숍

주제	교사의 놀이 지원 내용	행사
겨울과 모양을 즐겨요	• ○△□ 모양의 특성에 대해 알아보고 각 모양을 구분하는 여러 놀이를 경험할 수 있도록 지원하기 • 크리스마스트리, 선물 등을 통해 즐거운 성탄을 경험하도록 지원하기 • 겨울 옷차림, 날씨 등에 대해 알아보고 따뜻하게 몸을 보호하는 경험을 하도록 지원하기	크리스마스 행사
나는 친구가 있어요	• 지난 1년간 학급에서 즐거웠던 경험과 사건들을 추억하면서 친구 및 교사와의 친밀감을 확인할 수 있도록 지원하기 • 새해가 되어 형, 언니가 된다는 의미에 대해 경험해 볼 수 있도록 지원하기	부모 면담

1) 2세 보육과정 계획 및 운영의 예

2세는 학급에 준비된 놀이 활동에 능동적으로 참여할 수 있는 능력이 발달되었기 때문에 선정된 주제를 토대로 보육과정을 계획하되, 한 주제당 대체로 5~6주 정도의 기간이 적절하다. 2세에게 필요한 기본생활습관을 계획 및 운영하고 가정에도 협력하도록 안내하여 잠자기, 먹기, 배변하기, 다른 사람과 관계 형성하기 등이 가정과 어린이집에서 일관되게 지도될 수 있도록 한다. 다음 '알록달록 가을이에요'를 토대로 한 2세 보육과정 계획 및 운영의 예이다.

(1) 배경

가을이 되어 주변 나뭇잎의 색깔 변화에 흥미를 가지게 되어 바깥놀이 시 은행잎, 단풍잎을 모으기 시작한다.

비슷한 색깔의 나뭇잎을 찾다가 나뭇잎과 비슷한 색깔의 물건들과 짝짓기를 하며 즐거워한다. 또한 색깔 이름 알아보기를 즐거워한다.

(2) 놀이 흐름에 따른 교사의 고민과 교육적 지원

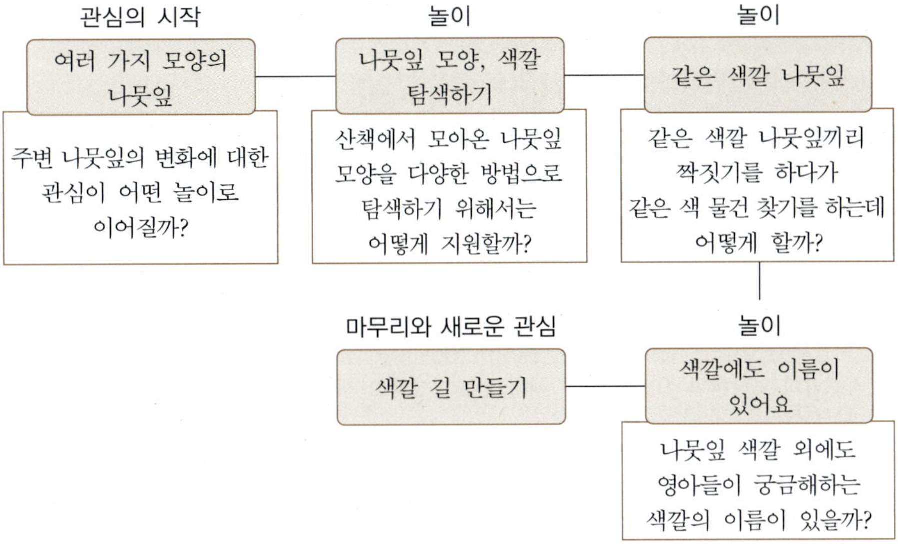

〈관심의 시작〉

- 산책을 나갔다가 나뭇잎의 색깔이 변화된 것에 관심을 가졌다. 나뭇잎에 대한 관심은 주변에 떨어진 여러 모양, 여러 색깔을 비교하면서 자신들이 주운 나뭇잎을 가지고 가고 싶어 했다.

교사의 놀이 지원 실제	편성 및 교수학습
교사는 나뭇잎에 대한 영아의 지속적인 흥미를 관찰하고 함께 상호작용했다.	상호작용 (관찰하기)
교사는 나뭇잎의 모양과 색깔 변화에 대한 영아들의 관심을 존중하고 이를 확장할 방법을 고민하였다.	

〈놀이 : 나뭇잎 모양, 색깔 탐색하기〉

- 주어온 나뭇잎들을 영아들 앞 책상 위에 펼쳐 놓았다. 각 영아는 마음에 드는 나뭇잎을 손에 들고 유심히 관찰하였다.

  "(똑같은 은행잎을 2장 들고) 이거랑, 이거랑 똑같아."

  "(같은 붉은색 나뭇잎을 2장 들고) 이것도 똑같아."

"이건 작고, 이건 이만큼 커!"

- 교사는 각 영아들이 마음에 드는 나뭇잎을 골라서 도화지에 풀이나 테이프로 붙이도록 하였다.

  "나는 이것만(노랑 은행잎) 있어."

  "내 거는 이래!" (모양이 다른 갈색 잎들만 붙여놓았다.)

- 어떤 영아가 나뭇잎으로 꾸민 도화지에 크레파스로 그림을 그리자 몇몇 영아들이 따라서 그림 그리기를 시작했다.

교사의 놀이 지원 실제	편성 및 교수학습
나뭇잎의 모양뿐만 아니라 같은 색깔로 관계있다고 생각하는 것을 관찰하였다.	상호작용 (관찰하기)
나뭇잎을 붙인 종이 위에 크레파스나 물감으로 그림 그리기를 원하는 영아가 있어서 그리기 도구를 제공하였다.	자료의 변화 (영아가 원하는 자료 지원)

〈놀이 : 같은 색깔 나뭇잎〉

- 주어온 빨간 단풍잎, 노란 은행잎, 초록 나뭇잎, 갈색 나뭇잎을 투명 비닐 주머니에 넣어서 빨간색 방석, 노란색 방석 등을 만들 재료를 제시해 놓았다.

  "(빨간색 단풍잎만 넣어서 만든 비닐 주머니를 내민다) 이거 봐요! 내 방석이야!"

  "(노란색 단풍잎과 노란색 색종이, 노란색 색공을 넣은 주머니를 보여준다) 나는 이거야!"

- 노란색 비닐 주머니를 본 몇몇 영아들은 교실 내에 있는 같은 색깔 물건들을 찾아서 주머니에 넣었다.

교사의 놀이 지원 실제	편성 및 교수학습
영아가 낙엽과 같은 색깔 물건도 넣어서 만들기를 원하여 자유롭게 교실 내의 물건들을 사용할 수 있도록 지원하였다.	자료의 변화 (같은 색의 다양한 재료로 확장)
같은 색 물건들을 찾아내는 영아의 놀이를 격려하였다.	상호작용 (정서적 지원하기)

〈놀이 : 색깔에도 이름이 있어요〉

- 몇몇 영아는 단풍잎과 같은 빨간색 블록, 가위, 크레파스를 찾으며 색깔 찾기 놀이를 즐겨했다.
- 자기 옷, 양말, 선생님의 옷 무늬 속에서 빨간색과 노란색을 찾으며 즐거워하였다.
- 교사에게 색연필이나 색종이, 여러 놀잇감을 한 개씩 보여주며 색 이름을 묻고 색 이름을 따라 말하며 같은 색 찾기를 즐겨했다.

교사의 놀이 지원 실제	편성 및 교수학습
교사는 같은 색 찾기 놀이를 하는 영아의 경험을 격려하며 영아의 놀이 방법을 관찰·기록하였다.	상호작용 (관찰하기)
색깔에 대한 영아의 흥미를 놀이로 반복할 수 있는 방법을 모색하였다. 빨간색 단풍잎, 노란색 은행잎이 각각 붙은 바구니를 준비하여 같은 색깔의 물건을 찾아 담는 놀이를 제안하였다.	기타 (교사 간 협의) 놀잇감 변화 (새로운 놀잇감 제시)

〈마무리와 새로운 관심〉

- 빨간색, 노란색 등 색깔 이름 말하기 놀이를 반복했고, 자신이 좋아하는 색깔로 그림 그리기를 즐겼다.
- 교사는 교실에 제공되는 밀가루 반죽도 빨간색과 노란색 2가지를 각각 제시하는 등 영아가 좋아하는 색을 충분히 탐색할 수 있는 방법을 모색하였다.

교사의 일상생활 및 놀이 지원 실제	편성 및 교수학습
교사는 영아가 색깔 이름 말하기를 즐기고, 자신이 좋아하는 색깔의 물건들을 찾거나, 좋아할 수 있도록 충분한 시간을 제공하였다.	기타 (교사 간 협의)
단풍잎과 은행잎을 활용한 놀이참여도가 낮아지고 색깔 놀이에 더 많은 흥미를 보여 색깔을 탐색할 수 있는 놀이 방법을 모색하였다.	일과의 변화 (놀이시간 확장)

(3) 일과 운영 및 놀이 실행과 지원을 기록한 보육과정의 예

다음은 위에서 살펴본 2세 영아의 색깔 놀이 실행 및 지원을 기록한 보육과정 운영의 예이다.

〈표 9-6〉 2세 보육과정 운영의 예 : 계절 주제와 영아의 흥미에 따른 놀이 주제가 동시에 진행됨

주제: 알록달록 가을이에요 (총 6주)							
소주제		1주 가을 이에요	2주 가을 나들이	3주 나뭇잎이 물들어요	4주 자연물로 놀이해요	5주 알록달록 색깔 나라	6주 재미있는 그리기 나라
등원 및 맞이하기		• 아침에 먹고 온 음식을 이야기해 보기					
기본생활 및 안전		• 스스로 겉옷을 벗어 보기 • 겉옷을 벗어 옷걸이에 걸어 보기 • 길을 잃었을 때는 제자리에 서 있기 • 주변의 어른에게 '도와주세요'라고 이야기해 보기					
일상생활	점심 및 간식	• 자고 나서 내 베개를 정리해 보기					
	낮잠	• 바르게 앉아서 먹기 • 새로운 음식 먹어 보기					
	배변 훈련	• 배변 후 선생님의 도움 받아(스스로) 옷을 올려 보기–지퍼, 단추 잠궈 보기					
실내 자유놀이	신체	• 낙엽비가 내려요	• ~~나뭇잎처럼 움직여요~~	• 나뭇잎 징검다리 건너요	• ~~콩주머니 던지기~~	• 색 풍선 놀이	• 같은 색깔 벽돌 도미노
	언어	• ~~과일, 열매 짝꿍 카드~~	• 나들이 사진 보며 이야기 나누기	• 나뭇잎에 그림편지 쓰기	• 자연물 (탐색) 그림책	• 색깔에도 이름이 있어요	• 내가 좋아하는 색깔이 있어요
	감각·탐색	• ~~내 짝을 찾아주세요 (과일 반짝 찾기)~~	• ~~숟가락으로 밤, 호두 옮기기~~	• 단풍잎 (은행잎) 방석	• ~~조각 천 염색하기~~	• 색 탁구공 옮겨요	• 알록달록 색 소금 만들기
	역할·	• 낙엽을	~~• 낙엽을~~	• ~~열매,~~	• 열매,	• 삼색 밀가루	• 삼색 밀가

쌓기	청소해요 • ~~큰 나무, 작은 나무 쌓아 보기~~	~~청소해요~~ • ~~큰 나무, 작은 나무 쌓아 보기~~	~~나뭇잎 소꿉놀이 놀이하기~~ • ~~가을 동산 만들기~~	나뭇잎 소꿉놀이 • ~~가을 동산 만들기~~	반죽으로 요리하기 • 알록달록 색깔 길 만들기	루 케이크 (생일 파티 놀이) • 무지개 촉감블록 쌓고 무너뜨리기
미술	• 알록달록 가을 나무 꾸미기	• ~~산책 가방 만들기~~	• ~~나뭇잎 왕관 만들기~~	• 솔방울에 색깔 입히기	• 색깔 공을 굴려 그림을 그려요	• 까만 크레파스 그림
음률	• 열매 마라카스 흔들기	• '오리 소풍'에 맞춰 춤추기	• 나무 악기 연주하기	• ~~춤추는 씨앗(큰 북 두드리기)~~	• 리듬악기 두드리며 가을바람 노래 부르기	• 색 스카프 흔들기
	영아의 흥미에 따른 색깔 주제가 시작되었고 이를 반영함. • 나뭇잎 모양, 색깔 탐색하기 • 같은 색깔 나뭇잎 • 나뭇잎과 같은 색깔 물건 찾기 • 색깔에도 이름이 있어요 • 내가 좋아하는 색으로 그리고 꾸며요					
실외 놀이	• 동물 인형 목욕시키기	• 여러 가지 색, 모양의 나뭇잎이 있어요	• 가을 나들이	• 나뭇가지에 매달린 물체 탐색하기	• 흙으로 놀아요	• 색 돋보기로 바깥 풍경 구경하기 • 무지개 낙하산 놀이
귀가 및 가정과의 연계	• 귀가: 오늘 한 재미있는 활동을 부모님께 이야기해 보기 • 가정과의 연계: 부모님과 함께 공원 산책하기 • 지역사회와의 연계: 친구들과 근린공원 견학하기					
비고	• 이 주제는 10월 중순~11월에 실시해 보는 것이 바람직하다. • 가을의 날씨를 고려하여 진행 시기를 정하고 색깔 주제와 연계하여 6주 동안 계획하되, 교사가 융통성 있게 운영할 수 있다.					

(4) 놀이사례 한눈에 보기

놀이 시작	• 나뭇잎 색깔에 흥미를 보이고 나뭇잎과 같은 색깔 물건들 찾기 놀이가 자연스럽게 진행됨.
공간 및 자료	• 나뭇잎과 같은 색깔 찾기 놀이를 위한 놀잇감 및 환경 재구성. • 색깔 이름 말하기와 좋아하는 색깔로 그리고 꾸미기를 할 재료 제공.
하루 일과	• 옷을 갈아입으면서 자신의 옷, 친구나 선생님 옷에서 색깔 찾아보기.
상호작용	• 색깔 이름 말하기, 색깔 찾아보기 놀이 격려하기 • 색깔 놀이에 적극적으로 참여하는 영아를 정서적으로 지원하기
안전	• 안전사고 방지를 위해 색깔 놀이가 진행되는 영역의 공간을 충분히 제공하기
놀이지원 계획 및 평가	• 교사가 계획했던 시기보다 빨리 시작된 영아의 '색깔'에 대한 관심을 즉시 지원하는 활동을 계획함. • 영아의 색깔 놀이에 대해 관찰·기록함. • 교사의 관찰과 기록을 토대로 영아가 경험한 표준보육과정 5개 영역의 경험을 찾아봄.

(5) 2세 하루 일과 운영의 예

2세는 익숙함을 즐기면서 동시에 새로운 것에 대한 탐색 욕구가 높아 이를 충족시켜야 한다. 또한 매일 반복되는 순서를 예상할 수 있도록 운영하여 영아 스스로 하루를 어떻게 보내는지 예상하게 함으로써 심리적인 안정감과 소속감을 갖게 한다. 또한 2세는 어느 정도 교사가 계획한 활동에 참여할 수 있기 때문에 적절한 환경과 교구 등을 사전에 준비하는 것이 중요하다. 또한 다른 영아가 하는 놀이에 관심을 가지게 되므로 또래와 함께할 수 있는 소집단 활동을 부분적으로 포함시키는 것이 좋고, 짧지만 집단으로 모이는 것도 가능하기 때문에 한 활동에서 다음 활동으로 전환하기 위한 전이 활동을 계획할 수 있다. 그러나 집중 시간이 짧은 영아의 특성상 계획된 활동에 집중하기보다는 영아의 흥미에 민감하게 반응하여 영아 주도적인 활동이 될 수 있도록 교사가 도와주는 일일 보육계획 및 운영이 되어야 한다.

다음 〈표 9-7〉은 교사가 사전에 계획한 보육과정이 영아의 흥미와 욕구에 따라 운영된 하루 일과의 예이다.

〈표 9-7〉 2세 일일 보육계획 및 운영의 예

소주제: 엄마, 아빠가 좋아요 일시: 년 월 일 ○ 계획 후 실행 × 계획 후 실행되지 않음 ◎ 추가로 실행됨		
활동명	활동 내용	활동 평가
등원 및 실내 놀이 (통합보육) 7:30~9:00	• 밝은 분위기로 영아와 보호자를 맞이하고 보호자에게 영아의 상태를 듣고 살핀다. • 부모가 기록한 일일 보고서를 확인한다. • 어린이집에 누구와 왔는지 이야기한다. • 엄마, 아빠에게 인사한다.	× 어린이집 누구하고 왔는지 이야기 나누기 ○ 등·하원 시 엄마, 아빠에게 인사하기 ↠ 그동안 인사하기를 거부했던 OO이, 손만 흔들던 영아들이 다른 친구들이 엄마, 아빠에게 인사하는 모습을 보고, 고개를 숙여 인사하기 시작함.
대소변 가리기 손 씻기 9:00~9:20	• 화장실에 다녀오도록 하고 대소변 가리기를 도와준다. • 손을 스스로 씻을 수 있도록 한다.	• 몇몇 영아는 스스로 바지 내리기가 가능함.
오전 간식 9:20~9:50	• 먹고 난 후 스스로 정리·정돈하도록 한다. • 실내 놀이로 계획된 활동을 자유선택 활동으로 이루어지도록 한다.	• 간식을 먼저 먹은 영아는 가능한 조용한 놀이를 시작하도록 하여 다른 영아들의 간식 시간을 방해하지 않도록 해야 함.
실내 자유 놀이 9:50~10:30	• 교구와 상호작용, 또래와 접촉, 혼자놀이 등의 활동을 한다. 〈자유선택 놀이〉 • 미술 영역: 엄마, 아빠 얼굴 꾸미기 • 책 보기 영역: 곰 세 마리 • 역할 놀이 영역: 빨래 널기, 흉내 내기 • 쌓기 놀이 영역: 와플블록으로 구성하기 • 탐색·조작 영역: 빨래 널기 • 음률 영역: 곰 세 마리 • 신체 영역: 한 발로 서서 거울 보기	○ 엄마, 아빠 얼굴 꾸미기 ↠ 종이접시에 그려진 엄마, 아빠 얼굴에 스티커, 털실, 색종이 등으로 꾸미기를 하였음. 기존 상품으로 구입한 스티커는 너무 작아서 영아들이 잘 떼어내지 못함. 시트지를 지름 2~3cm 정도로 잘라서 제작한 스티커 떼는 것에만 몰두하는 영아들이 있으므로 스티커 붙이기 활동을 첨가해 주면 좋겠음. × 엄마, 아빠에게 전화하기 ◎ 엄마, 아빠 전화하는 모습 흉내 내기 ↠ 엄마, 아빠에게 전화하기 위해 준비한 장난감 전화기가 휴대전화 모양으로 되어 있어 전화하기 보다는 가방에 넣어 가지고 다니기를 더 즐김. 따라서 엄마가 전화하는 흉내를 내는 활동으로 전환하여 진행함.

활동명	활동 내용	활동 평가
		○융판 동화 '곰 세 마리' ◎아빠 곰, 엄마 곰, 아기 곰 순서대로 놓아 보기 ↠ 어제에 이어 곰 세 마리 동화에 집중을 잘함. 동화의 이야기보다는 등장인물과 사물 그림들을 융판에 떼었다 붙였다에 관심이 많은 영아들이 있어 영아들이 그림을 붙일 때마다 각 그림이 '가장 큰지', '가장 작은지'에 대한 이야기를 해 줌. ×빨래 널기 ○한조각 퍼즐 맞추기 ↠ 빨래 널기 교구에서 사용된 실제 플라스틱 빨래집게를 혼자서 조절하기 힘들어 하였고 오래 집중 못함. 기존에 영아들이 즐겨 하던 한 조각 퍼즐에 여전히 집중함. ○와플블록으로 집 짓기 ○음식 먹는 흉내 내기 ○마라카스 흔들며 노래하기 ↠ 간단한 네모, ㄷ자 모양으로 구성하고 자신의 집이라고 함. 커다란 집을 짓고 함께 들어가도록 격려하였으나 커다란 집보다는 영아들은 각자의 집을 원함. 음식을 만들어 집에서 먹는 흉내 놀이도 연결지어 실시함. 지난 달에 즐겨했던 놀이인 마라카스 흔들며 노래하기도 여전히 진행됨.
정리·정돈 및 전이 활동 10:30~10:40	• 영아와 함께 정리하면서 영아 스스로 제자리에 놓아 보도록 한다. • 실외 놀이 나가기 전에 화장실을 다녀오도록 한다. • 전이 활동: 손유희 '곰 세 마리' • 다음 놀이 장소를 알려 주고 안전하게 이동한다.	○노래 '숲 속 작은 집' ○손유희 '곰 세 마리' ↠ 처음 배우는 '숲 속 작은 집' 노래는 교사가 불러 주는 것을 즐겨 들었고 노랫말에 해당되는 손유희를 몇몇 영아만이 따라하고 다른 영아들은 관찰함. 음률 영역에서도 불러 주어 노래에 친숙하게 하도록 해야겠음.

활동명	활동 내용	활동 평가
실외 자유 놀이 10:40~11:20	• 대근육 활동, 물·모래 놀이 등을 한다. • 여러 가지 그릇에 모래 담아 보기	○비눗방울 잡기 ○여러 가지 그릇에 모래 담아 보기 ↠ 비눗방울 잡기 놀이를 아주 좋아함. 그러나 영아들이 너무 흥분하여 잡는 행동이 과격해질 수 있으므로 주의해야 함. 그릇에 모래 담고 쏟기를 즐겨 함. 손이나 숟가락을 담기도 함. 그릇의 크기를 비교하여 '큰 그릇 안에 작은 그릇 넣기' 또는 '그릇 쌓기' 놀이로 확장시켜 진행할 수 있음.
점심 준비 및 점심 식사 이 닦기 및 대소변 가리기 11:20~12:30	• 식사 전에 스스로 손을 씻도록 한다. • 입 안의 음식 다 먹고 이야기하도록 한다. • 점심 식사 후 이 닦기를 도와준다. • 낮잠 자기 전에 기저귀를 갈거나 화장실을 다녀오도록 한다.	○입 안의 음식 다 먹고 이야기하기 ↠ 꼭꼭 씹어 꿀꺽 삼키고 이야기하자는 교사의 지시에 즐거워함. 의성어와 의태어가 들어간 교사 지시문에 흥미를 보이는 영아들의 반응에 따라 점심 식사 지도 시 의성어와 의태어를 사용하여 영아들과 이야기 나누기를 함.
낮잠 준비 및 낮잠 12:30~15:00	• 편안한 차림으로 자기 이불에 눕도록 한다. • 조용한 음악이나 자장가를 들려준다.	• 영아들이 자신의 이불과 베개를 찾아서 스스로 이불에 누움.
낮잠 깨기, 대소변 가리기, 오후 간식 15:00~16:00	• 낮잠에서 일어나면 잠자리를 정리한다. • 화장실에 다녀오도록 한다. • 스스로 손을 씻도록 한다. • 포크나 수저를 이용해 스스로 먹는다.	• 먼저 일어난 영아들의 수가 1/2이 넘으면 다른 영아들의 낮잠을 방해하지 않도록 다른 공간에서 놀이를 진행하여야 함.
실내외 자유 놀이 16:00~18:00	• 오후 실내외 자유 놀이는 영아들이 흥분하지 않도록 과도한 자극은 줄이고 편안하게 놀이하도록 한다. • 주로 오전에 계획된 활동을 반복하거나 교실 외 다른 공간(실외놀이터, 옥상, 유희실 등)으로 이동하여 놀이하는 것이 좋다. • 역할놀이 영역: 빨래하는 흉내 내기	○빨래하는 흉내 내기 ◎ 엄마, 아빠 얼굴 꾸미기 ↠ 빨래하는 흉내 내기 놀이에 영아들이 많이 참여하여 빨래 줄을 좀 더 많이 설치해야 함. 다양한 종이를 구겨서 만들어진 모양을 탐색하고 이것을 이용하여 엄마, 아빠 얼굴 꾸미기 활동이 진행됨.

활동명	활동 내용	활동 평가
조용한 놀이 귀가준비 및 귀가 (통합보육) 18:00~19:30	• 간단히 얼굴과 손 등을 씻기고, 옷 입히기고, 소지품을 챙기는 등 귀가 준비를 하고 일일 보고서를 작성한다. • 부모가 올 때까지 영아가 안전하게 편안하게 개별적인 놀이를 하도록 한다. • 부모와 영아의 상태에 대해 이야기하고 귀가 인사를 한다.	• 갈아입을 옷과 기저귀 여분이 부족한 영아들을 확인하고 부모님께 알림.
전체 평가	↠ 영아 주도적 활동과 교사 주도적 활동의 균형이 적합했던 것 같다. 영아들이 노래 부르기를 좋아하므로 치우는 시간 전에 일정시간을 정해 규칙적으로 음률활동이 이루어지도록 계획해야 하겠다. 영아들이 손을 배에 대고 고개 숙여 인사하는 것을 부모님들이 굉장히 좋아하셨다. 영아들에게 인사법을 구체적으로 지도해야 하겠다.	

〈표 9-7〉에 제시된 2세의 일일 보육 실행을 살펴보면, 2세는 다양한 흥미와 호기심을 가지고 적극적으로 탐색하며 활동에 스스로 참여하기 때문에 영아가 스스로 선택한 놀이에 교사는 자연스럽게 참여하여 상호작용해 주고, 자극을 주거나 확장시켜 줄 수 있다. 이런 과정에서 계획하지 않은 활동이 전개되며 영아 주도적인 놀이가 진행될 수 있다. 따라서 가능하다면 매일 실행된 일일 보육과정 운영을 기록하여 다음 보육을 계획할 때 놀이 확장을 계획하거나 활동의 난이도를 조절하는 등 참고 자료로 활용하는 것이 효과적이다.

3. 유아를 위한 보육과정의 실제

3.1. 3~5세를 위한 보육과정의 계획 및 운영

2019 개정 누리과정에서는 교육과정이 '교육목표를 달성하기 위해 교육내용을 선정 · 조직하는 방식'임을 고려하면서, '유아가 경험하는 총체'임에 중점을 두고 교사와 유아가 함께 만들어가는 교육과정의 중요성을 강조하였다. 유아가 중심이 되고 놀이가 살아나는 교육과정을 추구하는 것이다. 그러므로 어린이집은 국가

수준에서 제시하는 공통성을 바탕으로 유아 · 놀이 중심 교육과정을 다양하게 실천해 갈 수 있다. 미래사회는 지식이 많은 사람보다는 지식을 잘 활용할 수 있는 사람을 필요로 하며, 자연과 생명을 존중하고 다른 사람과 함께 살아가는 데 필요한 바른 인성을 갖춘 사람을 요구한다. 이러한 사회적 요구에 따라 2019 개정 누리과정에서는 학습자의 경험을 강조하며, '배움을 즐기는 행복 교육'을 추구하고 있다.

유아가 놀이를 통해 심신의 건강과 조화로운 발달을 이루고 바른 인성과 민주시민의 기초를 형성하는 것에 목적을 두고, 국가 수준의 공통성과 지역, 기관 및 개인 수준의 다양성을 동시에 추구하며, 유아의 전인적 발달과 행복을 위해 유아 중심과 놀이 중심을 강조한다. 더불어 유아의 자율성과 창의성 신장에 중점을 두고 있고, 보육과정 구성 및 실현에 유아, 부모, 교사, 지역사회가 함께 하는 것을 추구한다는 점, 연령 구분을 제시하지 않은 점과 추구하는 인간상 구현을 위해 지식, 기능, 태도 및 가치를 반영하도록 한 점도 2019 개정 누리과정 이전과 차별화된 점이다. 보육과정의 운영에 있어서는 누리과정을 바탕으로 각 기관의 실정에 적합한 계획을 수립하여 운영할 수 있도록 자율성을 부여하였다는 점, 가정과 지역사회와의 협력과 참여를 강조하고 있다는 점이 특징적이다.

보육과정 계획의 측면에서는 교수자가 학습자의 배움을 예상하여 조직하는 교사 중심에서 학습자가 주체가 되는 배움 중심으로 변화하였다. '유아와 놀이'를 최우선으로 존중하는 교육과정으로서 교사가 계획하여 제안하는 자유선택활동을 유아가 주도하는 놀이로 대체하여 운영하도록 한다. 바깥놀이를 포함하여 유아가 자유롭게 놀이할 수 있는 시간을 충분히 편성 · 운영해야 하며, 유아의 안전을 고려하되 유아의 놀이가 최대한 활성화되도록 누리과정 운영방식을 개선해 가야 한다. 또한 5개 영역의 내용이 교사가 가르쳐야 할 내용이 아니라 유아가 경험하며 스스로 배우는 내용이 되도록 한다. 유아의 놀이는 예측하기 어렵고, 상황에 따라 다양하게 일어나므로 교사는 자율성을 기반으로 상황에 적합한 판단을 해야 한다. 더불어 계획안을 각 기관의 실정에 따라 자율적으로 작성할 수 있다. 형식적으로 작성했던 연간, 월간, 주간, 일일계획안의 형식과 내용을 개선하여 다양한 방식으로 작성할 수 있다. 교사의 사전 계획안 작성을 최소화하고 유아가 실제 놀이하는 내용과 교사의 지원 계획을 자율적으로 기록하는 방식으로 진행할 수 있다. 따라서 본 장에서는 3~5세를 위한 2019 개정 누리과정 편성 운영 지침을 기초로 유아·놀이중심 누리과정의 편성·운영 및 다양한 교수학습 실천 방법을 소개하여 원활한 보육과정 운영에 대한 이해를 돕고자 한다.

만 3~5세 유아를 위한 2019 개정 누리과정을 운영하기 위한 구체적인 편성 지침은 다음과 같다.

> 다음의 사항에 따라 누리과정을 편성·운영한다.
> 가. 1일 4~5시간을 기준으로 편성한다.
> 나. 일과 운영에 따라 확장하여 편성할 수 있다.
> 다. 누리과정을 바탕으로 각 기관의 실정에 적합한 계획을 수립하여 운영한다.
> 라. 하루 일과에서 바깥 놀이를 포함하여 유아의 놀이가 충분히 이루어지도록 편성하여 운영한다.
> 마. 성, 신체적 특성, 장애, 종교, 가족 및 문화적 배경 등으로 인한 차별이 없도록 편성하여 운영한다.
> 바. 유아의 발달과 장애 정도에 따라 조정하여 운영한다.
> 사. 가정과 지역사회와의 협력과 참여에 기반하여 운영한다.
> 아. 교사 연수를 통해 누리과정의 운영이 개선되도록 한다.

1) 자율적이고 유아의 놀이를 지원하는 계획 수립

어린이집의 교육철학, 가정과 지역사회의 특성, 유아의 요구 등을 반영하여 자율적으로 계획을 수립할 수 있다. 교사는 기존에 활용하였던 연간, 월간, 주간, 일일 계획안을 기관 및 학급의 특성에 적합하게 변경하여 사용할 수 있다. 즉, 계획안의 종류, 형식, 분량 등을 자율적으로 조정하여 작성할 수 있다. 예를 들어, 연간 교육 이외에 월간과 주간을 통합하거나 주간과 일일 계획을 통합하여 작성할 수도 있고, 담당 학급의 특성에 따라 간단한 일지로 작성할 수 있다. 무엇보다 개정 이전과 달라진 점은 활동을 미리 계획하여 안내하는 방식이 아니라 유아가 실제 놀이한 내용과 배움에 대한 기록을 공유하는 방식으로 변화한 것이다. 유아가 주도하는 놀이는 교사가 미리 계획하여 운영될 수 없는 것으로 교사는 유아가 놀이하며 경험한 내용을 중심으로 계획안을 기술할 수 있다. 자유선택활동, 대·소집단 활동, 바깥놀이 등 정해진 형식에 맞추어 기술하는 대신 유아가 실제 놀이한 내용 및 놀이를 지원하는 내용을 포함하되 자율적인 형식으로 바꾸어 작성할 수 있다. 이를 통해 교사는 유아가 주도하는 놀이를 적극적으로 지원할 수 있다. 단, 자율적인 계획 수립의 의미를 계획안을 작성하지 않아도 된다거나 단순히 업무를 줄이는 방식으로 이해하지 않아야 하는 것에 유의할 필요가 있다.

(1) 교육 지원 계획해 보기

유아의 놀이를 통한 배움을 지원하기 위한 교사의 교육과정 내용과 시간 조직이 계획하기이다. 교사는 계획과 관련하여 기관의 지역적 특성이나 철학에 맞게 교육계획의 양식이나 작성 시기, 활용 방법을 자율적으로 정할 수 있다. 2019 개정 누리과정에서 강조하고 있는 배움의 통합성, 융통성, 자율성 등은 기존의 문서양식으로 담아낼 수 없거나 작성의 시기가 달라질 수 있으므로 연간, 월간, 주간, 일일 계획안의 형식이나 분량을 자율적으로 하여 통합하거나 선택적으로 활용할 수 있다.

	구분	내용
	놀이의 시작	· 유아는 교사가 교실에 제시한 지역의 지도를 살펴보며 '길'에 관심을 보이고, 놀이를 시작함.
교육적 놀이지원	공간	· 교실 밖 복도를 활용하여 유아의 놀이가 지속됨. · 이후 벽, 계단과 강당까지 활용함.
	자료	· 테이프를 활용해 길을 만들자는 유아의 의견 수용함.
	일과	· 놀이시간을 연장하여 일과를 운영함.
	상호작용	· 관찰하기, 질문하기, 정서적 지원하기 등으로 놀이를 지원함.
	안전	· 안전사고 예방을 위해 교실 외 공간에서 놀이 시 유아 스스로 자신의 안전에 대해 생각하면서 놀이할 수 있도록 이야기 나눔.
	놀이지원 계획/평가	· 유아의 '길'에 대한 관심을 지원하기 위해 지도에 관련된 활동을 포함하여 계획함. · 길에 대한 교사의 활동 계획과 유아의 놀이를 함께 기록함. · 놀이 상황 중 개별 유아의 놀이를 즉시 일화기록으로 남김. · 2주 동안 유아의 놀이에 나타난 누리과정 5개 영역의 경험을 찾아봄.

[그림 9-1] 놀이의 흐름에 따른 교사의 교육적 지원의 예

출처: 2019 개정 누리과정 놀이실행자료, p. 110.

① 연간 계획을 검토하기

2019 개정 누리과정에서 추구하는 인간상, 기관의 철학, 지역사회의 특성, 개인의 다양성을 고려하여 자율적으로 연간 계획을 수립할 수 있다. 연간 계획은 기관 차원에서 수립하는 것이 일반적이며, 계절이나 명절, 특별한 국가적 행사, 원의 행사 등 1년간의 중요한 경험들을 미리 염두에 두고 계획한다. 연간 계획은 기관 전

체의 구성원이 공유하는 것으로 기관 차원에서 연간 계획을 검토할 필요가 있다. 유아에게서 발현되는 놀이 주제가 즉각 반영될 수 있도록 여지를 둔 연간 계획안을 작성해야 하는 점이다. 유아와 교사가 '함께 만들어 가는 교육과정'이기 때문에 수립된 연간 계획은 유아들의 놀이경험에 따라 기간이나 시기, 내용 등이 변경될 수 있다.

② 월간, 주간, 일일 계획을 검토하기

월간, 주간, 일일 계획은 기관과 교사의 필요에 맞게 형식이나 분량을 자율적으로 구성할 수 있다. 모든 유형의 계획을 다 수립해야 하는 것은 아니며 선택하여 작성할 수도 있다. 유아의 놀이는 교사가 계획한 대로 진행되는 것이 아니라 다양하게 변화하고 교사의 기대와 다른 방향이나 새로운 방향으로 심화될 수도 있기 때문에 교사가 유아의 경험을 미리 조직하기보다 유아의 놀이를 관찰하고 이를 지원하는 방식을 제안한다. 교사가 모든 놀이지원을 미리 계획할 수 없으므로 교사는 매일 진행된 유아들의 놀이를 기록하고 다음 날 지원할 내용을 간단히 계획할 수 있다. 또는 매주 혹은 유아의 놀이 주제에 맞추어 지원계획을 수립할 수도 있다.

계절 주제와 유아의 발현된 놀이 주제가 동시에 진행됨					
주		5월 1주	5월 2주	5월 3주	5월 4주
놀이 (바깥 놀이 포함)	봄	· 봄꽃 만들기	· ~~꽃가게 꾸미기~~	· ~~꽃가게 놀이~~	
		· 모형꽃, 화분으로 놀기	· ~~꽃씨 마라카스~~		· ~~티슈로 나비 만들기~~
		· 산책 사진으로 만든 책	· 씨앗 그림책	· ~~꽃모양 막대인형~~	· 봄의 곤충 그림책
	유아의 흥미에 따라 새로운 주제 '반짝이끈'이 시작되었고, 이를 반영함				
	반짝이끈	• 반짝이끈 가지고 나가 놀기 • 반짝이끈 나뭇가지에 묶기 • 반짝이끈으로 만든 도구로 운동하기			
유아의 흥미에 따라 새로운 주제 '반짝이끈'이 시작되었고, 이를 반영함					
활동		• 우리 교실에는 어떤 장난감이 있으면 좋을까? • 상자와 반짝이끈 으로 어떻게 놀이할 수 있을까? • 놀이의 진행과정에 따라 문제해결 의견나누기			
		· 동화 '우리 가족' 동화 '봄소풍'			
		· 노래'봄에 피는 꽃'	· ~~봄꽃 찾아오기 게임하기~~ • 반짝이끈으로 신체 표현하기	· ~~노래 '씨앗이 자라서'~~ • 반짝이끈으로 게임하기	· ~~노래 '개미'~~ · 애벌레 신체 표현하기
필요한 경우 활동을 통해 유아의 놀이를 지원함					
행사일정		5일- 원내 어린이날 행사 / 8일- 원내 어버이날 행사 & 포토존 22일- 원내 손씻기 교육 / 29일- 급식도우미 활동			

[그림 9-2] 2개의 놀이 주제를 반영한 월간교육계획안의 예

출처: 2019 개정 누리과정 해설서, p. 120.

숲 속 놀이를 마치고 놀아와 점심시간에 주영이에게 어떻게 사냥꾼 생각이 났는지 물어보자 주영이는 "숲에는 원래 사냥꾼이 있는 거예요."라고 대답했다. 옆에 있던 아이들도 사냥꾼은 쫓고 동물은 도망가는 것이라고 말했다.

일부 유아들은 숲에서 주워온 나뭇가지를 내일도 가지고 놀아도 되는지 물었고 그렇게 하도록 허락했고 다른 나뭇가지들도 함께 더 내어주겠다고 했다.

20**. *월. *일 일과 중 관찰

나뭇가지 놀이를 관찰하면서 자연탐구 영역의 배움이 일어났음을 알 수 있었음. 민서는 "이게 제일 짧고, 이게 제일 커." 라고 말하면서 나뭇가지의 크기를 비교, 서열화하였음. 영수는 "애기 나뭇가지~, 어른 나뭇가지~." 라고 말하면서 나뭇가지를 자신의 기준대로 분류해보았음.

20**. *월. *일 오전 숲 속 놀이 중 관찰

- 숲 속에서의 놀이를 통해 개별 유아가 사전 경험을 놀이 속에 반영하여 주도적으로 놀이를 구성함을 확인할 수 있었음.
- 나뭇가지를 포함한 자연물로 놀이하는 과정에서 탐색하고 비교하기, 분류하기, 측정하기 등 자연탐구 영역의 배움이 일어나고 있음을 확인할 수 있었음.
- 유아들이 나뭇가지를 활용한 놀이에 흥미를 보이므로 유아들이 주워온 나뭇가지와 함께 나뭇가지 블록을 제공하기로 함. 산가지 놀이도 소개해볼 예정임.

[그림 9-3] 유아 관찰에 기반한 놀이 기록 및 지원 계획의 예

출처: 2019 개정 누리과정 놀이실행자료, p. 97.

③ 기관이나 교사의 실정에 맞게 계획안의 형식을 변경하기

기존의 계획안에 생활주제, 소주제, 일과 중의 시간 배치, 누리과정 5개 영역이나 목표, 활동개요, 준비물 등을 모두 기록하고 있었음에도 불구하고 실행된 교육과정을 충분히 반영하지 못하고 있는지 살펴보고 이를 어떻게 반영할 것인지 고민해야 한다. 명칭에 있어서도 기관에 따라서는 계획안이라는 문서에 실행과 평가

가 모두 기록될 수 있으므로 놀이기록과 평가, 놀이 이야기 등 다양한 명칭으로 부를 수 있다.

주제	우리 동네	목표	내가 살고 있는 곳에 대해 궁금한 것을 알아본다.

요일	실행	지원
…	…	…
목	· 교실 한 켠에 있는 지도에 대해 관심을 가지고 가장 빨리 가는 길에 대한 대화를 나눔.	✓ 인터넷을 활용하여 유아가 지도를 잘 볼 수 있도록 지원함.
금	· 인터넷으로 본 지도를 보며 그림으로 길을 표상함. 교실에 있는 종이가 작다고 하면서 점점 더 큰 크기의 종이를 요청함.	✓ 더 큰 종이 제공함: 도화지 → 4절지 → 전지 → 전지 이어 붙여서 그림 그리기.
월	· 지난주 금요일에 이어 길을 그림으로 표상함. 그림에서 일반도로 뿐 아니라 다양한 길(예: 지하철, 고속도로 등)에 대한 표상이 나타남. · 종이를 이어 붙이는 것의 불편함과 더불어 이어 붙인 종이 위에 올라가서 그림을 그리자 다시 그릴 공간이 좁아지는 상황이 벌어짐.	✓ 문제 해결 방법에 대해 유아들과 토의하였고 복도에 나가서 그림을 그리기로 결정함. ✓ 종이는 계속 이어 붙이기 어려워 바닥에 그림을 그리면 좋겠으나 바닥을 훼손하면 안 되므로 다음날 교사와 함께 자료실에 가서 바닥에 그리기 적절한 그리기 도구가 있는지 찾아보기로 함.
화	· 자료실에 가서 바닥에 그리고 지우기 적절한 그리기 도구를 찾다가 우연히 테이프를 발견하고 테이프로 길을 만들자고 함. · 유아가 선택한 자료인 테이프로 유아는 복도에서 길을 만들기 시작함.	 ✓ 교사와 유아가 함께 자료실에 가서 유아가 선택한 자료(절연 테이프)를 제공함. ✓ 교실 외 놀이공간(복도) 활용함.
수	· 복도에서 이어서 놀이함. 길이 더 길어지고 커짐. · 색테이프를 요청함. · 테이프로 벽에도 표상을 시작함. 노랑-고속도로 파랑-1호선 초록-2호선 빨강-3호선 "아파트는 바닥X, 서있잖아."	✓ 벽까지 올라가서 어떻게 다 떼어 정리하나 걱정도 되었지만 유아들의 놀이를 지켜보기로 함. ✓ 요청에 따라 다양한 색깔의 테이프 추가 제공함. ✓ 테이프로 만든 길 위에 입체적으로 동네를 구성할까 싶어 종이벽돌블록과 소품 일부를 제시해 보았음.
목	· 제시한 블록, 소품에 관심을 보이지 않음. 오로지 테이프로만 길 만들기에 집중함. · 복도도 테이프길로 거의 꽉 차고, 멈춰야 되는지 다른 공간으로 길을 확장해도 괜찮은지 묻기 시작함. · 유아들과 토의 후 계단, 강당까지 가기로 함. · 길/미로/경사로 관련 대화가 오감.	✓ 유아가 안전하게 놀이하도록 교사도 전체를 관찰하지만, 평소 놀이하던 공간이 아니고 다른 학급의 유아들도 오가는 공간이므로 안전하게 놀이할 수 있도록 안전에 대해 짧게 이야기를 나눔. ✓ 유아들의 의견을 받아들여 복도에서 계단, 강당까지 기관 전체로 이어서 놀이하는 것으로 함.
금	· 테이프로 길 만드는 유아들이 줄어들고, 복도나 계단에서 길 만들기 놀이를 하기보다는 뛰어다니는 유아들이 많아짐. · 테이프를 떼어 정리하는 과정에서 돌돌 말린 테이프가 공처럼 되었고 테이프 공은 다시 유아들에게 새로운 놀잇감으로 보이기 시작함.	✓ 길 만들기 놀이에 대한 관심이 줄어들었음. ✓ 정리도 유아와 함께 진행함. 정리하는 과정에서 새로운 놀이자료(테이프 공)를 발견함. ✓ 테이프 공 활용하여 놀이할 수 있는 방법을 유아들 스스로 창안하기 시작함.

[그림 9-4] 주간교육계획안의 예

출처: 2019 개정 누리과정 해설서, p. 108.

즐거운 새싹반의 한 주 이야기 기간 : 2000. ○. ○.(월) - ○. ○.(금)

<table>
<tr><td rowspan="3">새싹반
이번 주
경험</td><td rowspan="2">놀이</td><td colspan="6">여러 가지 돌과 흙 탐색하기
광목 흙 인형놀이</td></tr>
<tr><td colspan="6">비 오는 날 산책하기 흙이랑 놀아요 모래놀이 텃밭 가꾸기</td></tr>
<tr><td>활동</td><td colspan="6">함께 놀아요, 흙이랑 (동화)
던지면 안돼요 (이야기나누기)</td></tr>
<tr><td>놀이사진</td><td colspan="3"></td><td colspan="4"></td></tr>
<tr><td rowspan="2">이번 주
유아들의
관심</td><td colspan="3">· 흙이 서로 달라요.
· 흙에도 색깔이 있어요.</td><td colspan="4">· 돌은 여러 가지 종류가 있어요.
· 돌로 여러 가지 놀이를 할 수 있어요.</td></tr>
<tr><td colspan="7">· 이번 주가 끝나갈 즈음 우연히 채색한 투명 통을 창가에 올려놓은 유아들이 창가로 들어오는 빛을 통해 만들어진 무지개를 보며 '빛'에 대해 관심을 갖게 되었음. 유아들은 채색된 통과 그렇지 않은 통을 올려놓고 보는 사람의 눈높이에 따른 빛을 관찰하며 즐거워했음.</td></tr>
<tr><td rowspan="2">다음 주
예상 관심과
놀이</td><td colspan="2">· 빛은 예쁜 색깔이 있어요.</td><td colspan="3">· 무지개 빛이 궁금해요.</td><td colspan="2">· 빛은 왜 다 달라요?</td></tr>
<tr><td colspan="7">· 다음 주에는 새싹반 유아들과 반짝이는 '빛'에 대해 탐색하고 놀이할 것으로 예상됨. 한 주간 햇살처럼 반짝이는 유아들의 즐거운 시도가 가득하길 기대해 봄.</td></tr>
<tr><td>학부모님과
함께 할
내용</td><td colspan="5">· 집 주변에서 볼 수 있는 흙과 돌에 관심을 가질 수 있도록 학부모님이 함께 놀이해 주실 수 있도록 안내하기
· 흙과 돌과 관련된 재미있는 놀이나 경험을 한 유아가 있다면 클래스팅에 관련 사진과 이야기를 올려주시도록 안내하기. 다른 유아들과 함께 보며 자신의 경험을 즐겁게 나눌 것임에 대해 안내하기
· 흙과 돌, 빛과 관련된 도서 및 자원을 기관으로 보내주시도록 안내하기</td><td colspan="2"></td></tr>
</table>

[그림 9-5] 주간교육계획안의 예

출처: 2019 개정 누리과정 해설서, p. 132.

지역사회 '과학체험관'을 방문하고 놀아온 경험이 놀이로 이어져 도르래와 지렛대 놀이가 6주간 전개되었다. 지렛대 놀이는 부모참여 수업을 거치면서 스프링의 원리와 연계하는 형태로 발전하였다. 이러한 놀이 맥락을 반영하여 총 8주에 걸쳐 실행된 교육과정에 맞추어 계획안을 수정하고 평가를 함께 기록하였다.

		도르래	지렛대	스프링	생활에서 불편한 점
놀이	실내	엘리베이터 만들기	→ 지렛대 놀이	→ 스프링발사대 놀이	
		엘리베이터 놀이하기	자석낚시놀이		지렛대 놀이가 발현되어 다음 주 추가 계획됨
		물건 수수께끼		←	
		톱니바퀴만들기	지렛대 원리 물건 찾기	스프링이 들어간 물건 찾기	
	실외	〈잔디 마당〉 축구하기 〈자전거 길〉 세발 자전거 타기			
		〈대근육 놀이〉 복합놀이기구 이용하기 〈물·모래놀이〉 자연물 이용해서 물·모래놀이 하기			
		〈데크/그늘영역〉 돌탑 쌓기 놀이 〈작은 정원〉 동식물 관찰하고 돌보기			
활동		엘리베이터 놀이를 하려면?	지렛대는 어떻게 이용될까?	스프링은 어떤 물건에 들어있을까?	교시에서 불편한 점을 해결하려면? 만일 편리한 물건이 없다면?
				동화) 쭉 늘어났다 팅 줄어드네	
			노래) 지렛대		유아의 흥미 및 놀이 발현에 따라 수정하여 진행
		00과학체험관		00과학체험관 재방문	
누리과정 운영 평가		도르래에 대한 흥미는 블록으로 엘리베이터를 구성하는 놀이로 나타났고, 우연히 시작된 지렛대 놀이를 지원하기 위해 복도를 놀이공간으로 확장하고 유아들이 요구하는 자료를 제공하였더니 유아들 간 상호작용이 활발해지면서 놀이가 2주 이상 지속되었다. 학부모 참여 수업과 연결되며 스프링에 대한 관심이 놀이로 이어져 의미 있었다.			

[그림 9-6] 계획안의 양식을 변경하여 활용한 예

출처: 2019 개정 누리과정 놀이실행자료, p. 146.

2) 하루 2시간 이상의 놀이시간 확보 및 융통성 있는 일과운영

교사가 미리 계획하여 하루 일과를 운영하기보다는 유아의 흥미와 관심에 따라 놀이를 충분히 즐길 수 있도록 탄력적으로 편성·운영하는 것이 중요하다. 유아는 하루 일과에서 놀이, 일상생활, 활동 등을 통해 다양한 경험을 할 수 있도록 한다. 그중 가장 길게, 우선적으로 편성해야 하는 것이 놀이이다. 유아의 신체적 리듬을 반영하여 편성 운영해야 할 일과는 등원, 손 씻기, 화장실 다녀오기, 간식, 점심, 낮잠, 휴식 등이다. 교사는 유아가 주도하는 놀이를 지원하기 위해 필요에 따라 활동을 계획하여 운영할 수 있다. 그러나 미리 계획한 활동을 모두 해야 한다거나 정해진 순서대로 일과를 운영하기보다 유아가 주도하는 놀이의 흐름에 따라 융통성 있게 일과를 운영하도록 한다.

활동 | 지렛대 놀이에 대한 이야기나누기

게임 활동 후 유아들은 지렛대 놀이에 대한 흥미가 커졌고, 교실 안에서도 지렛대 놀이를 하였다. 또다시 지렛대 놀이로 인해 불편함을 느끼는 유아가 있어, 교사는 교실 안에서 지렛대 놀이 시 지켜야 할 약속과 놀이방법에 대해 이야기 나누었다.

교사는 유아들의 요청에 따라 세모 받침대를 제공하였는데, 지렛대가 자꾸 미끄러졌다. 유아들은 새롭게 사용할 지렛대로 자료실에서 폼보드를 골랐다.

놀이를 하던 중 유아는 지렛대의 높이 뿐 아니라 받침점의 위치에 따라 날아가는 거리가 달라짐을 알게 되었다.

점차 유아들의 놀이는 상자에 물체를 골인시키는 게임으로 발전되었다.

1. 동그라미 카펫 안에서 놀이해요.
2. 만약에 친구의 몸에 맞으면 실수였더라도 사과해요.

교사의 놀이 지원 실제	편성 및 교수학습
교실 안으로 옮겨진 지렛대 놀이로 다시 유아 간 갈등이 빈번해지자 교사는 일과를 변경하여 이야기나누기 활동을 진행함으로써 유아의 놀이를 지원하였다.	일과의 변화 (놀이를 지원하기 위한 활동)
유아들의 요청에 따라 세모 받침대를 제공하였고, 새로운 종류의 지렛대를 제공하기 위해 유아들과 함께 자료실에 가서 의논 후 폼보드를 제공하였다.	자료의 변화 (유아가 발견한 자료 지원)

[그림 9-7] 일과를 변경한 사례

출처: 2019 개정 누리과정 놀이실행자료, p. 144.

바깥놀이를 포함한 놀이시간이 분절되지 않고 지속적으로 운영되도록 긴 시간으로 편성하여 놀이의 흐름이 끊기지 않고 충분히 놀이할 수 있도록 편성한다. 바깥놀이를 포함하여 2시간 이상의 놀이시간을 확보하되 날씨와 계절, 유아의 관심사나 놀이의 특성, 기관이나 학급의 상황을 고려하여 융통성 있게 편성 · 운영한다.

또한 이야기 나누기, 동화, 노래, 신체표현 등 적절한 유형의 활동을 필요시 연결하여 운영하며 제안자, 집단의 크기, 활동 시간, 활동순서도 상황과 흐름에 따라

활동 흙 관련 동화 듣고 이야기나누기

교사는 흙에 대한 유아의 관심을 발전시키기 위해 적절한 교육적 지원을 고민하다가 다음날 관련 활동을 진행하였다.

> 진흙과 관련한 동화를 듣고 흙으로 할 수 있는 놀이에 대해 이야기 나누었다.
>
> 유아들은 동화에 나온 것처럼 진흙을 이용하여
>
> "동글동글 만들어서 던지고 놀래요."
> "흙이랑 물이랑 넣고 이렇게, 손으로 이렇게 이렇게 하면서 놀고 싶어요."
> "그럼 물감처럼 돼요?"
> "흙을 두 번, 세 번…. 이렇게 더 많이 넣으면 진짜 흙같은 색깔이 만들어 질 것 같아요."
> "책이랑 똑같은 인형은 만들고 싶어요."
>
> 라며 흙과 물을 섞어 흙물감을 만들고, 인형을 만들어 놀이하고 싶다고 하였다.

유아들의 제안을 반영해 다음 날 정원에서 놀이를 진행하기로 하였다.

교사의 놀이 지원 실제	편성 및 교수학습
교사는 진흙 관련 동화를 들려주고 유아들과 흙을 이용한 놀이에 대해 이야기를 나누었다. 이러한 활동은 일시적으로 나타났다 사라질 수 있었던 젖은 흙과 흙물에 대한 관심을 유아들이 즐거운 놀이로 이어 나갈 수 있도록 하였다.	일과의 변화 (놀이를 지원하기 위한 활동)

[그림 9-8] 놀이와 활동을 연결한 사례

출처: 2019 개정 누리과정 놀이실행자료, p. 127.

융통적으로 운영할 수 있다. 계획하였으나 유아의 흥미와 상황에 따라 내용과 방법이 변경되거나 운영이 되지 않을 수도 있다.

일상생활도 유아 주도적으로 이루어지도록 하는 것이 필요하다. 교사는 유아가 자율적이고 주도적으로 일상생활을 할 수 있도록 충분한 시간을 허용해 주어야 하며, 매일 반복되는 일상이지만 놀이와 같은 방식으로 즐겨 볼 수 있도록 하는 방법을 유아와 함께 찾아볼 수도 있다.

3.2. 3~5세를 위한 보육과정의 교수-학습 방법

어린이집에서 교육과정을 운영하면서 유아의 배움을 지원하기 위해 교사가 구체적으로 무엇을 어떻게 할 것인지에 대한 방법적 측면이 교수-학습의 실천이다. 2019 개정 누리과정에서 제시하고 있는 교수-학습 실천하기의 내용은 다음과 같다.

교사는 다음 사항에 따라 유아를 지원한다.
가. 유아가 흥미와 관심에 따라 놀이에 자유롭게 참여하고 즐기도록 한다.
나. 유아가 놀이를 통해 배우도록 한다.
다. 유아가 다양한 놀이와 활동을 경험할 수 있도록 실내외 환경을 구성한다.
라. 유아와 유아, 유아와 교사, 유아와 환경 간에 능동적인 상호작용이 이루어지도록 한다.
마. 5개 영역의 내용이 통합적으로 유아의 경험과 연계되도록 한다.
바. 개별 유아의 요구에 따라 휴식과 일상생활이 원활히 이루어지도록 한다.
사. 유아의 연령, 발달, 장애, 배경 등을 고려하여 개별 특성에 적합한 방식으로 배우도록 한다.

교사는 유아의 놀이지원자로, 놀이의 특성, 의미, 가치를 이해하여 유아가 즐겁게 놀이하면서 배우는 경험을 지원할 수 있다. 적절한 환경을 구성하고 유아와 바람직한 상호작용을 통해 놀이에 몰입하고 활성화하도록 돕는 역할을 수행해야 한다.

유아의 흥미와 관심에 따라 놀이에 자유롭게 참여하고 즐기도록 하기 : 유아 주도 놀이는 유아가 자신만의 방식으로 자유롭게 이끌어가는 놀이를 의미하며 교사는 그러한 유아의 놀이를 지원할 수 있어야 한다. 유아에게 놀이는 앎이자 삶의 방식으로 놀이를 통해 자신이 경험한 세상을 재구성하며 세상에 대한 이해를 넓혀간다. 유아가 주도하는 놀이는 성인의 간섭과 통제가 최소화되고 유아가 다양한 놀이환경과 만날 때 활발하게 나타난다. 교사는 유아가 주도하는 놀이에 내재된 의미와 가치를 파악하고 그것을 이해하는 과정에서 유아에게 무엇을 지원해 줄지를 고민해야 한다. 교사는 상황과 맥락에 따라 새롭게 생성되는 유아의 놀이를 존중하고 이해하면서 놀이에 필요한 공간, 규칙, 안전 등을 고려해 필요한 지원을 할 수 있다.

놀이를 통해 배우도록 하기 : 유아는 자유롭게 놀이하며 배울 수 있지만 교사의 지원을 통해 더욱 유의미한 배움이 될 수 있도록 해야 한다. 교사는 다양한 방식으로 유아가 놀이를 통해 배우고 성장할 수 있도록 돕고 지원하는 역할을 해야 한다. 개정 누리과정에서는 유아가 놀이를 통해 경험하는 배움을 5개 영역과 연결 지어 이해할 수 있도록 도와야 하며, 교사가 가르쳐야 하는 내용이 아닌 유아가 즐겁게 놀이하면서 배우는 내용이 되어야 한다.

놀이와 연계활동을 통한 유아의 배움 지원하기 : 교사가 활동을 운영할 때 현재 유아가 하고 있는 놀이에 부합하면서 유아의 흥미나 관심과 관련된 동화 듣기, 노래 부르기, 요리하기, 게임 등을 제안하여 즐겁게 놀이하는 방식으로 활동을 할 수 있다. 또한 유아가 자신이 하고 있는 놀이를 친구들에게 소개하기, 놀이 규칙 정하기, 특정 관심사에 대해 다 함께 알아보기 등 상황에 따라 이야기를 나누는 것도 가능하다. 만일 교사가 유아의 놀이를 지원하기 위해 다양한 활동을 계획했더라도 이는 유아의 관심과 흥미에 따라 얼마든지 수정할 수 있다. 교사는 유아의 건강과 안전을 위해 필수적으로 요구되는 일상생활습관 지도나 안전교육을 계획하여 운영할 수 있다. 화재안전, 교통안전, 약물안전, 유괴에 대처하는 방법 등 유아가 놀이 안전과 생활안전을 지키고, 위험한 일이 발생하였을 때 도움을 받아 대처할 수 있는 능력을 기를 수 있도록 해야 한다.

자율성을 바탕으로 유아의 놀이 배움 지원하기 : 교사는 상황에 따라 필요한 교육적 판단을 자율적으로 할 수 있어야 한다. 유아의 놀이가 교사가 계획한 활동과 다르게 이루어지더라도 유아의 놀이를 존중하여 계획된 활동을 변경할 수 있어야 한다. 유아의 놀이를 바라만 보거나 방관하는 것이 아니라 유아의 배움에 필요한 지원내용을 생각하고 준비하고 지원하는 과정에 적극 참여해야 한다. 교사는 유아가 놀이하며 경험한 내용을 관찰하고, 놀이에서 나타나는 배움에 주목하여 기록함으로써 교사의 자율적 판단의 근거를 마련할 필요가 있다. 계획안은 유아가 놀이하며 배우는 과정을 이해하는 자료가 되며 이를 작성하면서 유아에게 필요한 놀이 지원도 함께 계획할 수 있다.

다양하고 안전한 실내와 놀이공간 구성하기 : 교사는 놀이공간을 구성하고 변형해 가며 유아의 자유로운 놀이를 지원할 수 있다. 유아들이 가장 좋아하는 놀이를 중심으로 환경을 구성하는 것이 좋으며 영역 통합, 영역 재구성, 대체 등도 가능하다. 교실 밖, 계단이나 복도, 구석진 공간 등도 놀이 공간이 될 수 있다. 다만 안전에 문제가 없는지는 면밀히 살펴야 한다. 실외 자투리 공간, 텃밭, 통로, 작은 마당, 인근공원과 놀이터도 실외 놀이 공간으로 활용할 수 있다. 놀이자료는 자신의 감정과 생각, 상상 등을 자유롭게 표현하는 수단이자 세상에 대한 이해를 넓혀 가는 데 도움이 되는 중요한 매개물로, 일상의 평범한 사물, 자연물, 악기, 미술재료, 그림책, 재활용품 등을 적절히 제공할 수 있다. 비구조적인 열린 자료를 충분하게 제공하는 것이 중요하며 자유롭게 탐색할 수 있도록 사용법이나 놀이방식을 지나치게 제한하지 않도록 유의해야 한다.

능동적인 상호작용이 이루어지도록 하기 : 또래들 간, 교사와 환경 간에 능동적인 상호작용이 활발히 이루어지도록 해야 한다. 교사는 유아가 놀이에서 만나는 다양한 관계에 관심을 기울이고 함께 상호작용하며 배움을 지원해야 한다. 유아들이 자유롭고 활기차게 놀이할 수 있는 분위기를 제공하여 또래 간 상호작용을 격려하거나 유아들의 놀이에 귀 기울여 유아가 경험하는 놀이의 의미와 배움을 발견하고 격려해 주어야 한다. 미소, 격려, 공감 등의 정서적 또는 언어적 상호작용이 필요하다. 유아의 흥미와 관심에 공감하는 태도, 유아와 환경 간의 상호작용 격려에도 주의를 기울여야 한다.

5개 영역의 통합적 경험 연계하기 : 5개 영역의 내용이 놀이에서 통합적으로 경험될 수 있도록 지원한다. 5개 영역의 내용은 정해진 생활주제 이외에도 유아가 흥미 있어 하는 동화책, 물건, 우연히 발견한 꽃, 친구와의 갈등도 유아의 경험을 통합적으로 연계하여 지원할 수 있는 자원이 될 수 있다.

휴식과 일상생활이 원활히 이루어지도록 하기 : 낮잠, 휴식 등 개별 유아의 요구를 반영하여 하루 일과를 융통성 있게 운영한다.

유아 개별 특성에 적합한 방식으로 배우도록 하기 : 유아는 서로 다른 능력과 관심을 가지고 있으며 다양한 맥락 속에서 자신만의 방식으로 놀이하고 배운다. 유아의 발달적 특성이나 장애 정도, 문화적 배경을 우선적으로 파악해서 유아의 특성에 적합한 지원을 해야 하며, 필요한 경우 관련 기관이나 전문가와 협력할 수 있다.

이와 같이 유아 · 놀이 중심 교육과정에서는 교사가 유아의 놀이를 존중하고, 유아의 놀이경험이 다양하게 이루어질 수 있도록 시간과 공간, 자료를 구성하며, 긴밀한 상호작용에 주력할 것을 강조한다. 다음에서는 2019 개정 누리과정에서 구체적인 교사의 역할 중 변화된 내용과 관련된 예시를 소개하고자 한다.

1) 놀이공간에 다양한 변화 주기

유아에게 놀이공간은 어린이집에서 머무는 교실 공간뿐만 아니라 실외 공간 또는 유아가 이용하는 어린이집 밖의 지역사회 공간까지를 포함한다. 유아는 놀이를 통해 공간에 목적을 부여하기도 하고, 놀이 공간을 창조하기도 하며 새로운 놀이를 확장시켜 나가기도 한다. 이에 교사는 유아들의 놀이공간을 어떻게 구성하고 활용하도록 지원할 수 있을지 고민해야 한다. 기존의 공간에 대한 재검토와 유아의 흥미나 관심에 따라 즉각적으로 재배치할 수 있는 융통성을 발휘해야 하며 무엇보다 어린이집 전체의 공간을 놀이를 위해 다양하게 활용할 수 있도록 지원하는 노력이 필요하다.

① 융통성 있게 배치하기

놀이공간에 반드시 배치되어야 하는 영역이 정해져 있는 것이 아니므로 공간을 융통성 있게 구성한다. 유아의 흥미와 놀이 흐름에 따라 공간을 확장하거나 축소하기도 해야 한다. 구석진 곳이나 조용한 곳, 놀이가 서로 연결될 수 있도록 가까이에 배치하는 등의 자율성이 발휘되어야 한다.

놀이 함께 봄나물 식당놀이 하기

물감과 봄나물을 섞어 놀이하기 시작하면서 봄나물이 다양한 색으로 변하자 유아들의 관심이 봄나물 요리 놀이로 확장되었다.
자폐 유아도 새로운 재료인 물감에 관심을 가지고 다가오지만 만지지는 않았다.
자폐 스펙트럼 장애의 특성상 의사소통의 문제를 나타내어 친구의 놀이 제안에 반응하지 못하고 있었다.

교사의 놀이 지원 실제	편성 및 교수학습
일반 유아가 장애 유아의 놀이참여를 제안하였지만 장애 유아는 놀이에 참여하지 않았다. 이에 교사는 장애 유아와 함께하며 유아 간의 상호작용을 지지해주었다.	상호작용 (정서적 지원하기)
유아들이 음식을 먹는 공간이 필요하다며 책상을 옮기고 공간을 넓혔다. 이어 유아들은 식당에서의 상황을 역할극으로 표현하기 시작하였다.	공간의 변화 (교실 내 공간 재구성)

[그림 9-9] 놀이공간 재구성의 예

출처: 2019 개정 누리과정 놀이실행자료, p. 154.

② 놀이하는 공간을 넓혀 보기

유아들이 놀이할 공간이 충분하지 않은지 재검토해서 좁은 공간이 유아의 놀이를 저해하거나 유아들이 공간 확장을 요구한다면 교사는 교구장이나 놀잇감을 재배치함으로써 충분한 놀이공간을 만들어 줄 수 있다.

놀이	바닥에 테이프로 길 만들기

점점 더 큰 종이를 요청하던 유아는 교실 안에 큰 종이를 놓을 공간이 부족함을 이야기하였다. 이를 해결하기위해 이야기를 나누었을 때 복도에 나가 큰 종이에 길을 그리기로 하였다. 복도에 나가서 그림을 그리면서도 종이는 계속 이어 붙이기 어려워, 바닥에 그림을 그리고 싶어하였다. 다음날 교사와 함께 자료실에 가서 바닥에 그리고 쉽게 지울 수 있는 적절한 그리기 도구가 있는지 찾아보기로 하였다.

다음날, 유아들과 교사는 자료실에서 바닥에 그리기 적절한 그리기 도구를 찾다가 유아들이 테이프로 바닥에 길 만들기를 원하여 해보기로 하였다.

교사의 놀이 지원 실제	편성 및 교수학습
교사는 유아가 복도에서 큰 종이에 길 그리기, 테이프로 길 만들기를 하며 자유롭게 놀이할 수 있도록 지원하였다.	공간의 변화 (교실 밖으로 확장)
교사와 유아들이 바닥에 그리고 지우기 적합한 자료를 찾으러 자료실에 갔을 때, 유아가 그리기 도구 대신 선택한 테이프를 놀이 자료로 제공하였다.	자료의 변화 (유아가 발견한 자료 지원)

[그림 9-10] 놀이공간 확장의 예

출처: 2019 개정 누리과정 놀이실행자료, p. 104.

③ 공간 배치의 주도권을 유아에게 주어 보기

교사가 유아의 놀이를 따라가면서 자연스럽게 유아 스스로 놀이공간을 배치하거나 변경하도록 지원한다. 다수뿐만 아니라 개인의 놀이나 관심이 골고루 존중되는 교실 문화를 형성하는 것이 필수이다.

활동 놀이 공간에 대해 이야기나누기

차츰 반짝이끈 놀이에 대한 유아들의 관심이 줄어들기 시작했다. 여전히 반짝이끈 놀이를 하고 싶은 소수의 유아와 다른 놀이로 관심이 옮겨간 다수의 유아들 사이에서 놀이 공간에 대한 의견 차이가 나타났다. 이를 해결하기 위한 이야기나누기 활동을 진행하였다.

교사의 놀이 지원 실제	편성 및 교수학습
유아 간 의견 차이를 교사가 일방적으로 조율하지 않고, 유아의 이야기를 듣고 해결 방안을 함께 모색하기 위해 이야기나누기 활동을 진행하였다.	일과의 변화 (놀이를 지원하기 위한 활동)
유아주도적으로 반짝이끈 놀이를 할 공간의 위치와 크기를 정하였다. 유아가 스스로 움직일 수 있는 장은 스스로 옮기되 안전 상 교사가 관찰하면서 도움이 필요한 경우 도움을 주었다.	공간의 변화 (교실 내 공간 재구성)

[그림 9-11] 공간배치의 주도권을 유아에게 주어 보기의 예

출처: 2019 개정 누리과정 놀이실행자료, p. 118.

④ 새로운 놀이공간 찾아보기

유아 스스로 찾아낸 공간, 우연히 발견한 공간은 유아에게 새로운 흥미와 관심, 애착을 불러일으킬 수 있으므로, 안전이 확보된 모든 공간을 놀이공간으로 허용할 수 있다. 다만, 안전에 대한 각별한 주의와 선조치가 이루어져야 하고 안전하게 사용할 수 있는 방법도 유아들과 함께 의논할 필요가 있다.

놀이 테라스에서 봄나물 놀이하기

테라스로 놀이 공간을 확장하여 놀이하자, 보다 많은 유아가 놀이에 관심을 가지고 참여하길 원하였다.
장애 유아들도 달라진 놀이공간에서 좀더 적극적으로 놀이에 참여하였다.

교사의 놀이 지원 실제	편성 및 교수학습
통합반 두 교사의 협의 결과, 평소 실외 놀이 장소를 선호하는 장애 유아를 포함하여 모든 유아의 자유로운 놀이 공간을 확보하기 위한 방법으로 테라스로 놀이 공간을 확장하였다.	공간의 변화 (교실 밖으로 확장)
그릇을 사용하는 문제로 일반 유아와 장애 유아의 갈등이 발생하자, 특수교사는 장애 유아와 대화 후 장애 유아가 원하는 그릇을 추가로 제공하여 일반 유아들과의 갈등을 해결할 수 있도록 지원하였다.	자료의 변화 (교사가 계획한 자료 제공)

[그림 9-12] 새로운 놀이공간 찾아보기의 예

출처: 2019 개정 누리과정 놀이실행자료, p. 157.

2) 다양한 놀이자료 제공하기

일상의 사물들, 자연물이나 자연 현상 등 모든 것이 놀이자료가 될 수 있다. 유아는 다양한 놀이자료를 탐색하고 자신만의 방식으로 재창조하는 과정을 통해 심미적인 경험, 상호작용, 성취감 등을 얻을 수 있다. 교사는 유아들의 자유로운 놀이자료 탐색을 허용해 주어야 한다. 즉 열린 마음과 유아의 주도성을 인정해 주는 교사의 태도를 갖되 위험하거나 유해한 자료라면 제한할 필요가 있다.

① 유아가 결정한 자료활용 방법을 격려하기

유아들은 자신만의 방법으로 자료를 탐색하고 해석하며 의미를 부여할 수 있기 때문에 교사는 유아들의 놀이를 지켜보고 유아 스스로 선택한 방법 속에서 배움이 일어날 수 있도록 지원한다.

놀이 스카프 활용하여 숨기

교사의 질문을 듣고 생각하던 유아는 신체활동 및 표현을 위해 교사가 가지고 나간 스카프를 활용하여 숨었다. 그 모습을 본 유아들도 따라서 스카프를 가지고 숨바꼭질을 하였다.

교사의 놀이 지원 실제	편성 및 교수학습
교사는 신체활동 및 표현 용도로 가지고 나간 스카프를 숨바꼭질 놀이를 하는 유아가 숨는 데 사용하는 것에 대해 제한하지 않고 존중하며, 유아의 행동을 관찰하였다.	상호작용 (관찰하기/ 정서적 지원하기)
	자료의 변화 (유아가 결정한 자료 활용 방법 지지)

[그림 9-13] 유아가 결정한 자료활용방법 격려하기의 예

출처: 2019 개정 누리과정 놀이실행자료, p. 91.

② 자연물이나 자연현상도 자료로 활용하기

자연은 매일의 삶 속에서 탐색, 관찰, 몰입을 통해 배움이 일어나도록 하는 좋은 매개 자료이므로 적극적으로 활용하는 것이 필요하다.

놀이 흙물에 천 염색하기

유아들은 광목을 흙물에 넣어 색깔이 달라지는 것을 경험하였다.
그리고 농도에 따른 흙물의 색깔과 주무르는 시간에 따라 염색된 천의 색이 다른 것을 발견하였다.

교사의 놀이 지원 실제	편성 및 교수학습
교사는 유아가 필요할 때 흙을 더 제공해주고 근처에 건조대를 준비해 두었다.	자료의 변화 (교사가 계획한 자료 제공)
진하게 물들이고 싶어하는 유아에게는 또래와의 상호작용을 통해 방법을 찾아갈 수 있도록 질문하였다. "어떻게 하면 진한 흙색이 될까?"	상호작용 (질문하기)

[그림 9-14] 자연물을 놀이자료로 활용하기의 예

출처: 2019 개정 누리과정 놀이실행자료, p. 130.

③ 다양한 일상의 사물을 놀이자료로 활용하기

일상생활에서 친숙한 사물이 유아의 놀이를 더욱 풍부하게 해 줄 수도 있다. 일상의 물건 속에서 본래의 용도 이외에 고유한 특성과 형태, 색, 질감을 발견할 수도 있고, 새로운 쓰임새를 만들어 낼 수도 있으므로 다양한 열린 자료를 지원하도록 한다.

마무리와 새로운 관심의 시작

발사대 놀이

지렛대 놀이가 마무리 되어갈 즈음, 교실 한쪽에서 몇몇 유아들은 생활 속의 도구 중 스프링의 움직임이 주는 흔들거림 현상에 관심을 갖고 재미있는 놀잇감을 만들며 놀이하였다.

스프링이 달린 놀잇감을 발명하던 유아들이 교실의 지렛대 놀이에 관심을 가지면서, 지렛대 놀이는 스프링이라는 새로운 자료, 유아들의 경험과 아이디어를 만나 새로운 발사대 놀이로 발전되어갔다.

교사의 놀이 지원 실제	편성 및 교수학습
교사는 발사대 놀이를 지원하기 위해 세모 받침대 위에 올려놓을 수 있는 평평한 판이 있었으면 좋겠다는 유아의 요구를 반영하여 유아들과 각종 판지와 상자들을 살펴보다가 유아들이 선택한 상자의 덮개를 제공하였다.	자료의 변화 (유아가 발견한 자료 지원)

[그림 9-15] 일상의 사물을 놀이자료로 활용하기의 예

출처: 2019 개정 누리과정 놀이실행자료, p. 145.

④ 자료 없이도 놀이할 수 있도록 하기

유아는 특별한 자료가 없어도 자신의 신체를 움직이거나 탐색하면서 놀이할 수 있다. 몸을 통해 자신의 감각과 감정을 표출하고 생각을 전할 수 있고, 자신뿐만 아니라 다른 친구와 만나 몸을 이용해 놀이할 수도 있다. 유아의 자유로운 신체 움직임을 허용하고 그 속에서 놀이성을 찾아 지원한다.

⑤ 기존의 자료도 새롭게 활용해 보기

이미 사용하던 놀이 자료들도 잘 활용하면 새로운 놀이자료가 될 수 있다. 다양한 자료를 유아들만의 새로운 방법으로 놀이하는 것을 허용하고 격려한다.

3) 의미 있는 상호작용 지원하기

유아와 유아, 유아와 교사, 유아와 환경 간에 능동적인 상호작용을 통해 유아들은 자신의 유능감을 키워 나갈 수 있다. 따라서 교사는 유아들의 다양한 상호작용을 지원하는 환경을 마련해야 한다. 의미 있는 상호작용이 활발히 일어날 수 있도록 자유로운 놀이 환경을 충분히 제공하며 주의 깊게 관찰하여 적재적시에 필요한 지원을 제공해야 한다. 교사는 유아들의 놀이 시작과 지속, 새로운 놀이로의 전이나 확장, 마무리 등 놀이의 흐름을 관찰하고 유아의 흥미나 의도를 이해하는 것에 기반을 두고 언어적, 비언어적 소통 방법 모두를 포함해 활발히 상호작용해야 한다.

① 유아와 유아의 상호작용 지원하기

유아가 누구와 어떻게 놀이하며 어떤 관계를 맺는지 등을 파악하는 것이 우선되어야 하고, 유아 스스로 놀이를 전개하고 문제를 해결해 볼 수 있도록 기다려 주면서 개입시기를 신중하게 결정해야 한다. 혼자 놀이도 그 자체로 의미가 있고 주도성이 높으며 배움의 요소가 풍부할 수도 있기 때문에 유아의 의도를 명확히 이해하려는 노력이 선행되어야 한다.

활동 지렛대로 블록 날리기 게임하기

교사는 유아들의 의견을 받아들여 가온반 모든 유아가 참여할 수 있도록 게임 활동을 진행하였다.
유아들 스스로 창안한 게임인 만큼 게임의 방법 설명하기, 게임 자료의 준비와 배치,
규칙 정하기 등 모든 과정을 유아가 주도하도록 하였다.

교사의 놀이 지원 실제	편성 및 교수학습
교사는 유아들의 놀이로부터 발현된 게임이므로 최대한 게임을 개발한 유아들이 활동의 모든 과정에서 주도적 역할을 할 수 있도록 하였으며, 교사는 다른 유아들과 함께 경청하다가 개입이 필요한 순간에 질문을 하거나 의견을 정리하면서 활동이 원활히 진행되도록 지원하였다.	상호작용 (질문하기/제안하기)

[그림 9-16] 유아 간의 상호작용을 지원하기의 예

출처: 2019 개정 누리과정 놀이실행자료, p. 143.

② 유아와 환경의 상호작용 지원하기

유아마다 자신의 방법으로 놀이자료나 환경과 교감하므로 그 특성을 잘 관찰하고 적절하게 지원해야 한다. 교사의 의도대로 놀이자료를 사용하도록 강요하지 않는 것이 가장 중요하다.

③ 놀이지원을 위한 관찰하기

유아의 놀이를 지원하기 위해서는 교사의 즉각적인 개입보다는 유아의 감정 상태, 궁금해하는 것, 흥미가 무엇인지를 관찰하면서 기다릴 수 있어야 한다. 상호작용하기에 가장 적절한 순간과 방법을 잘 결정하는 것이 중요하다.

놀이 숨어있는 자연물 탐색하기

유아들은 사냥꾼을 피해 숨은 숲 속 곳곳에서 제각각 무엇인가를 발견하고 탐색하느라 바빴다.

교사의 놀이 지원 실제	편성 및 교수학습
사냥꾼을 피해 도망간 숲 속 곳곳에서 유아들은 여러 가지 자연물과 생물을 발견하고 교사와 다른 유아들에게 알려주었다. 교사는 유아들이 발견한 것을 사진 찍어주며 유아들의 주도적인 탐색 및 탐구를 격려하고, 발견의 기쁨을 공유하였다.	상호작용 (관찰하기/ 정서적 지원하기)

[그림 9-17] 놀이지원을 위한 관찰하기의 예

출처: 2019 개정 누리과정 놀이실행자료, p. 92.

④ 제안하며 놀이지원하기

교사도 유아의 놀이를 지원하기 위한 제안을 할 수 있으나 신중할 필요가 있다. 유아의 놀이를 관찰한 것에 기초하여 공간, 시간, 재료의 측면에서 무엇을 어떻게 지원하는 것이 좋을지 고민해야 한다. 교사가 판단하기에 안전이나 교육적 가치에 기반하여 제안할 수도 있고, 안전하게 생활하기 위해 꼭 필요한 약속에 대해 유아 스스로 규칙의 필요성을 느끼며 새로운 규칙을 만들어 볼 수 있도록 제안할 수도 있다.

⑤ 유아의 놀이에 참여하며 지원하기

교사가 유아와 함께 놀이를 즐기며 참여할 수 있어야 진정한 공감과 소통이 일어나므로 필요한 경우 공동놀이자로 참여하여 유아들이 아이디어 고갈이나 갈등으로 인해 놀이가 단절되거나 퇴보할 경우 문제 이해 및 해결 방법을 찾는 데 도울 수 있다.

놀이 나뭇가지로 모양 만들기

유아들은 나뭇가지를 활용하여 모양을 만들었다. 나뭇가지를 길게 이어놓기, 쌓아놓기 등 다양한 방식으로 모양을 만들었지만, 주로 네모난 폐쇄공간을 만들었다.

교사의 놀이 지원 실제	편성 및 교수학습
폐쇄공간을 만들고 싶어하지만 스스로 만들기 어려워하는 유아가 있어 교사가 함께 만들며 놀이를 지원하였다.	상호작용 (제안하기/놀이 참여하기)

[그림 9-18] 유아놀이에 참여하며 지원하기의 예

출처: 2019 개정 누리과정 놀이실행자료, p. 94.

⑥ 질문하며 지원하기

교사가 유아의 생각이 유연하게 흐르도록 하기 위해서는 즐거운 대화 방식의 질문을 활용하는 것이 좋다. 유아와 능동적으로 생각을 나눌 수 있는 질문으로 유아로 하여금 보다 높은 수준으로 사고할 수 있도록 유도하고 스스로 문제를 발견하고 해결해 나갈 수 있는 힘을 길러 주도록 한다.

놀이 | 나뭇가지 탐색하기

숨바꼭질을 하지 않고 자유롭게 숲을 거닐던 다른 유아들이 바닥에 떨어진 나뭇가지를 발견하였다.

"선생님. 우리가 나뭇가지 찾았어요!"
"나뭇가지가 엄청 많아요."

나뭇가지 놀이를 관찰하면서 자연탐구 영역의 배움이 일어났음을 알 수 있었음. 민서는 "이게 제일 짧고, 이게 제일 커." 라고 말하면서 나뭇가지의 크기를 비교, 서열화하였음. 영수는 "~애기 나뭇가지~ 어른 나뭇가지~" 라고 말하면서 나뭇가지를 자신의 기준대로 분류해보았음. 규민이는 나뭇가지의 수를 헤아렸는데, 다섯까지 수세기가 가능함을 알 수 있었고 덧셈을 어려워함을 알 수 있었음.

20**. *월. *일 오전 산책

교사의 놀이 지원 실제	편성 및 교수학습
계획한 바깥놀이시간이 거의 끝나갔지만, 유아들이 나뭇가지를 발견하고 그를 활용하여 놀이하는 것을 즐기는 것을 보고, 교사는 바깥놀이시간을 연장하기로 하였다.	일과의 변화 (놀이시간 확장)
유아들은 나뭇가지의 생김새를 자신만의 방식으로 탐색하였다. 크기나 굵기를 비교, 분류하고 나뭇가지의 개수를 세기도 하였다. 교사는 다음과 같은 질문을 하며 상호작용을 하였다. "얘는 애기일까? 어른일까?", "나뭇가지가 두 개가 더 왔네. 이제 몇 개지?"	상호작용 (관찰하기/질문하기)

[그림 9-19] 질문하며 지원하기의 예

출처: 2019 개정 누리과정 놀이실행자료, p. 93.

⑦ 정서적으로 지원하기

교사의 긍정적 지원은 유아들이 놀이를 주도할 힘을 키워 줄 수 있으므로 미소, 고개 끄덕임, 공감 제스처 등 언어적, 비언어적 상호작용을 적극적으로 할 필요가 있다. 교사가 유아의 놀이에 긍정적인 지원을 하게 되면 유아는 존중받는다고 생각하고 새로운 놀이에 주도적으로 참여할 수 있다. 또한 유아들이 놀이과정에서 경험하는 부정적인 정서에도 관심을 갖고 위안, 격려 등을 제공하여 스스로 원인과 해결방법을 찾을 수 있도록 도와야 한다.

놀이 흙물의 특성 탐색하기

흙물이 완성되자 유아들은 동화를 듣고 이야기했던 것처럼 흙물로 천을 염색해보기 원했다.
민지는 물과 섞인 흙의 질감에 즐거워하며 오랜 시간 몰입하며 놀이하였다.
광목을 황토물에 적시며 놀이를 하던 중 우연히 흙물이 땅에 흘렀다는 것을 알게 되었다.
민지는 고동색 흙과 대비를 이루는 붉은 색에 관심을 보이며 다시 광목을 황토물에 적셔서 땅 위에 흘려 보냈다.

민지는 흙에 따라 색이 다름을 인식하고 그림을 그리듯 황토물을 땅 위에 흘려 보내며 오랜 시간 놀이하였다.

교사의 놀이 지원 실제	편성 및 교수학습
황토물에 염색해볼 수 있도록 광목을 준비하여 제공하였다.	자료의 변화 (교사가 계획한 자료 제공)
평소에 바깥놀이에서 모래가 발에 묻는 것조차 싫어하던 민지가 흙물을 만지고 주무르는 것에는 거부가 없었다. 교사는 민지가 좀더 놀이에 몰입할 수 있도록 그늘로 자리를 옮겨주고 낮은 의자를 제공하였다.	
놀이를 하며 민지의 언어표현이 활발하게 이루어졌다. 색깔과 농도, 물의 흐름, 색깔이 변화하는 과정 등을 신나게 이야기 하였다. 교사는 민지의 말을 잘 들어주고 놀라움과 즐거움을 표현하며 반응해 주었다.	상호작용 (정서적 지원하기)

[그림 9-20] 정서적으로 지원하기의 예

출처: 2019 개정 누리과정 놀이실행자료, p. 129.

4) 안전한 놀이 지원하기

놀이를 하면서 발생하게 될 수 있는 안전 관련 요소에 관심을 두고 위해를 가할 수 있는 사물이나 물질을 사전에 차단하여야 한다. 또한 유아 스스로 놀이하면서 자신의 몸을 통제하고 조절할 수 있는 방법을 배울 수 있도록 지원해야 한다.

① 안전이라는 이유로 불필요한 놀이 제한은 없었는지 점검하기

무조건적으로 어떤 놀이를 금지하지 말고 왜 그 놀이가 위험할 수 있는지를 유아들과 논의하면서 스스로 위험 요소를 해결하고 놀이할 수 있는 방법을 찾아보도록 할 수 있다.

놀이 기관 전체로 확장된 길

복도의 길은 점차 미로, 경사로 길 등 다양한 주제와 이야기를 담으며 진행되었다.
유아는 더욱 계속해서 길을 이어 나가기를 원하였다.

교사의 놀이 지원 실제	편성 및 교수학습
교사는 계단과 강당 등 기관 건물 내 다양한 공간을 열어주어, 유아의 놀이가 확장될 수 있도록 지원하였다.	공간의 변화 (교실 밖으로 확장)
교사는 마을의 '길'에 대한 놀이가 미로, 경사로 길 등으로 주제가 확장되고 변화하는 것을 관찰하고, 유아의 놀이를 수용하였다.	상호작용 (정서적 지원하기)
평소에 놀이하던 공간이 아니고 계단이나 강당은 넓기 때문에 유아가 스스로 안전하게 놀이할 수 있도록 안전하게 놀이하는 방법에 대해 이야기 나눈 후 이어서 놀이하도록 하였다.	기타 (안전)

[그림 9-21] 위험 요인에 대해 유아들과 논의하여 해결방안을 모색한 예

출처: 2019 개정 누리과정 놀이실행자료, p. 89.

② 위험요소에 대해 유아 스스로 살펴볼 시간과 기회 제공하기

일상의 사물이나 자연물을 놀이재료로 허용할 때 반드시 위험요소가 있는지 점검해야 하고, 교사가 직접 알려 줄 수도 있고 유아들이 충분히 탐색하여 위험요소를 찾아보고 조심하는 방법을 알아볼 수 있도록 지원할 수 있다.

관심의 시작 산책 중에 시작된 숨기 놀이

숲으로 산책을 나온 유아들은 사냥꾼에 대한 이야기를 하기 시작하였다.

교사의 놀이 지원 실제	편성 및 교수학습
유아들은 사냥꾼에 대해 이야기를 나눈 후 자연스럽게 잡기놀이, 숨바꼭질 놀이를 하였다. 교사는 놀이하는 유아들의 모습을 계속 관찰하였다.	상호작용 (관찰하기)
숲은 넓고 개방된 장소이자 위험한 사물이 존재할 수 있어 숲 속 곳곳에서 놀이하는 유아의 안전을 수시로 확인하였다.	기타(안전)

[그림 9-22] 위험 요소에 대한 점검의 예

출처: 2019 개정 누리과정 놀이실행자료, p. 89.

③ 새로운 놀이공간의 안전을 유아와 함께 점검해 보기

새로운 놀이 공간으로 발견된 곳에 대해 안전을 확인하는 과정이 필수이며, 교사가 먼저 점검하고, 그다음 유아들과 함께 그 공간을 언제 사용하는 것이 좋을지 어떤 점을 조심해야 하는지 스스로 생각해 보고 약속을 정하도록 지원하다.

놀이 자유롭게 블록 날리기

복도로 나온 유아들은 자신이 하고 싶은 다양한 방식으로 자유롭게 블록 날리기를 하였다. 유아들은 스스로 지렛대에 힘을 가하는 다양한 방식을 시도하면서 블록을 날리기 위해서는 발로 지렛대를 누르는 것이 가장 좋은 방법임을 알게 되었다.

교사의 놀이 지원 실제	편성 및 교수학습
교사는 유아가 온몸으로 다양한 도전을 하면서 안전하게 놀이할 수 있도록 복도에 있던 물건을 치워주었다. 그리고 복도를 공유하는 다른 반 교사에게 이 사실을 알리고 양해를 구했으며 아이들과 이야기하여 블록은 다른 반 출입문 반대쪽으로 날리도록 하여 모두의 안전을 고려하였다.	기타 (안전)

[그림 9-23] 새로운 공간의 안전에 대해 유아와 논의하여 해결한 예

출처: 2019 개정 누리과정 놀이실행자료, p. 139.

④ 모든 구성원이 놀이와 안전에 대해 소통하기

최소한의 규칙으로 자유롭고 즐겁게 놀이하기 위해서는 기관 내 구성원 간의 안전에 대한 공감이 필수이므로 학부모, 유아, 교직원들 간에 놀이와 안전에 대해 공유할 필요가 있다.

예시 숨어 있는 공간 찾아 안전하게 놀이하기

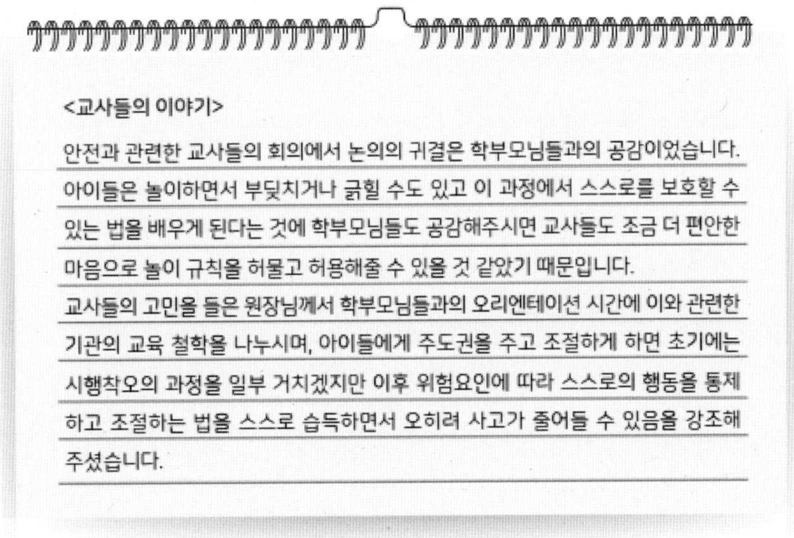
<교사들의 이야기>

안전과 관련한 교사들의 회의에서 논의의 귀결은 학부모님들과의 공감이었습니다. 아이들은 놀이하면서 부딪치거나 긁힐 수도 있고 이 과정에서 스스로를 보호할 수 있는 법을 배우게 된다는 것에 학부모님들도 공감해주시면 교사들도 조금 더 편안한 마음으로 놀이 규칙을 허물고 허용해줄 수 있을 것 같았기 때문입니다.

교사들의 고민을 들은 원장님께서 학부모님들과의 오리엔테이션 시간에 이와 관련한 기관의 교육 철학을 나누시며, 아이들에게 주도권을 주고 조절하게 하면 초기에는 시행착오의 과정을 일부 거치겠지만 이후 위험요인에 따라 스스로의 행동을 통제하고 조절하는 법을 스스로 습득하면서 오히려 사고가 줄어들 수 있음을 강조해 주셨습니다.

[그림 9-24] 모든 구성원이 안전에 대해 소통하기의 예

출처: 2019 개정 누리과정 놀이실행자료, p. 55.

제10장

보육과정 평가

보육과정 구성 요소의 마지막 단계는 평가이다. 많은 시간을 어린이집에서 생활하는 영유아에게 질적으로 우수한 보육을 제공하기 위해서는 보육과정의 평가는 필수적이다. 영유아를 잘 성장시키기 위한 보육의 방향과 방법을 제시하기 위해서는 보육과정을 잘 계획하고 실행하는 것이 중요하지만, 보육과정이 잘 운영되고 있는지 평가하고 그 결과를 토대로 보육과정의 질을 개선하고 효율성을 높이는 것 또한 매우 중요하다. 따라서 어린이집 교사는 평가에 대한 개념과 방식에 대한 기본적인 지식과 이를 수행하는 기술을 갖추어야 한다. 이에 본 장에서는 보육과정 평가에 관한 개념, 목적, 내용 등을 중심으로 살펴보고자 한다.

1. 보육과정 평가의 개념

일반적으로 평가라 하면 시험을 생각하기 쉽다. 시험도 평가의 한 방법이나 교육에 있어서 평가는 상당히 광범위하고 포괄적인 의미를 지닌다. 평가란 여러 가지 활동이나 교육적 시도의 효과를 증거를 통해 알아보려는 체계적인 과정이다. 혹은 조직한 활동경험이 실제로 의도한 목표를 얼마나 달성하고 있는가를 조사하는 과정으로 계획의 강점과 약점을 찾아내는 것이자 교육과정의 기본 설계가 타당한가를 묻는 것으로 정의할 수 있다.

이와 유사하게 Tyler(1964)도 평가란 본질적으로 교육과정 및 수업의 프로그램에 의하여 교육목표가 실제로 어느 정도 실현되었는지를 밝히는 과정이라고 하였다. NAEYC(1997)도 평가란 프로그램 참여자에게 프로그램이 어떻게 이행되는지 또는 제공된 프로그램의 결과가 무엇인지 알기 위해 사용될 수 있는 관련 자료의 체계적인 분석이라고 정의하였다. 이와 같은 평가의 의미를 보육과정에 적용한다면, 보육과정 평가란 구성된 보육과정을 실제적으로 운영해 보고 그 운영의 결과를 확인해 보는 과정이라고 할 수 있다. 다시 말하면, 보육과정 평가는 어린이집에서 실제로 수행하고 있는 보육활동이 영유아의 성장과 발달을 돕기 위해 적절한지, 본래 의도한 목표가 달성되었는지를 알아보기 위하여 정보를 수집하고 분석하는 과정으로 정의할 수 있다. 어린이집에서 보육과정 평가는 보육계획의 적절성 및 교수-학습과정의 효율성과 함께 보육과정 운영의 적절성을 판단하는 중요한 측면이 된다.

NAEYC(1997)가 제시한 평가의 특성을 살펴보면 다음과 같다.

- 유아평가는 진행적 · 전략적 · 목적적 성격을 띠어야 한다. 평가 결과는 유아를 이롭게 하는, 즉 유아의 학습, 발달적 욕구를 충족시키는 교육과정 및 교수계획의 입안, 부모와의 면담 자료, 프로그램의 개선을 위한 것이 되어야 한다.
- 유아평가의 내용은 유아에게 중요한 학습 및 발달목표 증진 여부가 반영되어야 한다.

- 평가방법은 유아의 연령과 경험에 적합해야 한다. 이에는 관찰, 기술 자료, 유아의 대표적인 작품 수집, 활동 중에 보여 준 수행물 등이 있다.
- 평가에는 구체적인 목적이 있어야 하며 그 목적에 적합한 신뢰롭고 타당한 평가방법이 적용되어야 한다.
- 입학허가, 학급 배치 등과 같은 유아에게 매우 중요한 사안을 결정하는 평가에는 간편 발달평정척도 또는 진단척도 이외에 다양한 방법, 즉 교사 및 부모에 의한 관찰정보 등도 함께 포함되어야 한다.
- 유아의 발달적 욕구를 고려한 교육과정 및 교수계획을 위해서는 발달적 평가 및 관찰 등이 활용되어야 한다.
- 평가는 학습자의 개인차를 고려하며 학습스타일과 속도에서의 차이점까지도 고려되어야 한다.
- 평가는 유아가 독자적으로 할 수 있는 것과 또래 유아 및 성인으로부터 조력받아 할 수 있는 것 등 모두가 포함되어야 한다.

영유아	• 영유아가 알고 있는 것을 확인하기 위해 • 영유아의 특별한 요구를 파악하기 위해 • 적절한 반 편성을 하기 위해 • 영유아의 개별적 요구를 만족시키는 적절한 교육과정을 선택하기 위해 • 영유아와 가족들에게 부가적인 서비스나 프로그램, 기관을 소개하기 위해
가족	• 영유아의 성취와 학습에 관한 정보를 제공하기 위해 부모와 소통하기 위해 • 교육기관과 가정 간에 영유아의 활동과 경험을 연계하기 위해
영유아교육기관	• 영유아에게 적절하거나 적절하지 않은 것에 대한 정책결정을 하기 위해 • 영유아에게 제공되는 프로그램과 서비스의 질을 결정하기 위해
유아교사	• 영유아들의 기능, 능력, 요구를 파악하기 위해 • 수업과 활동계획을 세우고 목표를 설정하기 위해 • 교실환경을 구성하기 위해 • 교구·교재를 선택하기 위해 • 활동을 어떻게 제공할 것인지 결정을 내리기 위해 • 부모나 가족에게 자녀의 발달 상태와 성취를 알려 주기 위해 • 교수-학습과정을 점검하고 개선하기 위해 • 영유아의 개별적 요구를 충족시켜 주기 위해 • 교수를 위한 집단을 분류하기 위해
대중	• 대중들에게 영유아의 성취에 대해 알리기 위해 • 기관 전체의 학습자의 성취에 관한 정보를 제공하기 위해 • 공공 정책(예: 입법, 제안, 보고 등)을 위한 자료를 제공하기 위해

출처: Morrison(2008).

[그림 10-1] 평가의 목적

보육과정 평가는 평가 시기, 방식, 목적에 따라 다양하게 구분된다. 평가가 실시되는 시기에 따라, 보육활동이 시작되기 전에 실시하는 진단 평가, 보육활동이 진행되고 있는 과정에서 하는 형성 평가, 보육활동이 모두 끝난 후에 하는 총괄 평가로 나누어진다. 평가 방식에 따라, 보육목표 달성 여부를 수량화하여 평가하는 양적 평가와 교사나 영유아가 보여 주는 학습상황에서의 반응을 관찰, 면접 등을 통해 평가하는 질적 평가로 구분된다. 평가형식에 따라 구체적이고 제한된 범위의 영유아 행동을 일정한 틀에 맞추어 정기적으로 하는 형식적인 평가와 비정기적으로 정해진 형식이 없이 실시되는 비형식적인 평가로 나누어진다. 그리고 좋은 평가의 특성은 몇 가지 사항을 충족시켜야 하는데, 먼저 영유아의 능력을 공정하고 정확하게 측정하고 교사의 교수 향상 및 개별화를 돕는 정보를 제공해야 한다. 또한 프로그램 변경과 관련하여 운영자가 의사 결정하는 데 유용해야 하고 부모들이 이해할 수 있어야 한다(Frede, 2012).

2. 보육과정 평가의 목적

어린이집에서 보육과정 평가를 실시하는 목적을 구체적으로 알아보면 다음과 같다.

첫째, 보육과정의 개선을 위해 평가가 필요하다. 교사는 영유아 개개인의 활동 및 학습평가를 통해 후속 학습을 계획하기 위해서이다. 또한 보육 계획안에 영유아의 발달수준, 흥미, 욕구 등을 반영하는 데 사용한다. 평가 자료는 해당 유아의 이전과 현재를 비교하는 데에만 쓰이도록 하며 다른 영유아와 비교하거나 상대평가를 하지 않도록 해야 한다. 그보다는 영유아가 잘하는 것과 좀 더 노력이 필요한 부분에 대한 정보를 제공함으로써 영유아의 발달과 성장에 유용하게 활용될 수 있도록 해야 한다.

둘째, 교사의 교수방법 개선을 위해 평가한다. 보육과정 평가의 결과를 통해 교사는 보육목표를 달성했는지, 그리고 자신의 교수방법이 효율적이었는지를 판단할 수 있고 궁극적으로 보다 나은 교수방법을 모색하게 된다.

마지막으로 부모에게 영유아에 관한 유익한 정보를 제공하기 위해 평가가 필요하다. 부모는 자녀들의 발달상황과 교육의 성과를 알고 싶어 한다. 교사는 영유아의 흥미와 특성, 발달정보 등을 제시함으로써 가정 및 기관에서 효과적인 지도방안을 강구하도록 한다. 부모와 교사가 영유아의 변화과정에 대해 정확한 정보를 기초로 의사소통을 하게 되면 다음 단계의 교육계획을 세우는 데 도움이 된다.

이상과 같은 목적을 위해 보육과정 평가는 반드시 이루어져야 하며 보육현장에서 평가를 실시할 때 다음과 같은 사항들을 고려할 필요가 있다(보건복지부, 2012).

- 보육과정에 대한 기초적인 평가는 일일 보육내용에 대한 부분이다. 매일 진행하였던 활동과 자료가 영유아의 발달과 학습에 적절한 수준이었는지, 하루 일과가 영유아의 신체리듬과 심리적 상태 등을 고려하여 적절하게 계획되고 실행되었는지, 진행된 활동 중 영유아가 특별히 관심을 가졌던 활동은 무엇이었는지, 활동의 시간 배정은 적절했는지, 어떤 점을 더 수정·보완해야 하는지 등에 대해 체계적으로 기록하고 평가한다.
- 주간 보육계획을 수행한 후 실제 진행된 활동과 추가로 진행된 활동, 진행되지 않고, 변경된 활동 등의 이유와 영유아의 참여 정도 및 흥미도 등을 구체적으로 평가해서 기록하여 두면 그 다음 주 보육활동을 진행할 때나 다음 해에 같은 주제에 대한 보육내용을 계획할 때 기초 자료로 활용할 수 있다.
- 보육과정은 월 1회 이상 정기적으로 평가하고, 계획한 활동과 실시한 활동을 정기적으로 비교·분석해 봄으로써 보육과정의 구성과 내용이 균형 있고 효과적으로 계획되었는가를 살펴보고 다음번 보육과정을 계획할 때 이를 반영해야 한다.

3. 보육과정 평가의 내용

보육과정 평가는 영유아의 변화 내용과 정도를 파악하는 과정인 영유아 평가와 보육과정이 효율적이고 적절한지를 분석해 보는 보육과정 운영 평가의 두 가지 측면에서 이루어진다. 다음에서 영유아 평가와 보육과정 운영 평가로 구분하여 구체적으로 살펴보고자 한다.

3.1. 영유아 평가

영유아 평가는 교사에 의해 제공된 보육과정을 통해 영유아가 어느 정도의 발달과 성취 수준을 보이고 있는지 직접 유아를 대상으로 확인하는 방법이다. 보육과정을 영유아에게 제공한 후 영유아에게 어떤 변화를 가져왔는지를 관련 자료를 확인하여 보육과정의 성공 여부를 점검하는 평가이기도 하다. 따라서 영유아의 평가는 이들의 발달과 학습을 위해 의사결정을 하는 데 유용하게 활용된다.

일반적으로 영유아가 어린이집에 입학하게 되면, 영유아의 발달 특성을 조사한다. 과거 병력, 예방접종, 치아발육상태 등의 건강, 영양 상태, 식습관, 간식습관, 배변이나 수면 패턴 등의 기본생활습관, 흥미, 또래관계 등을 알아본다. 어린이집에 입학한 후에도 교사는 영유아의 발달 특성을 수시로, 정기적으로 관찰해야 한다. 이는 영유아 개개인의 발달수준, 흥미, 관심, 또래관계 등을 파악하여 각 개인에 적합한 보육과정을 제공하고 지도하기 위한 자료로 활용할 수 있기 때문이다. 영유아에 관한 평가는 교사에 의해 제공된 다양한 보육활동을 통해 영유아가 어느 정도의 발달과 학습의 성취를 보이고 있는지를 알아보기 위해 이루어진다. 보육과정을 통해 영유아의 발달과 학습에 어떠한 변화를 보였는지 확인하여 보육과정의 효과를 평가해 볼 수 있다.

어린이집 표준보육과정의 총론(보건복지부, 2012)에서는 영유아 평가의 내용과 방법을 다음과 같이 제시하고 있다.

• 어린이집 표준보육과정의 목표와 내용에 근거하여 영유아의 특성과 변화 정

도를 평가한다.

- 지식, 기술, 태도 등을 평가한다.
- 일상생활과 보육과정 활동 전반에 걸쳐 평가한다.
- 관찰, 활동 결과물 분석, 부모 면담 등 다양한 방법을 사용하여 종합적으로 평가하고, 그 결과를 기록한다.
- 평가 결과는 영유아에 대한 이해와 어린이집 표준보육과정 운영 개선 및 부모 면담 자료로 활용한다.

이와 더불어 2013년 3월부터 시행된 3~5세 연령별 누리과정의 총론(보건복지부, 2012)에서도 유아 평가의 내용과 방법을 다음과 같이 제시하고 있다.

- 누리과정 목표와 내용에 근거하여 유아의 특성과 변화 정도를 평가한다.
- 유아의 지식, 기능, 태도를 포함하여 평가한다.
- 유아의 일상생활과 누리과정 활동 전반에 걸쳐 평가한다.
- 관찰, 활동결과물 분석, 부모 면담 등 다양한 방법을 사용하여 종합적으로 평가하고 그 결과를 기록한다.
- 유아평가 결과는 유아에 대한 이해와 누리과정 운영개선 및 부모 면담 자료로 활용할 수 있다.

영유아에 대한 정보를 얻는 방법은 관찰법, 표준화검사법, 포트폴리오, 부모 면담 등 여러 가지가 있다. 영유아에 관한 자료를 수집하는 방법은 신중히 선택하여야 한다. 영유아들의 습관이나 기능을 평가하고자 할 때, 태도나 흥미 등의 변화를 파악하고자 할 때, 구체적 행위의 변화를 알아보고자 할 때에 따라 자료를 수집하는 방법이 달라져야 할 것이다. 따라서 어느 한 가지 고정된 방법만 사용하기보다는 평가하는 목적에 적합한 방법을 선택하고 각각의 장·단점에 대해서도 충분히 이해할 필요가 있다.

영유아 평가는 전통적으로 학습자가 무엇을 알고 있는가에 초점을 두고 평가를 하였다. 즉, 영유아가 일정한 기간 동안 보육활동에 참여한 후 그 결과를 평가하는 것이다. 그러나 최근의 유아교육학자들은 학습자가 무엇을 알고 있는가보다는 학습자가 무엇을 할 수 있는가에 대해 관심을 둔다. 이러한 평가를 참평가(authentic assessment), 수행평가(performance assessment), 대안평가(alternative assessment)라고 부른다. 참평가는 영유아의 학습과 발달에 대한 다양한 유형의 증거에 기초한 정보를 수집하여 그러한 정보를 조직하고 해석하는 과정이다(McAffee, Leong, & Bodrova, 2004). 다음에서 영유아 평가를 위한 방법들을 간략하게 살펴보고자 한다.

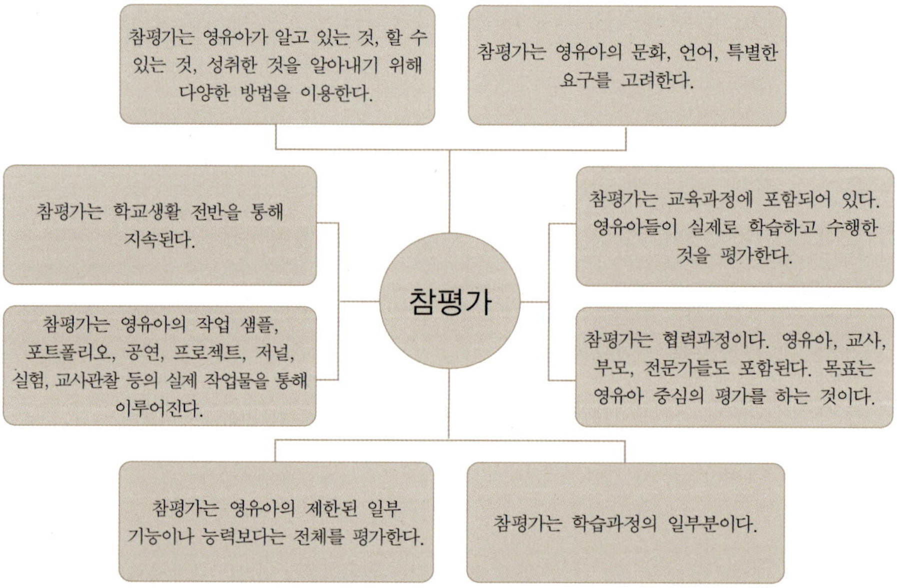

출처: Morrison(2008).

[그림 10-2] 참평가의 특성

1) 관찰법

관찰법은 자연적 상황에서 영유아의 행동이나 특성을 그대로 기록하는 방법으로, 영유아에 관한 정보를 수집하기 위한 바람직한 방법 중의 하나이다. 영유아를 평가하는 방법으로 관찰법이 바람직한 이유는 의사소통이 제한적이며 주의 집중

시간이 짧고 낯선 상황에서 자신의 능력을 최대한으로 발휘하지 못하는 등의 영유아의 발달적 특성 때문이다. Frede(2012)에 따르면 관찰에 의한 평가는 포괄적이며 다양한 학습영역을 아우르며 영유아의 부족한 분야뿐만 아니라 강점과 흥미에 초점을 두고 부모들이 이해하기 쉽고 교수방법에 대한 정보를 제공하기 때문에 바람직하다.

영유아의 행동을 관찰하여 기록할 때에는 다음과 같은 점을 고려해야 한다(보건복지부, 2012).

- 관찰은 월 1회 이상 기록하고 모든 흥미 영역에서의 놀이나 활동, 실내외 공간, 견학이나 행사, 일과의 모든 시간에서 영유아가 나타내는 반응이나 행동을 고루 포함해야 한다.
- 개별 영유아의 관찰기록을 기초로 하여 영유아의 지도에 반영한다. 또한 누적된 관찰 기록들을 주기적(분기나 6개월)으로 종합하여, 이를 부모 면담 시에 기초 자료로 활용할 수 있다.
- 영아(0~1세, 2세): 영아의 경우에는 우유 먹기, 기저귀 갈기, 이유식 먹기, 잠자기 등의 일상 양육에 대한 내용과 특별한 행동 등을 시간대별로 구체적으로 기록하여야 하며, 관찰기록을 통해 어린이집과 가정 간에 일관성과 연속성이 유지되도록 하는 것이 바람직하다. 또한 수면 시간 동안 영아의 얼굴 위치, 수면 시 움직임 등을 주기적으로 관찰하고 기록하여 영아 돌연사에 대처하고 미리 예방하도록 한다.

다음에서 영유아의 발달과 학습의 수준을 점검하기 위해 사용하는 관찰법의 대표적인 유형을 살펴보기로 한다.

(1) 일화기록법

일화기록법은 어떤 짧은 내용의 사건이나 일화에 관한 서술적인 기록으로 유아에 대한 정보를 가장 손쉽게 얻을 수 있는 방법이다. 이 방법은 무슨 사건이나 상황이 언제, 어디서, 어떻게 일어났으며 영유아가 무슨 말을 하고 어떤 행동을 했는지를 관찰하여 기록하며, 한 가지 행동이나 상황에 초점을 맞춘다.

일화기록법은 직접 관찰의 형태 중에서 가장 쉬운 것으로 매우 다양하게 적용할 수 있는 방법이다. 즉, 영유아의 모든 발달영역을 기록하는 데 유용할 뿐만 아니라 일화기록을 위해 필요한 것은 메모지나 연필뿐이고 사건이 일어난 후 아무 때나 교사가 편리할 때 적을 수 있는 장점이 있다. 여러 번에 걸쳐 모아진 일화기록을 통해 영유아의 독특한 발달패턴, 변화, 흥미, 요구나 필요 등을 정확하게 이해할 수 있다. 그러나 일화기록법의 가장 어려운 점은 관찰한 내용을 사실적·실제적으로 기록하는 것이다. 만약 발생한 사건을 정확하게 묘사하지 않고 요약하거나 추론과 편견이 포함되면 중요한 측면을 보지 못할 수도 있기 때문에 주의해야 한다.

(2) 연속식 기록법

연속식 기록법(running records)은 관찰대상, 장면, 시간을 미리 선정한 후 그 장면에서 일어나는 관찰 대상의 행동과 상황을 모두 기술하는 방법이다. 이 방법은 서술형식의 기록이라는 점에서 일화기록법과 유사하지만 어떤 부분만을 선택하는 것이 아니라 정해진 시간 내에 일어나는 모든 것을 자세하게 기록한다는 점에서 차이가 있다. 이와 같이 연속식 기록법은 심층적인 자료를 수집할 수 있는 이점이 있으나 시간이 많이 들고 한 번에 여러 명을 관찰할 수 없는 것이 단점으로 지적된다.

(3) 시간표집법

시간표집법은 미리 선정된 행동을 정해진 시간 동안 관찰하며 시간간격에 맞추어 여러 번 반복하여 자료를 수집하고 기술하는 방법을 말한다. 이 방법은 특정 행동이 발생하는 빈도에 관심이 있을 때 사용한다. 시간관찰법은 관찰대상의 행동이 적어도 평균 15분에 한 번 정도 일어나지 않는 것은 적절하지 않다. 관찰하는 시간의 길이는 관찰하려는 행동이 일어나는 빈도와 행동의 특성에 따라 다르다. 시간단위 간의 간격은 시간단위의 길이와 관찰대상의 수에 따라 다를 수 있다. 또한 얼마나 상세한 기록을 요구하느냐 등의 요인에 의해 시간단위의 간격이 결정된다.

시간표집법은 관찰하고자 하는 행동에 대한 정의가 분명하기 때문에 다른 관찰법보다 신뢰도와 객관성이 높고 수량화가 용이하다. 그러나 관찰 행동이 '어떻게' 발생하는지 알 수 없고 관찰 자료가 단편적이므로 행동 간의 상호관계, 인과관계를 파악할 수 없는 것이 단점이다.

(4) 사건표집법

사건표집법은 하나의 특정한 행동이나 사건이 생길 때에만 관찰하는 방법으로, 측정 단위가 시간간격이 아니라 관찰하고자 하는 행동이라는 점에서 시간표집법과 구별된다. 기록은 항목별로 체크할 수 있고, 지속시간이나 행동의 내용을 기입하는 서술형식도 병행이 가능하다. 사건표집법의 하나인 ABC 서술식 사건표집법은 사건 전체를 서술하되, 선행사건(antecedent event), 행동(behavior), 사후결과(consequent)를 나누어 기록하는 방법이다. 이 방법도 관찰 목적이 되는 행동의 전과 후에 어떤 일이 있었는가에 대한 내용을 알려 줌으로써 원인과 결과의 해석에 도움을 준다. 자연적 상황에서 일어나는 사건의 전후관계를 통해 관찰행동의 배경을 파악할 수 있으나 시간과 노력이 많이 들고 주관적인 생각이나 느낌 등이 개입될 가능성이 있는 것이 단점으로 지적된다.

사건표집법의 다른 유형인 빈도사건 표집법(tally event sampling)은 관찰하고자 하는 행동이나 사건이 발생할 때마다 횟수를 누가적으로 기록하는 방법이다. 다시 말해 빈도사건표집법은 관찰 대상이 일어나는 발생빈도를 측정한다. 이 방법은 종이와 연필만 있으면 간단히 사용할 수 있으며 자료를 쉽게 빨리 수량화할 수 있고 자주 발생하지 않는 주제에도 적용할 수 있다. 그러나 출현 행동의 원인을 알아볼 경우에는 이 방법이 부적절하다.

(5) 행동목록법

행동목록법(checklists)은 관찰하고자 하는 행동에 관한 목록을 만들어 체크표시를 하는 방법으로, 영유아의 어떤 기능이나 행동이 현재 있는지 없는지를 알아보는 데 유용하다. 이 방법은 관심 있는 행동의 목록을 사전에 준비하고 각 행동의 출현 여부를 관찰한 후에 '예/아니오' 또는 '그렇다/그렇지 않다' 등으로 표기하는 데, 미리 작성된 목록표를 사용하기 때문에 사용이 간편하고 신속하게 기록할 수 있다. 그리고 행동목록표를 한 번 이상 사용하게 되면 행동발달의 변화를 평가하는 데 도움이 된다. 그러나 관찰행동의 출현 빈도나 지속성, 질적 수준에 대한 정보를 얻을 수 없고 행동목록표를 작성하는 데 시간과 노력이 많이 드는 어려움이 있다.

(6) 평정척도법

평정척도법(rating scale)은 어떤 행동의 출현 유무뿐만 아니라 빈도나 정도를 평가하고자 할 때 사용되며 관찰하려는 행동 특성의 정도를 일직선상의 어떤 수치에 체크하는 방법이다. 이 방법은 행동목록법과 마찬가지로 관찰자가 사전에 미리 관찰하려는 행동영역에 대해 알고 있을 때 사용이 가능하다.

많이 사용하고 있는 평정척도는 기술평정척도, 숫자평정척도, 도식평정척도, 표준평정척도가 있다. 기술평정척도는 행동의 한 차원을 연속성이 있는 몇 개의 범주로 나누어 기술하는 방법이고, 숫자평정척도는 각 척도치에 숫자를 부여하여 구성한 형태이다. 도식평정척도는 기술적인 항목에 선을 첨가시킨 형태이고 표준평정척도는 평정 대상을 다른 사람과 비교할 수 있도록 준거(표준)를 제시하는 방법이다.

평정척도는 발달 영역을 한꺼번에 평가할 수 있고 현장에서 반드시 관찰하여 기록하지 않아도 되지만 관찰결과에 따른 판단을 필요로 하므로 관찰자의 편견이나 오류가 개입될 가능성이 있다.

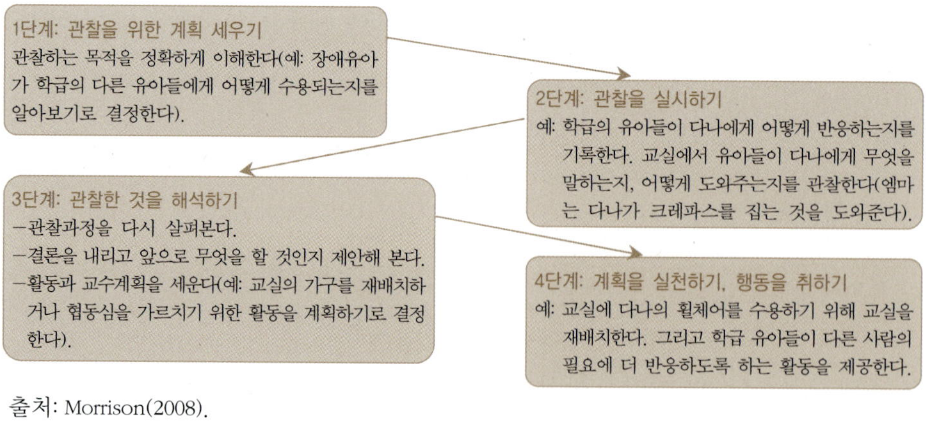

출처: Morrison(2008).

[그림 10-3] 효율적인 관찰을 위한 4단계

2) 포트폴리오 평가

포트폴리오란 영유아들의 성장 및 발달, 능력, 성취, 노력을 증명해 보이려는 목적을 가지고 수집된 자료를 말한다. 포트폴리오의 내용은 영유아들의 작업샘플, 편지, 스케치, 긁적거리기나 그림, 개인 혹은 공동 프로젝트, 비디오 오디오 녹화 자료, 각종검사지, 또래들로부터의 평가, 부모 면담 자료 등 매우 다양하다.

포트폴리오 평가는 영유아의 활동과정 및 결과를 증명해 줄 자료들을 장기간에 걸쳐 수집하여 시간의 흐름에 따라 영유아가 어떤 변화를 보이는지, 개인 내적으로 어떤 발달 영역이 우수한지 등을 평가함으로써 표준화검사와 같은 전통적인 방법과는 다른 평가방법이다. 포트폴리오 평가를 위한 자료는 영유아의 전 발달 영역에 걸쳐 수집된다. 그리고 그 자료는 영유아의 경험, 노력, 진전, 혹은 성취들을 보여 주어 학습과 발달을 위한 평가의 기초를 제공해 줄 수 있는 것이어야 한다. 따라서 포트폴리오 평가를 위해 자료를 수집하는 교사는 일정한 기준과 절차를 가지고 구성해야 한다.

3) 표준화검사

표준화검사란 표준화되어 있는 형식, 절차, 방법을 통하여 영유아의 제반 행동특성을 측정하고 그 측정한 결과를 정해진 규준에 비추어 해석하는 평가방법이다. 표준화검사는 검사를 실시하고 채점하는 방법이 동일하고 표준화검사 제작시의 대상, 즉 규준집단과 비교해서 검사점수를 해석할 수 있는 도구이다. 영유아의 발달 특성을 평가할 수 있는 구조화되고 객관적인 도구에도 여러 종류가 있으나 대표적인 것으로는 표준화지능검사, 학습준비도검사, 사회성숙도검사, 발달검사, 성격검사 등이 있다.

표준화검사는 대체로 객관성과 신뢰도 면에서 우수하나 검사를 실시하고 채점할 때 검사 요강에 제시된 지침을 엄격하게 준수해야 한다. 그렇지 않은 경우에는 검사점수를 바르게 해석할 수 없다. 검사 중에서 성격검사의 일부는 실시나 해석을 위해 검사자의 심리학적 훈련과 배경이 요구된다. 검사를 통한 자료 수집은 다른 평가도구와 함께 사용하거나 보조 자료로 사용하는 것이 바람직하다.

4) 교사–부모 면담

교사–부모 면담은 영유아의 부모를 직접 만나 영유아에 대한 정보를 수집하는 것이다. 부모는 자녀의 학습과 발달을 평가하는 데 중요한 자원이 될 수 있다. 어린이집에 처음 입학할 때 부모에게서 정보를 제공받았던 방법은 입학원서에 기입하는 생활기록부였다. 입학 후에 부모와의 개인 면담, 집단 면담, 전화 면담이나 등원과 귀가 시의 접촉을 통하여 여러 가지 자료를 얻을 수 있다. 부모와의 면담은 영유아를 단시간에 평가하거나, 가정의 특수한 사정을 파악해 영유아를 지도하는 데 도움이 된다. 이렇게 수집된 자료는 보육과정의 구성과 운영의 참고자료로 활용될 수 있다.

3.2. 보육과정 운영 평가

평가는 영유아의 행동이나 성취에 한정하는 것이 아니라 보육과정 운영에 대한 모니터링을 위해서도 필요하다. 영유아들에게 제공된 보육과정이 효율적이고 적절한지를 분석해 보아야 한다. 즉, 영유아에게 제공된 보육활동이 그들의 전인적인 성장과 발달을 돕기 위해 적절한지, 본래 의도한 보육목표가 보육활동을 통해 실현되었는지, 교사가 영유아의 발달과 특성에 맞추어 학급을 운영하고 있는지 등에 대한 정보를 수집하고 분석하고 판단하는 체계적인 과정이 필요하다.

보육과정의 운영 평가를 하는 목적은 영유아의 발달 수준, 흥미, 요구에 적합한 경험과 학습을 촉진시킬 수 있는 다양한 교수-학습방법이 적절하게 계획되고 실행되었는지를 점검하여 교사의 전문성을 높이고 자질을 향상시키는 데 사용될 뿐만 아니라 다음 연도의 보육과정 수립에 반영하기 위함이다. 표준보육과정 총론(2012년)에 의하면 운영 평가의 내용을 다음과 같이 제시하고 있다.

- 어린이집 표준보육과정의 목표와 내용에 근거하여 보육내용이 적절히 편성 운영되는지 평가한다.
- 어린이집 표준보육과정의 운영 내용 및 활동이 영유아의 발달 수준과 흥미, 요구에 적합한지를 평가한다.

- 영유아의 발달 수준, 흥미, 요구에 적합한 경험 및 학습을 촉진할 수 있는 다양한 활동과 교수-학습방법이 계획되고 통합적으로 운영되는지 평가한다.
- 일과 운영 및 보육활동 구성 시 놀이 활동과 일상생활 활동의 양과 내용이 영아 및 유아 각 연령의 발달에 적합하게 계획되고 운영되는지 평가한다.
- 0~1세아, 2세아는 집단 활동보다는 개별적인 상호작용과 교수법을 중심으로 상호작용이 진행되는지를 평가한다.
- 어린이집 표준보육과정 운영 평가 결과를 수시로 반영하여 보육과정 운영 계획을 수정·보완하거나 다음 연도의 계획 수립 및 운영에 반영하는지 평가한다.

보육과정 운영의 평가는 영유아의 연령에 따라 내용이 다소 상이할 수 있으므로 다음에서 영아와 유아로 구분하여 구체적으로 살펴보고자 한다.

1) 영아 보육과정 운영의 평가

발달적 변화가 급격하게 일어나고 개인차가 심한 영아기의 특성을 고려할 때, 영아의 발달상황이나 특성을 살피는 것은 보육과정 계획 및 실행에 필요할 뿐만 아니라 영아들을 좀 더 깊고 넓게 이해하고 이들의 발달적 진보를 확인할 수 있다. 영아에 대한 정보를 얻기 위해서는 가정환경 조사서나 부모와의 면담을 이용할 수 있고, 지속적으로 관찰하고 자료를 수집하는 방법을 많이 사용한다.

영아에 대한 정보를 얻기 위한 기본적인 방법은 영아가 어린이집에 입소할 때 작성하는 '생활기록부'를 통해서이다. 여기서 영아의 가족 정보, 의료 기록, 주 양육자가 관찰한 발달 특성, 양육 태도, 이전 경험, 발달 문제 등에 대한 정보를 알 수 있다. 또는 부모와 면담을 통해 가정의 특수한 상황을 이해하거나 부모의 요구를 파악할 수 있다. 이를 통해 어린이집에서의 영아의 생활에 대해 안내를 할 수 있고, 부모와 어린이집 간의 보육목표를 합의할 수도 있으며, 부모의 요구 사항을 파악하여 보육 프로그램에 반영할 수 있다.

특히 의사소통에 어려움이 있는 영아를 제대로 평가하기 위해서는 직접적이고 지속적인 관찰 평가방법이 적합하다. 영아에게는 자연 관찰을 통해 일화식으로 기록하는 방법이 보육현장에서 가장 많이 사용된다. 이는 영아의 행동 중 발달에 중요하고 흥미 있다고 생각되는 행동 특징과 사건들을 관찰한 날짜와 시간과 함께 객관적으로 기록해 두는 방법이다. 교사가 자신이 담당한 모든 영아를 매일 관찰하여 기록하기에는 교사의 업무가 너무 많고 비효율적일 수 있다. 그러므로 1주일 1~3회씩 관찰하고 기록하는 것이 효과적이지만, 영아가 입학 초나 학기 초에 적응을 한다거나 특별한 사건이 있는 경우에는 좀 더 자주 관찰기록을 하는 것이 필요하다. 〈표 10-1〉에 제시한 것은 영아반 교사의 일화 기록에 대한 예이다. 이와 같은 각 영아의 일화들이 모이면 개별 영아의 발달 과정을 알아볼 수 있고, 각 영아의 흥미와 욕구가 파악되기 때문에 보육과정을 계획하거나 문제가 발생했을 때 영아에 대한 이해를 도울 수 있다.

또 다른 영아 보육활동에 대한 평가방법으로 교사가 보육활동에 대해 주간 보육계획과 일일 보육실행의 실제 운영 상황에 관찰 결과를 토대로 평가해 볼 수 있다. 앞 장에서 주간 보육계획과 일일 보육실행에서 제시한 바와 같이 실제 운영 상황에 대한 교사 자신의 관찰과 평가를 기록하고 이를 종합하여 분석하는 것이다. 교사는 주로 영아에게 보육환경이 적합한지, 보육실행이 영아의 건강·안전·영양에 적합하게 제공되고 있는지, 영아에게 적합한 교육적 경험으로 제공되고 있는지, 교사가 영아와 적합한 상호작용 방법을 사용하고 있는지 등에 대해서 분석하고 평가한다.

〈표 10-1〉 영아 관찰기록의 예

<table>
<tr><th colspan="2">이름: ○○○(남, 여)</th><th>연령:</th></tr>
<tr><th>날짜</th><th>관찰내용</th><th>평가</th></tr>
<tr><td>4월 5일</td><td>• 계단을 내려갈 때는 교사의 손을 잡거나 옆의 난간을 잡아야 내려감.
• 자신의 신발을 찾을 수 있음.
• 낮잠에서 일어났을 때 곧바로 안아 주거나 눈을 맞추지 않으면 큰 소리로 움.</td><td>• 조심성이 많은 성향으로 새로운 활동을 시작하기 전에 충분히 탐색하도록 배려가 필요함.
• 잠에서 깬 후에 불안해 보임. 잠에서 깨어도 안정감을 느끼도록 아이가 깰 시간에 교사가 옆에 있어 주면서 잠에서 깨면 선생님이 어디 있는지 찾기 놀이로 연결시킴. 안정감을 갖도록 최대한 배려가 필요함.</td></tr>
</table>

날짜	관찰내용	평가
4월 8일	• 교사 옆에 앉으려고 친구들을 은근히 손이나 엉덩이로 밀치는 경우가 있음. • 자신의 물건을 가지고 다니고 싶어 함. 오늘은 집에서 가져온 새 칫솔을 들고 다니느라 놀이에 적극적으로 참여하지 못함.	• 친구에게 "비켜 줄래?"라고 말하도록 지도할 것. • 매일 물건은 바뀌지만 자신의 물건을 소유하면서 안정감을 느끼는 것 같음. 작은 가방을 준비하여 자신의 물건을 담고 그것을 등에 메거나 옆에 놓고 놀이에 참여하도록 안내할 것.
4월 15일	• 심한 감기를 앓고 난 후부터 등원 시 엄마와 헤어지기 힘들어함. 오늘도 심하게 울다가 헤어짐. • 친구들이 옆에 오는 것에 자주 짜증내기 시작함. • 친구가 조금만 밀거나 부딪혀도 심하게 울음을 터트림.	• 몸의 상태가 아직 덜 회복된 듯함. • 일과 중간에 혼자서 편히 쉴 수 있는 배려가 더 필요함. • 며칠 더 아이의 상태가 안 좋으면 부모님에게 아이가 집에서 좀 더 쉬면서 회복하도록 권유해 보는 것이 좋겠음.

보육활동 평가는 보육활동이 영아의 전인적인 발달에 적합하고 보육목표에 잘 부합되게 실행되고 있는지 알아보고 이를 토대로 다음 보육활동을 계획하고 실행해야 하기 때문에 중요하다. 보육목표를 준거로 평가 결과를 점수화하고 해석하는 방법들이 있다. 이런 방법들은 평가 결과가 수치로 요약되기 때문에 해석하기는 용이하지만, 훈련된 관찰자나 어린이집 영아반 운영에 대해 잘 알고 있는 교직원이 실시해야 하는 어려움이 있다.

여기서는 영아반 교사가 비교적 사용하기 쉽게 개발되어 있는 이은해 등(2001)의 '어린이집 프로그램 관찰 척도' 중 영아반에 해당되는 것을 예시하겠다(부록 참고). 이 척도는 '물리적 환경', '건강·안전·영양', '학습 환경', '교육 경험 및 활동', '교사-영아 상호작용'의 영역으로 나누어 제시하고 있다. 5개 영역의 평가 기준은 3점 척도이고, 그 배점은 각 점수에 대한 세부 설명과 함께 제시되어 있다. 어린이집 영아반 프로그램을 잘 숙지하고 있는 교사가 주요 하루 일과(오전 9시~오후 2시경)를 관찰하고 평가하도록 한다. 관찰을 마친 후 5개 영역에 대한 문항별 점수를 합산하고 그 점수들을 영역별 점수 기록표에 옮겨 적고, 5개 하위 영역 점수를 프로파일에 표기한다. 즉, 해당 점수와 총점을 찾아 ○표한 후 선을 연결시킨다. 이 프로파일은 제시된 해석 지침에 근거하여 전반적인 수준을 '부적합 수준', '중간 수준', '우수한 수준'으로 요약해서 평가할 수 있다. 관찰 척도의 프로파일 해석에 지침이 되는 총점 및 영역별 점수 분포는 다음과 같다.

〈표 10-2〉 관찰 척도의 총점 및 영역별 점수의 해석 지침

영역(문항 수)	부적합한 운영 (문항 평균 1.0~1.7)	중간 수준의 운영 (문항 평균 1.8~2.5)	우수한 수준의 운영 (문항 평균 2.6~3.0)
물리적 환경(11)	11~19	20~28	29~33
건강·안전·영양(11)	11~19	20~28	29~33
학습 환경(11)	19~33	34~48	49~57
교육 경험 및 활동 (11)	14~24	25~35	36~42
교사-영아 상호작용(11)	18~31	32~45	46~54
총점(73)	73~128	129~185	186~219

출처: 삼성복지재단(2003).

3.3. 3세 유아 보육과정 운영의 평가

발달적 변화가 빠른 3세 유아들에게는 발달 영역별로 주기적으로 관찰하고 기록하는 과정이 매우 중요하다. 이는 유아 중심의 개별화된 보육과정을 운영하기 위해 필수적이다. 그리고 보육과정 운영의 효율성 측면에서, 일일 보육 계획안의 평가란을 중심으로 일과의 보육목표 달성, 환경 및 자료 준비의 적합성, 교사-유아의 상호작용 내용, 교사의 역할 등을 기록하고 평가한다. 3세 유아 보육과정 운영의 평가를 효율적으로 실행하기 위해서는 정기적인 발달 영역별 평가와 상황에 따른 개별 평가에 대한 계획안을 미리 작성해 두는 것이 좋다. 학기 초에는 자연스러운 관찰 및 일화기록을 중심으로 평가가 이루어지며 학기 말에는 체계적이고 종합적인 평가 방식을 사용하여 유아의 발달 및 보육과정 운영에 대한 종합적인 평가를 하는 것이 바람직하다. 표준보육과정에 근거한 3세 유아 보육과정 운영의 평가 내용 및 방법의 예는 〈표 10-3〉과 같다.

〈표 10-3〉 3세 보육과정 운영의 평가 내용 및 방법

<table>
<tr><th></th><th colspan="2">평가 내용 및 방법</th></tr>
<tr><td rowspan="2">3월</td><td colspan="2">기본생활: 놀이 관찰 및 일화기록</td></tr>
<tr><td>• 스스로 손을 씻는다.
• 주변을 깨끗이 한다.
• 음식을 골고루 먹는다.
• 안전한 음식을 안다.
• 규칙적으로 잠을 잔다.
• 스스로 화장실에서 배변을 한다.</td><td>• 날씨에 알맞은 옷을 입는다.
• 하루 일과에 즐겁게 참여한다.
• 건강에 관심을 갖는다.
• 놀잇감으로 안전하게 놀이한다.
• 자신의 물건과 남의 물건을 구별한다.</td></tr>
<tr><td rowspan="2">4월</td><td colspan="2">신체운동: 사진 또는 녹화</td></tr>
<tr><td>• 감각적 차이를 구분한다.
• 신체 각 부분의 움직임을 인식한다.
• 안정된 자세를 취한다.
• 안전하게 신체 활동에 참여한다.</td><td>• 간단한 도구를 사용한다.
• 신체 활동에 참여한다.
• 다양한 종류의 신체 활동을 시도한다.</td></tr>
<tr><td rowspan="4">5월</td><td colspan="2">의사소통: 놀이 관찰 및 일화기록</td></tr>
<tr><td>• 어휘의 발음에 관심을 갖는다.
• 일상생활과 관련한 낱말과 문장을 듣고 의미를 이해한다.
• 이야기를 듣고 내용을 이해한다.
• 일상생활의 경험을 낱말과 문장으로 말한다.</td><td>• 낱말과 문장을 그림으로 표현하거나 긁적거린다.
• 자신의 느낌, 생각, 경험을 그림으로 표현한다.
• 다양한 필기구에 관심을 갖는다.</td></tr>
<tr><td colspan="2">사회관계: 놀이 관찰 및 일화기록</td></tr>
<tr><td>• 자신과 다른 사람의 같은 점과 차이점을 안다.
• 사람은 다양한 감정을 가지고 있음을 안다.
• 자신이 할 수 있는 일을 안다.</td><td>• 자신의 성별을 안다.
• 자신을 긍정적으로 생각한다.
• 또래와 협동한다.
• 규칙을 따른다.</td></tr>
<tr><td rowspan="2">6월</td><td colspan="2">자연탐구: 놀이 관찰 및 활동 결과물 수집</td></tr>
<tr><td>• 스스로 답을 찾는다.
• 궁금한 점을 알 수 있는 방법을 찾는다.
• 5개 정도의 물체를 헤아리고 수량을 이해한다.
• 5개 정도 수량에서 같다/더 많다/더 적다의 관계를 안다.
• 첫 번째와 마지막을 안다.
• 물체의 모양에 따른 특성을 인식한다.
• 두 물체의 크기와 길이를 비교한다.</td><td>• 일상의 간단한 순서를 인식한다.
• 반복되는 규칙성을 인식한다.
• 관계있는 것끼리 짝을 짓는다.
• 여러 가지 물체와 물질의 기본 특성을 다양한 방법으로 탐색한다.
• 주변 동식물의 탄생과 성장에 관심을 갖는다.
• 계절의 변화에 관심을 갖는다.</td></tr>
<tr><td>7월</td><td colspan="2">예술경험: 유아들의 작품 포트폴리오</td></tr>
</table>

	• 간단한 노래를 듣고 따라 부른다. • 일상생활에서 경험한 내용의 역할놀이에 참여한다.	• 간단한 이야기나 상상한 것을 극화해 본다. • 자연과 사물의 아름다움을 느낀다.
8월	보육과정 계획 및 운영 종합 평가	
9월	• 기본생활: 체크리스트 • 신체운동: 운동발달 체크리스트	
10월	• 의사소통: 유아들의 언어활동 작품 포트폴리오, 언어발달 체크리스트 • 자연탐구: 놀이 관찰 및 일화 기록	
11월	• 사회관계: 사회성 발달 체크리스트, 놀이 관찰 및 일화 기록	
12월	• 예술경험: 유아들의 활동사진	
1월	• 보육과정 계획 및 운영 종합 평가	
2월	• 유아의 종합 발달 평가 및 학기 말 부모 면담	

3.4. 4세 유아 보육과정 운영의 평가

4세 유아를 위한 보육과정 운영의 평가 내용 및 방법은 3세 유아를 위한 보육과정 운영의 평가 내용과 유사하며 다만 방법적인 측면에서 3세보다 형식적이고 체계적인 평가 계획을 수립하는 것이 필요하다. 자연스러운 관찰, 일화기록을 통해서도 유아의 발달에 대한 평가가 이루어지지만 한 학기에 1회 정도 일반적인 발달 기준에 관한 체크리스트를 사용해 평가하는 것도 필요하다. 또한 보육과정 운영의 측면에서는 학기별로 시설, 보육계획, 교사 반성을 중심으로 객관적인 평가를 하는 것이 좋다. 4세 유아를 위한 보육과정 운영의 평가 내용 및 방법의 예는 〈표 10-4〉와 같다.

〈표 10-4〉 4세 보육과정 운영의 평가 내용 및 방법

	평가 내용 및 방법
3월	• 기본생활/신체 운동: 체크리스트
4월	• 의사소통/사회관계: 체크리스트
5월	• 자연탐구/예술경험: 유아들의 활동 결과물 수집

월		
6월	기본생활습관: 놀이 관찰 및 일화기록	
	• 스스로 몸을 씻는다. • 배변 후 적절한 뒤처리를 한다. • 놀이에 적합한 옷을 입는다. • 시설물을 안전하게 이용한다.	• 실수에 대해 미안한 마음을 갖는다. • 올바른 태도로 식사한다. • 건강의 중요성을 안다. • 자신의 물건을 정리·정돈한다.
7월	신체운동: 신체 발달 측정 및 관찰	
	• 신체 각 부분의 특징을 알고 움직인다. • 안정된 자세로 달리기 등 다양한 이동 운동을 한다. • 다양한 비이동 운동을 한다(꼬기, 흔들기).	• 그리기나 만들기 도구를 활용한다. • 동작의 요소(공간, 시간, 흐름, 힘)를 인식한다. • 다양한 신체 활동에 고루 참여한다.
8월	• 보육과정 계획 및 운영 종합 평가	
9월	의사소통: 놀이 관찰 및 일화기록	사회관계: 놀이 관찰 및 일화기록
	• 낱말과 문장을 문맥에 맞게 말한다. • 동화, 동요를 듣고 자신의 느낌을 다양하게 표현한다. • 교사가 제시하는 사항을 듣고 따른다. • 이야기를 듣고 기억하여 다시 말한다. • 이야기를 듣고 궁금한 것에 대해 질문한다. • 다른 사람에게 하고 싶은 이야기를 그림이나 글자로 쓴다.	• 자신에 대해 긍정적으로 생각하고 자신의 소중함을 안다. • 남자와 여자의 특성과 차이를 안다. • 자신과 다른 사람의 의견에 차이가 있음을 안다. • 다양한 능력과 문화를 존중한다. • 돈의 가치를 안다. • 필요한 물건과 원하는 물건의 차이를 안다. • 다양한 직업의 특성을 안다.
10월	자연탐구: 놀이 관찰 및 일화기록	예술경험: 놀이 관찰 및 일화기록
	• 스스로 답을 찾고 이를 적용해 본다. • 자신이 찾은 방법을 실천한다. • 10 정도의 물체를 헤아리고 수량을 이해한다. • 5개 정도 수량에서 부분과 전체를 안다. • 물체를 가지고 합이 5개까지의 더하기를 한다. • 도형을 보거나 기억하여 그린다. • 반복되는 규칙성을 알고 다음에 올 것을 예측한다. • 한 가지 속성에 따라 자료를 분류한다. • 낮과 밤의 차이를 안다.	• 역할, 사물, 행동이나 상황 등 가작화 요소를 탐색한다. • 노래를 다양한 방법으로 부른다. • 다양한 역할, 사물, 행동 상황이 설정된 극놀이에 참여한다. • 소품, 배경, 의상 등을 사용하여 극놀이를 한다. • 음악을 듣고 자신의 생각과 느낌을 이야기한다. • 느낀 것을 춤이나 움직임으로 창의적으로 표현한다.
11월	• 기본생활/신체운동/자연탐구: 체크리스트	
12월	• 의사소통/사회관계/예술경험: 체크리스트	
1월	• 보육과정 계획 및 운영 종합 평가	

2월	• 유아의 종합 발달 평가 • 학기 말 부모 면담

3.5. 5세 유아 보육과정 운영의 평가

5세 유아를 위한 보육과정 운영의 평가 내용 및 방법은 3, 4세보다 구체적이고 상세하다. 초등학교에 가기 바로 전 단계이므로 초등학교와의 연계를 고려하여 평가하는 것이 필요하고, 특히 문자 언어에 대한 관심을 중심으로 평가하는 것도 필요하다. 평가의 방식은 3, 4세와 마찬가지로 형식적인 평가와 비형식적인 평가의 균형을 이루어야 하며, 평가의 기술 방식은 초등학교와의 연계를 고려해 발달 영역별로 정리하는 것이 좋다. 5세 유아를 위한 보육과정 운영의 평가 내용 및 방법의 예는 〈표 10-5〉와 같다.

〈표 10-5〉 5세 보육과정 운영의 평가 내용 및 방법

	평가 내용 및 방법	
3월	• 기본생활/신체운동: 체크리스트	
4월	• 의사소통/사회관계: 체크리스트	
5월	• 자연탐구/예술경험: 유아들의 활동 결과물 수집	
6월	기본생활: 놀이 관찰 및 일화기록	
	• 스스로 이를 깨끗이 닦는다. • 깨끗하게 옷을 입는다. • 주변을 깨끗이 하는 습관을 갖는다. • 식사 예절을 지킨다. • 스스로 적당한 휴식을 취한다.	• 타인을 배려하면서 안전하게 논다. • 화재, 사고가 났을 때 안전하게 행동한다. • 실수에 대하여 사과한다. • 시간의 소중함을 안다.
7월	신체운동: 신체 발달 측정 및 관찰	
	• 미세한 감각적 차이를 구분한다. • 신체 각 부분의 구조와 기능을 이해한다. • 두 발로 뛰기, 빠르게 달리기 등 이동 운동을 능숙하게 한다. • 도구를 활용하여 다양한 조작 운동을 한다.	• 집단으로 하는 신체 활동에 적극적으로 참여한다. • 신체 활동 시 책임감 있게 행동한다. • 다양한 기구를 이용하여 신체 활동을 능숙하게 한다.
8월	• 보육과정 계획 및 운영 종합 평가	

<table>
<tr><td rowspan="2">9월</td><td>의사소통: 관찰 및 유아들의 언어활동 포트폴리오</td><td>사회관계: 관찰 및 유아들의 언어활동 포트폴리오</td></tr>
<tr><td>• 정확한 발음으로 또렷하게 말한다.
• 여러 가지 상황을 다양한 어휘로 말한다.
• 자신의 이름을 쓴다.
• 말이 글로 바뀌는 과정에 관심을 갖는다.
• 글자를 보고 모방하여 쓰기를 한다.
• 다른 사람이 이야기할 때 주의 깊게 듣고 주제에 맞는 이야기를 한다.</td><td>• 자신이 할 수 있는 일을 혼자서 자신 있게 해 본다.
• 자신감과 독립심을 가지고 새로운 경험을 시도한다.
• 자신과 다른 사람의 정서를 이해하고 공감한다.
• 문제 해결 과정에서 적절한 정서를 활용한다.
• 또래와의 갈등을 다양한 방법으로 해결한다.
• 시간의 흐름에 따른 지역사회의 변화를 안다.</td></tr>
<tr><td rowspan="2">10월</td><td>자연탐구: 놀이 관찰 및 일화기록</td><td>예술경험: 놀이 관찰 및 일화기록</td></tr>
<tr><td>• 자신의 답이 바뀔 수 있다는 태도를 갖는다.
• 여러 사람의 서로 다른 의견을 존중한다.
• 나타난 결과를 모으고 해석한다.
• 20개 정도의 물체를 헤아리고 수량을 이해한다.
• 10개 정도의 수량에서 부분과 전체를 안다.
• 합이 10개까지 더하기를 한다.
• 대칭을 찾는다.
• 형태에 대한 설명대로 그리거나 만든다.
• 필요에 따라 새로운 도구를 만든다.</td><td>• 움직임과 춤의 요소를 탐색한다.
• 즉흥적으로 리듬과 음악을 만든다.
• 자신의 생각과 느낌을 노래를 통해 표현한다.
• 사전에 계획을 세워 협동적으로 극놀이를 한다.
• 좋아하는 음악을 집중하여 듣는다.
• 다양한 작품을 감상하고 생각과 느낌을 서로 나눈다.
• 다른 문화의 작품에 관심을 갖는다.</td></tr>
<tr><td>11월</td><td colspan="2">• 기본생활/신체운동/자연탐구: 체크리스트</td></tr>
<tr><td>12월</td><td colspan="2">• 의사소통/사회관계/예술경험: 체크리스트</td></tr>
<tr><td>1월</td><td colspan="2">• 보육과정 계획 및 운영 종합 평가, 생활기록부 작성</td></tr>
<tr><td>2월</td><td colspan="2">• 유아의 종합 발달 평가
• 학기 말 부모 면담</td></tr>
</table>

제11장

외국의 보육과정

본 장에서는 일본, 미국, 스웨덴, 영국, 프랑스, 독일 등 주요 선진 국가의 보육 정책, 목표 및 내용을 고찰함으로써 우리나라의 문화에 보다 적합한 보육과정의 개발 및 적용에 도움을 주고자 한다.

1. 외국의 보육과정

1.1. 일본

1) 보육정책

일본의 보육제도는 어린이집과 유치원으로 이원화되어 내려오다가, 아동·영유아 양육관련 3법이 제·개정 되면서 2015년부터 아동·영유아 양육신제도가 시행되었다. 아동·영유아 양육신제도는 대기아동 문제 해결을 위해 인정어린이원, 가정적 보육사업, 사업소내 보육사업, 거택방문형 보육사업, 소규모 보육사업 등 다양한 보육시설의 참여를 촉진하였다(장경희, 유해미, 2019). 일본의 어린이집과 유치원의 비교는 〈표 11-1〉과 같으며, 일본의 후생노동성은 보육내용에 대한 보육지침을 마련하여 제시하고 있다. 지속적으로 일본 정부는 어린이집과 유치원의 일원화를 추진해 왔으며, 이 법안에는 유치원에 영유아를 맡길 수 있는 시간이 현재 4시간에서 8시간 늘어나고 맞벌이 자녀로 한정되었던 국공립 어린이집의 입학 대상 확대 내용이 함께 포함되어 있다.

〈표 11-1〉 일본의 어린이집과 유치원의 비교

구분	어린이집	유치원
관장 부처	후생노동성	문부과학성
성격	아동복지법에 의한 아동복지시설	학교교육법에 의한 학교
대상 아동	0세부터 취학 전 영유아	3세 이상 취학 전 유아
보육시간	1일 8시간 원칙	1일 4시간 표준
보육내용	기초적 사항, 건강, 인간관계, 환경, 언어, 표현	건강, 인간관계, 환경, 언어, 표현
보육자	보육사	교사

2) 보육목표 및 내용

보육의 기본은 가정과 지역사회의 유대를 긴밀히 하여 가정 양육을 보완하며,

영유아가 정서적으로 안정된 생활을 할 수 있도록 환경을 제공함으로써 건전한 심신의 발달을 도모하는 데 두고 있다. 구체적인 보육목표는 다음과 같다.

- 건전한 환경과 편안한 분위기에서 영유아의 다양한 욕구를 충족시켜 주고 생명을 유지하며 정서적 안정을 도모할 것
- 건강, 안전 등 생활에 필요한 기본생활습관과 태도를 가지고 심신 건강의 기초를 기를 것
- 사회적 관계 속에서 인간에 대한 애정과 신뢰감, 그리고 인권을 소중히 여기는 기본 정신을 길러 줌과 동시에 자주, 협조의 태도를 갖춰 도덕성의 기초 능력을 기를 것
- 자연과 사회의 현상에 대한 흥미와 관심을 가지고 이에 대한 사고력의 기초를 기를 것
- 생활하는 가운데 언어에 대한 흥미와 관심을 높이고 즐겁게 말하고 듣는 태도를 기를 것
- 여러 가지 체험을 통하여 감성을 높이고 창의성의 기초 능력을 기를 것

보육내용은 영역별 목표와 내용으로 구성된다.

우선, 영역별 목표는 영유아가 어린이집에서 안정된 생활과 충실한 활동을 할 수 있도록 보육사의 기초적인 지도 사항과 보육방법, 그리고 영유아가 몸에 익혀야 할 바람직한 마음가짐, 의욕, 태도 등이 서술되어 있다.

내용은 목표를 달성하기 위하여 영유아의 발달적 측면에서 3세 미만 영아와 3세 이상 유아에 대해 서로 다른 구성 체계를 제시하고 있다. 3세 미만인 경우는 6개월 단위로 발달 특성을 영역별 구분 없이 일괄적으로 제시하였고, 3세 이상의 경우는 건강, 인간관계, 환경, 언어, 표현의 다섯 영역을 설정하여 제시하고 있다. 발달 과정의 구분에 의한 보육내용은 영유아 전체의 균일적인 발달의 기준으로서 보는 것이 아니라 영유아 개인의 발달 과정으로서 이해하는 것이 중요하며, 영유아의 활동은 하나의 영역만 제한되는 것이 아닌 영역 간 상호 연관을 가지면서 종합적으

로 전개해 나가야 한다고 밝히고 있다. 특히 어린이집에서 영유아의 건강과 안전이 중요시되고 있으며, 영유아의 건강 상태 및 발육·발달 상태의 파악, 수유와 식사, 배설, 건강 습관과 휴식, 체력 키우기, 건강 진단, 예방 접종, 질병 대처에 관한 사항, 장애아에 대한 보육, 환경 보건, 사고 방지와 안전 지도 및 가정, 지역과의 연계에 대해서도 배려할 사항을 제시하고 있다.

하루 일과의 운영에서는 영유아의 연령별 발달을 중시하며 영아의 경우 기초적 보호를 중시하고(표 11-2), 3세 이상의 유아는 보호와 교육의 개념을 모두 중시하고 있다(표 11-3).

〈표 11-2〉 일본 어린이집의 영아반 하루 일과

07:00 ~ 08:00	도착/부모와 인사 나누기, 건강 진단, 옷 갈아입기
08:00 ~ 09:00	자유 놀이, 일광욕
09:00 ~ 09:30	물/주스 마심
09:30 ~ 10:00	낮잠
10:00 ~ 11:00	우유/이유식, 휴식
11:00 ~ 11:30	일광욕, 물/주스 마심
11:30 ~ 12:00	자유 놀이
12:00 ~ 13:30	낮잠
13:30 ~ 14:00	체온 재기
14:00 ~ 15:00	우유/이유식
15:00 ~ 16:00	휴식
16:00 ~ 16:30	자유 놀이
16:30	귀가/자유 놀이
18:00	우유/이유식

출처: 양옥승, 김영옥, 김현희, 박경자, 위영희, 이옥 외(1998).

〈표 11-3〉 일본 어린이집의 유아반 하루 일과

07:00 ~ 08:00	도착/부모와 인사 나누기, 건강 진단, 옷 갈아 입기
08:00 ~ 09:00	실내/실외 자유 놀이
09:00 ~ 09:30	장난감 정리
09:30 ~ 10:00	손 씻기/화장실 가기
10:00 ~ 11:00	간식/휴식 시간, 자유 놀이/교사 주도 활동
11:00 ~ 11:30	정리·정돈, 손 씻기/화장실 가기
11:30 ~ 12:30	점심
12:30 ~ 13:00	낮잠 준비
13:00 ~ 15:00	낮잠
15:00 ~ 16:00	오후 간식/교실 활동
16:00 ~ 16:30	이야기 나누기/음악 활동
16:30	귀가/자유 놀이

출처: 양옥승 외(1998).

1.2. 미국

1) 보육정책

미국의 보육정책은 빈곤 자녀나 취업여성의 자녀를 대상으로 출발한 대리육아의 개념에 있다. 즉, 보수가 적은 직업을 가진 한부모 가족이나 이민 가족 등 가정 내에서 제대로 보호받지 못하는 빈민 가족의 자녀를 위해 전일제 보육의 형태로 제공되면서 발달하였다. 19세기와 20세기 초반부터 보육과 유아교육은 서로 분리되어 발전되어 왔는데, 교육은 주로 유치원과 유아원에서, 보호는 어린이집에서 담당하였다(곽온, 2004). 이렇게 이원화로 분리되는 과정에서 유치원은 학교제도에 편입되어 안정된 성장을 했지만 어린이집은 개인적인 일로 간주되어 낙후되는 현상을 보이게 되었다. 그러나 여성의 사회진출이 활성화·가속화되면서 어린이집의 양적·질적 측면의 검토가 필요하게 되었고, 보호와 교육의 개념이 통합되어 갔다.

미국의 어린이집은 법적으로는 사회서비스, 공공복지 및 인적자원서비스 담당

부처에서 그 책임을 맡고 있으며, 연방의 재정적 지원을 받는 모든 어린이집에 적용되는 연방 규정은 보건교육 복지성, 미국 경제기회 사무국, 미국 노동성의 승인에 의하여 제정된 것이다. 미국은 보육행정 체제와 조직은 제도상으로는 일원화형이나 기능상으로는 이원화되어 있다고 볼 수 있다.

미국의 어린이집은 유형이나 대상에 있어 주마다 다르며, 보육의 질을 관리 감독하는 법규나 기준 역시 다양하다. 즉, 어린이집에 대해 모든 주는 일반적으로 등록이나 허가의 절차를 요구하고 있으나 규정이 엄격한 주에서부터 별로 엄격하지 않는 주에 이르기까지 일관적이지 않은 특성을 가진다.

미국의 어린이집의 형태는 다양하게 존재하고 있다.

첫째, 2세 반에서 5세 유아를 대상으로 유아원이 있다. 유아원은 공립과 사립이 있으며 놀이와 사회성 발달 및 인지발달을 강조한다.

둘째, 영유아교육기관이 있다. 어린이집은 주로 일하는 여성을 위해 영유아의 교육과 양육을 종일제로 제공하며 대상 연령폭도 넓다. 어린이집의 종류로 가정에서 소집단의 영유아를 자연스럽게 양육하는 가정보육, 근로자의 편의를 위해 고용주가 후원하거나 기업이 직접 어린이집을 운영 또는 위탁하는 직장 보육, 유치원에서 초등학교까지 방과 후 양육을 제공하는 방과 후 보육, 고등학생 중 미혼모로 자녀를 출산한 학생에게 보육을 제공하는 고등학교 내 보육, 부모가 쇼핑, 운동, 모임 등 짧은 시간 동안 아동을 보호하는 일시적 보육, 경미하게 아픈 아동을 돌보는 보육, 유아교육과 양로원 등을 통합하거나 또는 영유아교육기관에 은퇴한 노인을 고용하여 노인과 아동이 상호작용할 수 있도록 도와주는 세대 간 보육 등이 있다.

셋째, 헤드스타트 프로그램이 있다. 이 프로그램은 연방정부 프로그램으로 주로 사회경제적으로 소외된 계층을 대상으로 한 포괄적 복지프로그램이다. 2세에서 6세 사이의 저소득층 가정의 유아를 대상으로 기관 프로그램과 가정방문 프로그램을 무료로 실시하고 있다. 헤드스타트 프로그램의 확대된 서비스로, 헤드스타트 프로그램에 참여하였던 초등학교 1~3학년 아동을 대상으로 제공하는 팔로우 쓰루(Follow Through) 프로그램과 가정에서 헤드스타트 프로그램 서비스를 제공받는 홈스타트 프로그램이 있다.

2) 보육목표 및 내용

주(state)별로 보육목표 및 표준보육과정(CBO)이 서로 달라 모든 발달 영역에서의 CBO 기준을 가지고 있는 주도 있고 한두 발달 영역에서의 기준만 가지고 있는 상태에서 다른 영역의 기준을 준비하고 있는 주도 있다. 표준보육과정에서는 발달 영역 중 언어가 가장 보편적으로 포함되고 다음으로 인지, 신체적 건강 순으로 이루어지며, 학습 능력은 가장 적은 주에서 포함시키고 있다. 또한 일부 주는 학문적 근거에 기초하여 영유아가 획득해야 할 사실이나 내용 강조, 신체 부분의 이름 알기, 문자 인식에 초점을 두는 반면, 다른 주는 영유아의 발달적 과정 및 지식에 근거하여 구성되어 있다. 대표적인 몇몇 미국 주의 보육 영역 구성은 〈표 11-4〉에 제시되어 있으며, 전형적인 미국 어린이집의 하루 일과 구성은 〈표 11-5〉와 같다.

〈표 11-4〉 미국 대표적인 주(state)의 보육 영역 구성

주	미네소타	펜실베니아	뉴저지	미시건	플로리다
영역	• 사회정서 발달 • 학습 준비 • 언어와 문해 발달 • 창의력과 예술 • 인지발달 • 신체운동 발달	• 학습 준비 • 창의적 예술 • 수용언어 • 표현언어 • 문해 • 논리-수학 • 개인/사회 • 신체운동 발달 • 파트너십 프로그램	• 사회정서 발달 • 창의적 예술 • 건강, 안전, 신체교육 • 언어와 문해 • 수학 • 과학 • 사회과학 • 가족과 생활 기술 • 외국어	• 학습 준비 • 사회정서 발달 • 인지발달 • 언어와 초기 문해 발달 • 초기사회과학 학습 • 초기과학기술	• 신체적 건강 • 학습 준비 • 사회정서 발달 • 언어와 의사소통 • 인지발달과 기초 지식 • 운동발달

〈표 11-5〉 미국 어린이집의 하루 일과

시간	내용
08:00 ~ 09:00	등원 및 실내 자유 놀이(인사 나누기/부모님과의 대화, 건강진단, 조용한 개별 놀이)
09:00 ~ 10:50	개별적 놀이 계획(학습 센터 중심의 개별적인 놀이 활동)
10:50 ~ 11:00	정리·정돈, 화장실 가기
11:00 ~ 12:30	실외 자유 놀이(대근육 활동과 관찰 등의 탐구 중심 놀이 활동)
12:30 ~ 13:30	점심(식사 준비, 식사, 이 닦기, 휴식)
13:30 ~ 15:00	낮잠/휴식(배변, 옷 벗기, 낮잠, 옷 입기, 이불 정리)
15:00 ~ 16:30	실내외 자유 놀이(오전 자유 놀이보다 덜 구조적 놀이 활동, 특별 흥미 활동)
16:40 ~ 16:50	정돈/귀가 점검
18:00	귀가

출처: 양옥승 외(1997)

1.3. 스웨덴

1) 보육정책

스웨덴의 보육정책은 산업화 이후 빈민 아동과 기아 문제를 해결하기 위한 대책으로부터 전체 아동들의 보호와 교육에 대한 사회적 책임을 수행하기 위한 공적 제도로까지 단계적으로 발전하였다(이현숙, 2011). 1990년대 초부터 매년 GDP의 1% 이상을 어린이집 확대 및 유지 등에 투자하고 있는 스웨덴은 공보육체제 확립을 통한 양육의 사회화를 이룬 대표적인 국가이다. 1991년부터 부모가 일을 하거나 공부를 하는 경우 18개월 미만의 영아들을 정부가 운영하는 어린이집에 위탁하며, 2003년부터 부모의 경제활동 여부에 관계없이 4세 이상 모든 유아에게 무료로 취학 전 교육을 하고 있다. 이러한 결과로 2000년 이후 0~2세 영아의 48%, 3세~취학 전 유아의 49%가 국공립 어린이집을 이용하고 있다.

스웨덴에서는 어린이집과 학교가 동일한 행정 기구인 교육부 산하에 있지만, 실무 차원에서는 보육 영역과 학교교육 영역으로 업무가 구분되는 경우가 많다. 스웨덴의 취학 전 보육 서비스 형태는 매우 다양하다(그림 11-1). 유아학교(푀르스

콜라)라는 말은 기관 어린이집과 시간제 유아집단, 개방 유아학교를 지칭할 때 사용하며, 기관 어린이집의 대상 연령은 1~3세, 3~6세, 1~12세로 시간은 종일제이다. 그 외 가정 어린이집의 대상 연령은 1~12세로 종일제 또는 시간제로 운영되며, 유치원의 대상 연령은 6세(일부 지방자치단체 4~6세)로 시간제로 운영되는 특징을 가진다.

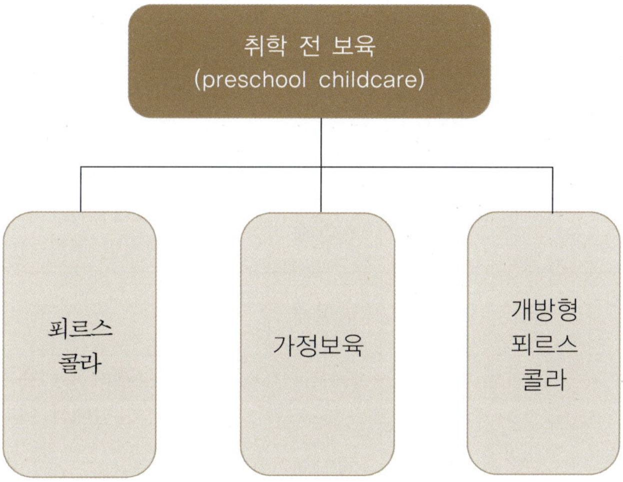

출처: 한유미, 오연주, 권정윤, 강기숙, 백석인(2005).

[그림 11-1] 스웨덴의 취학 전 보육 유형

보육형태를 구체적으로 살펴보면(한국여성개발원 연구보고서, 2002), 첫째, 유아학교로는 시간제 유아학교와 개방 유아학교가 있다. 이 2가지 유아학교의 공통점은 부모 중 한 명이 집에 있거나 가정 어린이집을 운영하는 이들의 자녀를 위한 시설이라는 것이고, 다른 점은 시간제 유아학교는 방학과 공휴일을 제외하고 매일 출석하는 반면, 개방 유아학교는 수시로 이용할 수 있다는 점이다.

둘째, 기관 어린이집은 유아원이라고도 하며 가정 어린이집과 함께 스웨덴 어린이집의 절반을 차지한다.

셋째, 0~12세 아동을 대상으로 하는 공립 가정 어린이집은 가정 탁아모를 지방자치 단체가 고용한 것으로 개인이 보통 자신의 집에서 영유아들을 돌보는 것을 말한다.

넷째, 놀이센터는 초등학교에 다니는 6~12세 아동을 위한 시설이다. 놀이센터는 학교수업 전후나 학교가 쉬는 날에만 운영되고 공공 어린이집과 마찬가지로 교육과 실생활이 함께 이루어진다. 아침이나 간식 등 간단한 식사가 제공된다.

다섯째, 10~12세 고학년 학생들을 위한 레저클럽에서는 학생들이 친구와 다양한 레저를 즐길 수 있으며 성인들이 지도도 해 준다.

〈표 11-6〉 스웨덴의 영유아교육기관 유형

명칭	유형	연령	이용시간	운영형태 및 특징
유아학교 (preschool)	센터	0~5세	전일제 시간제	• 일 년 내내, 전일제로 운영되며, 부모의 요구에 따라 개방시간이 다양함. • 가장 보편적인 취학 전 보육 유형임.
기관 어린이집 (day care center)	센터	0~5세	전일제	
가정 어린이집 (pedagogical care)	가정	0~12세	전일제	• 지방정부로부터 승인을 받은 가정보육모들이 자신의 집에서 여러 명의 아이들을 보육함. • 보육시간은 부모의 요구에 따라 다양함. • 아동의 집 근처에 유치원이 없는 경우 대안적으로 이용 가능함.
여가활동센터 (leisure-time center)	센터	6~12세	시간제	• 부모가 취업·학업 중인 아동을 대상으로 함. • 아침, 방과 후 또는 휴일에 시간제로 운영함. • 연중 운영하며, 운영시간은 부모의 요구에 따라 다양함. • 학령기 아동을 위한 대표적인 어린이집임.
레저클럽 (leisure club)	센터	10~12세	시간제	• 레저타임센터와 가정보육의 대안임. • 개방형 유치원과 마찬가지로 아동을 등록시킬 필요가 없음.

출처: OECD(2006); Skolveskel(2005); Swedish Institute(2004).

2) 보육목표 및 내용

취학 전 보육은 '아동들에게 민주 시민으로서 요구되는 소양과 사회를 변화시키고 영향을 주려는 동기를 부여하도록 하며, 타인을 존중하는 태도를 가르치고 이에 대한 모범을 보여 주는 것'을 목표로 하고 있다. 이러한 보육목표는 부모의 적극적인 참여 없이는 이루어질 수 없기 때문에 영유아의 교육과 보육에 관계된 여러 기관과 가정의 참여를 필수적인 항목으로 간주하고 있다.

스웨덴의 취학 전 교육과정은 기본 가치, 과제, 목표 및 지침을 폭넓고 종합적으로 제시하고 있으나 우리나라의 보육과정과 같이 각 영역별 교육내용이나 방법을 구체적으로 기술하기보다는 영유아를 교육하고 발달을 돕기 위해 추구해야 할 궁극적인 목표만을 제시하고 있다. 즉, 영유아의 발달 영역별로 나누어 제시하지 않고, 영유아가 사회의 일원이 되기 위한 기초를 쌓을 수 있도록 기본적인 가치와 덕목, 민주 시민 의식을 일상생활 속에서 터득하는 등 영유아의 사회적·개인적 발달에 중점을 두고 있다는 특징을 가진다.

또한 국가는 취학 전 교육기관을 위한 국가 수준의 목표와 관리 지침을 공식화할 책임이 있고, 지방자치단체는 주 운영자로서 취학 전 교육과정에 명시된 목표에 맞추어 영유아를 교육하기 위한 필수 조건들을 제공해야 할 의무가 있으며, 취학 전 교육과정에서 목표를 달성하기 위한 방법을 선택하고 개발하는 책임은 주로 교사에게 있는 등 분권화되어 있다.

취학 전 교육과정에 제시된 5가지의 목표 및 지침은 다음과 같다.

- 사회 구성원이 공유하는 민주적인 가치들을 영유아가 이해하고 수용할 수 있도록 유아학교가 적극적이고 의식적으로 영유아에게 영향을 주고 자극해야 한다.
- 유아학교는 영유아를 보호하고 기르고 교육하는 통합적인 형태로 이루어져야 한다. 교육적인 활동들은 놀이, 창의성 및 학습의 즐거움을 조장하는 것이어야 하고, 영유아가 배우고 새로운 경험과 지식 및 기술을 습득할 수 있는 능력을 강화시키도록 하여야 한다.

- 유아학교는 영유아에게 민주주의에 대한 이해의 기초를 제공하는 역할을 한다. 영유아의 다양한 요구와 흥미는 유아학교에서 환경 구성이나 교육 활동 계획의 기초가 되어야 한다.
- 부모는 자녀의 양육 및 발달에 대한 책임이 있다. 유아학교는 각 영유아가 건전하게 성장 발달할 수 있도록 가정과 긴밀한 협력하에 활동이 이루어지도록 한다.
- 학교는 아동의 총체적 발달 및 미래의 학습을 지원하기 위하여 유아학교 및 레저타임센터와 바람직한 협력 관계를 확립해야 한다. 영유아가 유아학교를 마치는 시기가 되면 유아학교는 교육과정의 전이가 순조롭게 이루어질 수 있도록 도와주어야 한다.

스웨덴의 보육 프로그램들은 영유아 자신의 세계, 경험, 흥미, 그리고 특별한 요구에 기초하여 계획되며, 보육내용은 세 가지 영역으로 구성된다(그림 11-2). 즉, 문화 활동, 자연 활동, 지역사회 활동이다.

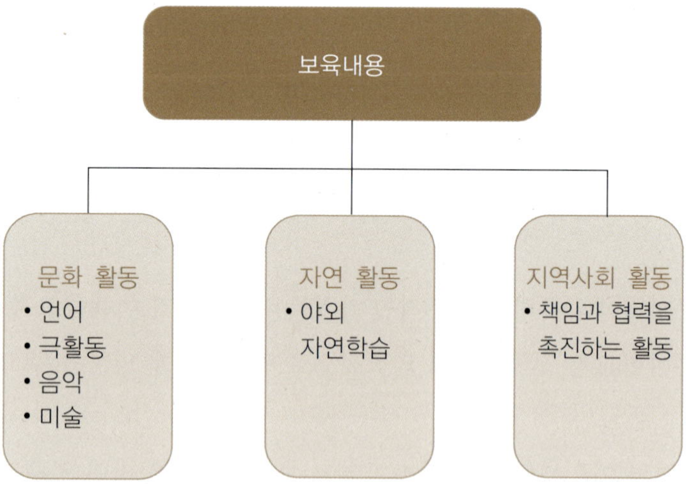

출처: 양옥승 외(1998).

[그림 11-2] 스웨덴의 보육내용

대표적인 스웨덴 어린이집의 하루 일과는 〈표 11-7〉과 같다.

〈표 11-7〉 스웨덴 어린이집의 하루 일과

시 간	내 용
06:30 ~ 08:00	등원
08:00 ~ 09:00	아침식사
09:00 ~ 10:30	오전 실외 놀이
10:30 ~ 11:00	대집단 활동
11:00 ~ 11:30	자유선택 활동
11:30 ~ 13:00	점심 식사
13:00 ~ 14:30	오후 실외 놀이
14:30 ~ 15:00	오후 간식
15:00 ~ 16:00	책 읽기 및 조용한 놀이, 낮잠 자기
16:00 ~ 18:00	귀가

출처: 한유미 외(2005).

1.4. 영국

1) 보육정책

영국의 제도는 교육(중앙의 교육과학부와 지방 교육청)과 보육(중앙의 보건부와 지방 행정부의 사회사업부)으로 이원화되어 있다. 보건부는 공립 어린이집을 관장하며 사립 유아원, 놀이 집단, 보육교사의 등록과 통제를 담당하고 있다.

영국의 공립 보육은 매우 특수하고 제한된 목적을 갖고 있다. 발달적인 문제나 가정의 사회적·경제적 환경으로 인해 필요하다고 인정되는 영유아는 지방정부에서 제공하는 어린이집을 이용할 수 있고, 공립 보육은 부모나 아동이 제대로 대처하지 못할 때 또는 영유아가 위험 상태에 있다고 간주될 때에만 이용 가능하다. 이와 같이 영국에서는 전통적으로 공립 보육의 개념과 그 시설이 매우 부족했으므로 보육을 필요로 하는 취업모들은 개인적 사회망(특히 친척)과 주로 가정탁아모에 의존해 왔다.

최근 들어 보육과 유아교육의 질적 수준 향상의 방안의 하나로 각 지방정부에서 감독 업무를 담당하였던 것을 2001년 9월부터 중앙정부에서 전국적으로 감독 업무를 관장하는 등 영유아교육기관의 감독을 점차 강화하는 추세에 있다.

〈표 11-8〉 영국의 유아교육 및 보육 유형별 특징

명칭	운영기관	대상원아	운영시간
지방정부 공립 어린이집 (local authority day nurseries)	사회복지부	0~5세	오전 7시 30분~ 오후 6시 전일제, 반일제
사립 어린이집 (independent, private day nurseries)	사립기관, 개인	0~5세	전일제, 일 년 내내
놀이집단, 놀이반, 놀이방 (play groups)	부모로 구성된 위원회, 지방당국개인	2세반, 4세 아동의 40~60% 정도 참여	일주일 2~3일씩 반나절 운영
가정 어린이집 (child minders)	개인, 지방사회 사업국, 보건소, 자원봉사자	5세 미만 다양	가정에서 하루 2시간 이상 돌봄
초등학교 내 예비학교 (local authority reception class in primary schools)	지방교육당국	3~4세 아동	2시간 30분 정도 교육
통합 어린이집 (combined nursery centers)	지방교육당국과 지방사회복지국이 연합 운영	영아~5세	전일제

2) 보육목표 및 내용

영국의 영유아 보육·교육과정은 영유아, 학습이 일어나는 맥락, 학습 내용에 초점을 맞추며, 내용은 영유아들이 이미 알고 있는 것에 기초하여 작성해야 할 것을 강조하고 있다. 교사는 새로운 경험을 통해 학습과정을 지지해 주고 확장시켜 주며, 영유아들 스스로의 상호작용을 통해 가장 효과적으로 수행될 수 있다고 간주하고 지식을 발달시킬 수 있는 기회를 주도록 노력한다.

영국의 보육·교육과정 영역은 기본적 안녕(건강, 영양, 안전), 자연과학 탐구,

의사소통, 더불어 살기, 창의적 표현, 신체/운동으로 구성된다.

유아교육과정 연구팀은 국가에서 제정한 교육과정은 유아교육의 원리, 특히 유아들의 학습 방법에 관련된 원리들에 기초하여 시행되어야 한다는 것을 강조하고 있다. 이들이 제시한 유아교육의 원리는 다음과 같다.

- 유아기는 단순히 직업이나 그 다음 단계의 교육을 준비하기 위한 단계가 아니라 그 자체가 중요한 생의 한 부분이다.
- 전체로서의 유아가 중요하며, 유아의 사회적 · 정서적 · 신체적 · 지적 · 도덕적 발달은 상호 연관이 있다.
- 학습은 전체적으로 이루어지며, 유아들에게 있어서는 과목별로 분할되지 않는다.
- 내적인 동기 유발은 유아가 주도하는 학습을 가능하게 하므로 가치가 있다.
- 자율성과 자아 통제는 강조되어야 한다.
- 유아들은 직접적인 경험을 통해 가장 잘 학습한다.
- 유아가 할 수 없는 것이 아니라, 유아가 할 수 있는 것에 기초하여 유아교육이 출발해야 한다.
- 모든 유아는 가능성을 가지고 있으며 그 가능성은 적합한 조건 하에서 드러난다.
- 유아가 관계 맺는 성인과 또래들이 가장 중요한 역할을 한다.
- 유아교육은 유아와 환경 간의 상호작용으로 이루어지며, 환경에는 교육 자료와 지식뿐만 아니라 사람도 포함된다.

1.5. 프랑스

1) 보육정책

프랑스의 유아교육, 보육은 행정적으로 교육체제와 복지체제로 분리된 구조를 가지고 있다. 교육체제 내에 있는 유치원은 교육부의 책임 하에 있고, 복지체제 내에 있는 어린이집은 보건사회부에서 관할한다.

어린이집은 크게 공립과 사립으로 나눠지며, 보육유형에 따라서 집단보육과 가정보육으로 구분된다. 기존의 크레쉬, 유치원, 시간제 어린이집은 집단영유아교육기관으로 통칭되며, 가정보육형태의 크레쉬는 가정영유아교육기관으로 칭해진다.

대상유아의 연령은 기관에 따라서 다소 차이가 있으나 주 연령층은 3세 이하이다. 시간제 어린이집의 경우에 6세까지 받고 있다. 어린이집의 주 연령층이 3세 이하인 이유는 3세 이상의 유아들은 전부 유아학교에 등록하고 있기 때문이다(Bachelard, 2000).

〈표 11-9〉 프랑스의 어린이집

시설의 종류	유아의 연령	운영 시간
유치원 (cole maternaelle)	2 ~ 6세	오전 8:30 ~ 오후 4:30 수요일은 휴원(때때로 오후에만), 토요일 오전은 개방
집단 어린이집 (crèche collective)	2개월 ~ 3세	개인의 요구에 따라 어느 때나 이용 가능, 종일제
가정 어린이집 (crèche familiale)	2개월 ~ 3세	이용 시간은 개인의 요구에 따라 조절 가능
부모협동 어린이집 (crèche parentale)	2개월 ~ 4세	개인의 요구에 따라 어느 때나 이용 가능, 종일제
시간제 어린이집 (halte garderie)	2개월 ~ 6세	시간제
유아원 (jardin d'enfants)	2세 ~ 6세	지방 자치적으로 지역이 요구할 때

2) 보육목표 및 내용

프랑스의 초등교육은 1989년 이후부터 유아학교 3년 과정과 초등학교 5년 과정이 통합되어 3단계의 사이클(cycle)로 구성되었는데, 이는 유아학교와 초등학교 간의 연계를 도모하기 위함이다.

교육과정의 내용은 사이클에 따라서 세분화되는데, 유아학교에 해당하는 제1주기에서 다루고 있는 내용은 5개 영역으로 언어, 더불어 살아가기, 신체운동 및 표현 활동, 세상에 대한 이해 넓히기, 민감성·상상력·창의력 키우기이다.

교육과정에서는 언어가 상당히 강조되고 있다. 언어교육을 모든 학문의 기본으로 정의하고 있으며, 모든 교과목 활동이 최대한 언어 능력(말하기, 듣기, 읽기, 쓰기)을 키울 수 있도록 조직되어 있다. 특히 구어능력에 해당되는 말하기와 듣기는 유아교육을 통해서 반드시 습득하도록 강조하고 있다.

외국어교육은 단편적인 언어기술을 가르치기보다는 유아들로 하여금 외국문화를 이해하게 하고 외국어의 필요성을 인식하게 하는 등 보다 넓은 틀에서 접근하고 있다. 수업 시간을 조직할 때에는 무엇보다도 아동들의 전인적인 발달을 고려해야 하며 정규수업 시간 이외에 아동들이 보내는 다양한 시간(예: 수업 전·후 시간 그리고 방학 등)이 조화를 이루도록 해야 함을 명시하고 있다. 유아학교의 일과는 보통 8시 30분에서 4시 30분까지이며 11시 30분에서 1시 30분 사이에는 점심 식사가 제공된다. 시간편성에서 특이한 점은 수요일에 수업이 없다는 것이다. 이는 교육적인 이유보다는 종교적인 이유에서이다. 1882년 의무초등교육에 관한 법에 이미 "초등학교는 매주 일요일 외에도 하루를 더 휴교하여 부모들이 자녀들에게 종교교육을 시킬 수 있도록 한다"는 규정이 명시되어 있다(한지혜, 2002).

가족과 유아학교의 연계장소는 사회복지부가 주관한 유아기 분야와 교육부가 주관한 유아학교 분야 간의 대립을 해결하기 위한 성공적인 시도로 상징된다.

연계서비스는 유아원(crèche)과 같은 시설 어린이집에 다니지 않는 유아를 우선적으로 담당한다. 연계장소는 보통 학교 근처의 소규모의 구조로 기능에 맞도록 시설을 변경한 아파트에 위치한 경우가 많고, 반일제와 종일제로 운영되며 18개월~4세의 유아 12~15명으로 구성된다. 일반적으로 영유아 보육교사, 반일제 유아교사, 보육보조전문가 또는 유아보조교사로 구성된 팀이 유아들을 담당한다(Dupraz, 2005). 구체적인 하루 일과의 운영은 〈표 11-10〉과 같다.

〈표 11-10〉 연계반 시간표의 예시

연계반 시간표		
시간	활동 영역	활동 내용
08:30~09:10	말하기, 더불어 살기, 창조적 상상력과 감각	맞이하기: 자유 활동, 소그룹 특별 활동, 정리
09:10~09:25	말하기, 더불어 살기, 창조적 상상력과 감각	동요, 노래, 출석, 아침 프로그램, 동화 읽기
09:25~09:45	말하기, 더불어 살기, 창조적 상상력과 감각	그룹 활동: 그래픽 활동, 생활노트, 언어, 놀이
09:45~10:15	신체로 움직이고 표현하기, 더불어 살기	신체 움직이고 표현하기
10:15~10:30	더불어 살기	간식
10:30~10:40	말하기, 더불어 살기, 창조적 상상력과 감각	동요, 노래, 손가락 놀이, 언어, 책 읽기
10:40~11:00		휴식
11:00~11:20	말하기, 더불어 살기, 창조적 상상력과 감각	그룹 활동: 그래픽 활동, 생활노트, 언어, 놀이
11:20~11:30	말하기 학습	자유선택 활동 및 귀가 준비 (부모가 옷 입히기)
중 략		
13:30~14:00	말하기 학습, 더불어 살기	낮잠 자기 전 동화 들려주기, 자장가(동요)
14:00~15:50		부모와 함께 일어나서 실외 활동, 간식, 정리, 귀가
15:50~16:30		

자료: http://www.crdp-strasbourg.fr, 2011. 8. 2 인출(유아를 위한 시간: 총 6시간).

1.6. 독일

1) 보육정책

독일의 보육역사는 19세기 산업혁명으로 여성노동이 증가하고 가정과 부모대신 자녀를 보육해 줄 시설의 필요성이 제기되는 과정에서 1840년 프뢰벨이 세계 최초의 유치원을 설립하면서 시작되었다(이세희, 2009). 독일은 보육과 유아교육이 이원화되어 있지 않고 처음부터 일원화되어 있어 유아의 교육과 보육이 원활하게 운영되고 있으며, 연방정부, 지방자치단체, 지역사회가 서로 협력·보완하며 보육서비스를 제공하고 있다(양영임, 우남희, 2005).

독일에서 실시되고 있는 보육체제는 크게 4가지로 나누어 볼 수 있다.

첫째, 3세 미만의 영아를 대상으로 하는 유아원(Krippe)이 있다.

둘째, 3~6세 유아를 위한 유치원이 있다. 유치원은 대부분 아침 10시부터 오후 2시까지 운영하는 경우가 많으며, 종일제 유치원은 직장을 다니는 부모의 자녀들을 대상으로 한다.

셋째, 유아원과 유치원을 이용하지 않는 직장을 다니는 부모들은 일일 보모를 통해 가정보육을 한다. 일일 보모를 통한 가정보육은 보모가 아동의 집에 직접 와서 아동을 돌보거나 한 가정에서 2~3명을 함께 돌보는 형태를 띠고 있다.

넷째, 6세에서 14세의 취학 아동들을 위한 방과 후 프로그램의 전담기관으로 호르트(Hort)가 있다. 호르트는 취학 아동들을 위한 주간 보호 기관으로서, 대부분 방과 후 가정에서 보살핌을 받을 수 없는 취학 아동을 대상으로 한다. 일반적으로 편부모의 자녀, 맞벌이 부부의 자녀, 경제적으로 어려운 가정의 자녀가 우선적으로 고려된다.

2) 보육목표 및 내용

독일의 보육은 계획되어진 체계적 교육과정보다는 각 보육기관에서 영유아의 학습요구를 분석하여 각자의 고유한 교육목적을 개발해 나가는 것이 중시된다. 또한 영유아 교육과정은 학교에서와 같이 지시적 방법으로 학생들에게 주입되는 것이 아니라 영유아 스스로 학습목표를 만들어가는 "학습목표지향적인 계획"이 제시된다(Wehrmann, 2008). 독일의 영유아 보육기관에서는 이러한 비형식적인 방법인 자기 주도적 학습을 지향하고, 보육의 내용은 철저히 놀이중심, 인성교육, 생활습관 교육, 친구사기기 등의 사회적 능력의 개발에 치중되어 있다(곽노의, 최민수, 김규수, 유구종, 최연철, 1996).

독일의 영유아보육은 각 주정부마다 자율성이 보장되는 것이 원칙이며, 문화적 전통에 따라 다양한 보육이 가능하다. 따라서 각 주마다 기본적 보육목표는 다르게 강조된다. 대표적인 예로 바이에른 주의 경우는 영유아가 자신의 삶에 대한 책임감을 형성하고 가족 및 사회의 요구에 부응하는 사회적 관계를 맺을 수 있도록 가치 지향적이고 창조적인 인간을 육성하는 데 일반적인 교육목표를 두고 있다. 이에 따라 다음과 같은 기본적 교육목표를 강조하고 있다(곽노의, 최민수, 김규수, 유구종, 최연철, 1996).

- 일반적인 원칙
- 종교교육
- 대화와 창의성
- 환경과 자연이해
- 건강교육
- 놀이교육의 원칙
- 가정과 초등학교 간의 적절한 전이를 돕는 연계교육

이러한 보육과정에 대한 자율권으로 인해 각 주정부는 영유아 보육과정을 실시할 때 공통과정의 실시 여부와 교육의 내용 등을 자체적으로 결정하고 실행할 수 있다. 즉 공통보육 과정은 의무적 시행이 아닌 일종의 지침서의 역할을 한다(문무경, 최윤경, 김혜진 2012).

독일 16개 주에서 운영되고 있는 공통의 보육과정의 기본 원칙은 영유아의 발달과 성장을 총체적으로 지원한다는 것에 놓였다. 영유아 및 영유아의 학부모는 보육과 관련된 의사결정과정에 참여할 수 있도록 역량의 개발이 중시되었고, 다문화교육, 양성평등, 취약계층 및 장애 영유아, 영재 영유아를 위한 지원이 포함되었다. 또한 교육과정 운영에 있어 교육의 다양성, 모든 수준에서 영유아 보육기관과 초등학교 간의 연계 교육이 강조되었다(문무경, 최윤경, 김혜진 2012).

영유아를 위한 공통 보육과정은 유럽연합국과 유사한 내용으로 구성되어 있다.

공통 교육과정의 기초적인 교육내용 6가지는 다음과 같다.

- 언어, 문해력, 의사소통
- 개인 인성, 사회성 개발
- 윤리와 종교
- 예술교육과 미디어
- 신체발달, 운동, 건강
- 자연과 문화

독일의 대표적인 프로그램 중 하나인 뷔르거 힐페 어린이집은 1972년 독일 남부 지역 인골스타트시에 설립되었는데 그 당시에는 3세 이상의 유아 19명으로 교육이 시작되었다. 그러나 1989년 가톨릭 아이히슈테트 국립대학교 Erath 교수가 인골스타트시의 지원을 받아 4학급 중 1개 학급의 0세부터 6세의 유아 15명에게 혼합연령교육을 시도하였다.

이 프로그램에서 강조하는 사회적인 관계는 인간에 있어 가장 기본이며 기초가 된다. 특히 유아기에 기본적인 삶의 틀이 형성되므로 뷔르거 힐페 어린이집의 혼합연령교육은 전인적인 인격발달에 교육목적을 두고 다양한 경험과 상황들을 통해 교육의 효율성을 높이고자 한다.

그 구체적인 교육목표는 다음과 같다(Krenz, 1991).

- 긍정적인 자아개념 형성하기
- 타인을 이해하고 배려하기
- 자신의 감정을 적절히 조절하고 표현하기
- 자신의 생각을 뚜렷하게 표현하기
- 창의적으로 사고하고 문제해결의 기술을 습득하기
- 대·소근육의 신체를 조절하기
- 수·과학적 사고를 위한 논리적 태도를 기르기
- 전인적인 인격 형성의 기초를 마련하기

뷔르거 힐페 어린이집의 학급구성은 한 학급당 15명으로 4학급으로 구성되어 있고, 각 학급당 교사는 정교사 1명, 보조교사 1명, 장기실습생 1명으로 배치되어 있다. 학급을 구성할 때 남아와 여아, 각 연령층을 균형 있게 배정한다(Erath, 1992).

교육시간은 월요일에서 목요일까지는 오전 7시부터 오후 5시까지이며 금요일은 오전 7시부터 오후 4시까지 실시한다. 어린이집의 하루 일과 구성은 부모들의 일상생활과 직접적으로 관련되어 있으며, 부모들이 직접 등·하원을 책임지고 있다. 등원은 늦어도 9시까지로 규정되어 있으나, 하원은 부모들의 상황에 따라 자유롭게 이루어진다. 구체적인 하루 일과의 운영은 〈표 11-11〉과 같다(이길동, 김호년, 2007).

〈표 11-11〉 뷔르거 힐페 어린이집의 하루 일과

시간	활동
07:00 ~ 09:00	어린이집 도착 및 자유 놀이
09:00 ~ 09:30	이야기 나누기(소그룹별로 활동 및 작업일정 안내)
09:30 ~ 11:30	영역별 혹은 소그룹 작업(아침 식사, 간식 시간 포함)
11:30 ~ 12:00	마무리 활동
12:00 ~ 13:00	점심식사 및 휴식
13:00 ~ 14:30	낮잠
14:30 ~ 16:30	영역별 혹은 소그룹 작업 또는 야외 활동(방문, 견학)
16:30 ~ 17:00	마무리 활동 및 귀가지도

참고 문헌

제1장

박은혜(2006). 어린이 삶의 관점에서 본 유아교육 보육과 초등교육의 연계. 한국유아교육학회 정기학술대회.

보건복지부(2012). 제3차 어린이집 표준보육과정 고시안.

여성가족부(2005). 표준보육과정 연구 최종보고서.

이기숙(2006). **유아교육과정**. 경기: 교문사.

이순형, 이성옥, 권혜진, 이소은, 황혜신, 이혜승, 한유진, 정윤주, 이영미, 이옥경, 성미영, 권기남, 김지현(2006). **보육과정**. 서울: 학지사.

이연섭(2005). **유아교육과정**. 경기: 교육과학사.

통계청(2005). 장래 인구추계.

______(2009). 한국의 사회 동향.

한유미, 오연주, 권정윤, 강기숙, 백석인(2005). **스웨덴의 보육과정**. 서울: 학지사.

British Educational Research Association-Early Years Special Intrest Group(BERA-SIG, 2003). Early years research: Pedagogy, curriculum and adult roles, Traing and professionalism.

Choi, S. H.(2002). Early childhood care? development? education?: Policy briefs on early childhood no 1. UNESCO Early Childhood and Family Policy Series.

Davis, B.(2005). Emerging trends in researching children and youth: A review essay. *British Jr. of Sociology of Education*, *26*(1), 145-153.

Douville-Watson, L., Watson, M. A., & Wilson, L.C.(2003). *Infant & toddlers curriculum and teaching*. Thomson.

Mitchell, H., & Wild, M.(2004). Placing the child in childhood. *British Educational Research Journal*, *30*(5), 731-739.

Nutbrown, C.(ed)(1996). *Children's rights and early education*. Paul Chapman Publications.

OECD(2004). Education at glance-OECD indicators 2004.

Parkay, W. F., & Hass, G.(2000). *Curriculum planning: A contemporary approach*. Allyn & Bacon.

Scottish Executive(2001). National care standards early education and childcare up to the age of 16.

Scottish Executive(2006). *Birth to three, supporting our youngest children*. Learning-Teaching Scotland.

SOEID(1999). *A curriculum framework for children 3 to 5*. Scottish CCC.

Stephen, C., Dunlop, A., & Trevarthen, C.(2003). Meeting the needs of children from birth to three: Research evidence and implications for out of-home provion, Insight 6.

Stephen, C.(2006). Early years education: Perspectives from a review of the international literature. Scottish Office.

Vygotsky, L. S.(1978). Mind in society: The development of higher psychological processes.(Cole, M., John-Steiner, V., Scribner, S., & Souberman, E. Eds.). Cambridge, MA: Harvard University Press.

Zelizer, V. A.(1994). *Pricing the priceless child: The changing social value. Princeton*. N.J: Princeton University Press.

제2장

김경철, 김영호, 엄익명, 조옥희(2002). **영유아교육과정**. 서울: 학지사.

방인옥, 박찬옥, 이기현, 김은희(2003). **유아교육과정**. 서울: 정민사.

배소연(1993). 유아교사 교육에 있어 교생 실습이 예비유아교사들에게 미치는 영향. **경원대학교 논문집, 제11집**, 603-631.

보건복지부(2012). 제3차 개정 표준보육과정.

양옥승, 김영옥, 김현희, 신화식, 위영희, 이옥, 이정란, 이차숙, 정미라, 지성애, 홍혜경(1999). **영유아보육개론**. 서울: 학지사.

여성가족부(2005). 표준보육과정.

이기숙(1999). **유아교육과정**. 서울: 교문사.

이기숙, 장영희, 정미라, 엄정애(2003). **유아교육개론**. 서울: 양서원.

이귀윤(1996). 교육과정.

이순형, 이성옥, 권혜진, 이소은, 황혜신, 이혜승, 한유진, 정윤주, 이영미, 이옥경, 성미영, 권기남, 김지현(2006). **보육과정**. 서울: 학지사.

이영석(1998). **유아교육론**. 서울: 형설출판사.

이영석, 박재환, 김경중(1985). **유아교육개론**. 서울: 형설출판사.

이원영, 이영자, 주영희(1991). **유아교육원리**. 대한교과서주식회사.

임재택(1992). **현대유아교육과정**. 서울: 양서원.

정선아, 김희연(2006). 어린이의 삶의 관점에서 본 보육-교육과정의 본질. 한국 유아교육학과 학술대회.

조경원, 이기숙, 오욱환, 이귀윤, 오은경(2001). **교육학의 이해**. 서울: 이화여자대학교 출판부.

최미현, 박명화, 박성미, 최양미, 김애자, 김정신(2000). **영유아보육의 이해**. 서울: 창지사.

한국보육진흥원 홈페이지. https://www.kcpi.or.kr/kcpi/business/childcarecentaccredcourse.do

Chung, S., & Walsh, D. J.(2000). Unpacking child-centerdness: A history of meanings. *Journal of*

Curriculum Studies, 32(2), 215-234.

Bredekamp, S., & Rosegrant, T. (1992). *Reaching potentials: Transforming early childhood programs serving children from birth through age 8*(Rev. Eds). Washington, DC: National Association for Education of Young Children.

Bruner, J. B.(1996). *The culture of education.* Cambridge: Harvard University Press.

Fleege, P.(1997). *Assessment in an integrated curriculum and developmentally approriate practice: Birth to age eight.* State University of New York Press.

Hills, T. W. (1992). Reaching potentials through appropriate assessment. In S. Bredekamp, & T. Rosegrant(Eds.), *Reaching potentials: Transforming early childhood programs serving children from birth through age 8*(Rev. Eds). Washington, DC: National Association for Education of Young Children.

Kessler, S.(1991). Alternative perspective on early childhood education. *Early Childhood Research Quarterly, 6*, 183-197.

Kohlberg, L., & Mayer, R.(1972). Development as the aim of education. *Harvard Educational Review, 42*, 449-496.

Killion, J., & Todnem, G.(1991). A process for personal theory building. *Educational Leadership, 48*(6), 14-16.

NAEYC(1991). Guidelines for appropriate curriculum content and assessment in programs serving children ages 3 through 8. *Young Children, 30*, 21-38.

Schwartz, S. L., & Robison, H. F.(1982). *Designing curriculum for early childhood.* Boston: Allyn and Bacon. Inc.

Walsh, D. J.(1991). Extending the discourse on developmental appropriateness: A developmental perspective. *Early Education and Development, 2*, 109-119.

제3장

강문희(2000). **유아생활지도**. 서울: 교문사.

김규수(2000). 유치원과 초등학교 저학년 아동의 기본생활습관 형성과 그에 대한 어머니와 교사의 평가. **미래유아교육학회**, 7(1), 229-252.

김재은, 이성진(1979). **유아교육전서 3: 바람직한 생활습관**. 서울: 배영사.

박옥희(2000). 유아의 발달수준과 기본생활과의 관계. 원광대학교 교육대학원 석사학위논문.

여성가족부(2005). **표준보육과정 연구**. 서울: 여성가족부.

이기숙, 장영희, 정미라, 홍용희(2001). 창의적이고 전인적인 인적자원 양성을 위한 유아교육 혁신. 유아교육정책과제 2001-24. 교육부.

이숙희, 강병재(2002). 유아의 기본생활습관과 유아의 발달 수준과의 관계. **열린유아교육연구**, 7(2), 243-258.

조운주, 최일선(2004). **유아생활지도**. 서울: 창지사.

Hardy, A. M., & Fowler. M. G.(1993). Child care arrangements and repeated ear infections in ear infections in young children. *American Journal of Public Health, 83*(9), 1321-25.

Oesterreich, L.(1995). *Is your baby safe at home? Hazards.* Ames, IA: Iowa State University Extension.

제4장

김상국(1998). 유아체육 프로그램의 긍정적 자아개념과 친사회적 행동에 미치는 영향. **한국체육학회지**, 37(4), 111-119.

김은심(1994). 유치원의 동작교육 현황에 관한 연구. **유아교육연구**, 14(2), 135-151.

김재은(2000). 21세기 유아교육과 창의성 신장, '99년도 학술세미나-성신여자대학교 교육문제연구소.

류진희, 황한옥, 최명희, 정희정, 김유림(1999). **유아의 발달에 적합한 신체활동**. 서울: 양서원.

박대근(2004). 유아기 대·소근육 운동발달의 과정적 특징. 중앙대학교 대학원 박사학위논문.

박장근, 이현자(2002). 유치원 체육 프로그램이 유아의 신체적 자아개념에 미치는 영향. **한국유아체육학회지**, 3, 101-117.

보건복지부(2020). 보건복지부 고시 제2020-75호. 서울: 보건복지부.

오연주(2001). 4, 5세 유아의 운동능력에 영향을 미치는 관련 변인 연구. **유아교육연구**, 21(4), 45-65.

오연주(2003). 유아의 체육 프로그램 개발 및 효과에 대한 연구: 기본운동능력 및 신체적 자아개념을 중심으로. **한국영유아보육학**, 35, 101-121.

정세호, 엄정애(2002). 통합적 동작활동이 종일제 유아의 기본운동능력 및 신체표현능력에 미치는 영향. **아동학회지**, 23(5), 153-166.

제5장

강성화, 김경회(2016). 개정판 **영유아를 위한 언어지도**. 서울: 동문사.

교육부, 보건복지부(2019a). 2019개정 누리과정 해설서. 서울: 교육부, 보건복지부

교육부, 보건복지부(2019b). 2019개정 누리과정 놀이실행자료. 서울: 교육부, 보건복지부.

김명순, 김의향, 이유진(2007). 영아의 차례 맡기와 어휘습득 간의 관계. **한국유아교육학회지**, 27(3), 301-314.

김명순, 한찬희, 유지영(2012). 가정문해활동, 어머니의 언어적 행동 및 영아-어머니 간 공동주의와 영아의 언어-인지발달간의 관계. **한국아동학회지**, 33(3), 199-213.

보건복지부(2020). 제3차 어린이집 표준보육과정 고시 개정 , 제4차 어린이집 표준보육과정 2020년 9월 1일부터 시행.

Bachman, L. F. (1990). *Fundamental considerations in language testing.* Oxford: Oxford

University Press.

Bell, S., & Ainsworth, M.(1972) Infant crying and maternal responsiveness. *Child Development, 43,* 1171-1190.

Black, B., & Logan, A. (1995). Links between communication patterns in mother-child, father-child, and child-peer interaction and children's social status. *Child development, 66,* 255-271.

Canale, M. & Swain, M. (1980). Theoretical bases of communicative approaches to second language teaching and testing. *Applied Linguistics, 1,* 1-47.

Chomsky, N. (1965). *Aspects of the theory of syntax.* Cambridge, MA: MIT Press.

Dunst, C., Lowe, E. & Barthilomew, P.(1990) Contingent social responsiveness, family, and infant communicative competence. *National Student Speech Language Hearing Association Journal, 17,* 39-49.

Erika, H.(2001). *Language development*(2nd ed.). Belment, CA: Wadsworth/Thomson Learning.

Hazan, N. L. & Black, B. (1989). Preschool peer communication skills: The role of social status and interaction context. *Child Development, 60,* 867-876 .

Hutchby, I. (2005). Children's talk and social competence. Children & Society, 19, Issue 1 Wiley Online Library. https://onlinelibrary.wiley.com

Hymes, D. H. (1966). Two types of linguistic relativity. In Bright, W. *Sociolinguistics.* The Hague: Mouton. pp. 114-158.

Hymes, D. H. (1972). On communicative competence. In J. B. Pride, & J. Holmes(Eds.). *Sociolinguistics: selected readings.* Harmondsworth: Penguin. pp. 269-293.

Locke, J. L.(1993). *The child's path to spoken language.* Cambridge: MIT Press.

제6장

교육과학기술부, 보건복지부, 육아정책연구소(2013). 3~5세 연령별 누리과정 운영을 위한 교사연수 자료집.

송명자(1995). **발달심리학**. 서울: 학지사.

여성가족부(2005). **표준보육과정 연구**. 서울: 여성가족부.

유효순, 이영자(1986). **유아사회교육**. 서울: 교문사.

이미화, 이윤진, 이세원(2007). 표준보육과정 해설서－영역별 목표와 내용－. 서울: 육아정책개발센터.

장명림, 서문희, 이정욱, 양미선, 이미정, 정미라, 문원자, 오경숙, 이윤진, 이연승, 김은영, 성지현, 장혜진, 문미옥, 김영옥, 서영숙, 서소정, 최윤경, 김명순, 지성애, 최은영, 염명순, 한찬희, 조부경, 이완정, 나종혜, 권미경(2012). **5세 누리과정 해설서**. 서울: 교육과학기술부, 보건복지부.

정옥분(2002). 아동발달의 이해. 서울: 학지사.

Ainsworth, M. D. S.(1973). The development of infant-mother attachment. In B. M. Caldwell, & H. N. Ricciuti(Eds.), *Review of child development research(Vol. 3)*. Chicago: University of Chicago Press.

Bukowski, W. M., & Hoza, B.(1989). Popularity and friendship: Issues in theory, measurement, and outcome. In T. J. Berndt & G. W. Ladd(Eds.), *Peer relationships in child development*. NY: Wiley.

Coopersmith, S.(1967). *The antecedents of self-esteem*. San Francisco: W. H. Freeman.

Crandall, R.(1973). The measurement of self-esteem and related constructs. In J. P. Robinson & P. R. Shaver(Eds.), *Measures of Social Psychological Attitudes*(Rev. Ed.). Ann Arber, MI.: Institute for Social Research.

Hartup, W. W.(1983). Peer relations. In P. H. Mussen, & E. M. Hetherington(Eds.), *Handbook of child psychology: Vol. 4. Socialization, personality, and social development*(4th ed). New York: Wiley.

Hartup, W. W., & Moore, S. G.(1990). Early peer relations: Developmental significance and prognostic implications. *Early Childhood Research Quarterly*, *5*, 1-17.

Seefeldt, C.(1997). *Social studies for the preschool-primary child*. Merrill Prentice-Hall.

제7장

김명이(2016). 동화재구성을 통한 극놀이 활동이 유아의 창의성 및 조망수용능력에 미치는 영향. 전남대학교 대학원 석사학위논문.

김은심(2004). 18~36개월 영아를 위한 동작활동. 서울: 정민사.

김정, 이수경(1995). 유아를 위한 조형놀이 교육. 서울: 교문사.

박은옥(2004). 음악 감상을 통한 신체표현이 유아의 음악성 및 정서 지능에 미치는 영향. 성신여자대학교 대학원 석사학위논문.

손수연(2002). 음악 감상을 통한 그림표현과 이야기하기가 유아의 창의성에 미치는 영향. 중앙대학교 대학원 석사학위논문.

송영희(2001). 음악 감상 활동이 유아의 창의적 신체표현에 미치는 영향. 경기대학교 교육대학원 석사학위논문.

신정자(1998). 음악 감상에 기초한 포괄적 음악활동이 유아의 음악 능력에 미치는 영향. 원광대학교 교육대학원 석사학위논문.

안경숙, 신애선(2018). 표준보육과정과 누리과정에 기초한 영유아미술교육. 경기: 양서원

안재신(1996). 유아음악교육. 서울: 교육과학사.

이기숙(2004). 유아교육과정. 서울: 교문사.

이정욱, 임수진(2017). (3판) 탐색, 표현, 감상의 통합적 유아미술교육. 경기: 정민사.

이춘희(1999). 창의적 유아동작교육. 서울: 동문사.

홍용희, 이한영, 최혜로, 원영신(1999). 유아를 위한 동작교육의 이론과 실제. 서울: 다음세대.

Gallahue, D.(1993). *Developmental physical education for today's children.* Dubugue, La.: Brown & Benchmark.

Hoffman, S., Kantner, L., Colbert, C., & Sims, W.(1991). Nurturing the expressive arts. *Childhood Education, 68*(1), 23-26.

제8장

강숙현, 김희정(2003). 과학교육. 서울: 정민사.

교육부, 보건복지부(2019). 2019개정 누리과정 놀이실행자료. 세종: 교육부, 보건복지부.

교육부, 보건복지부(2019). 2019개정 누리과정 놀이이해자료. 세종: 교육부, 보건복지부.

교육부, 보건복지부(2019). 2019개정 누리과정 해설서. 세종: 교육부, 보건복지부.

김경미, 김현주, 송연숙(2003). 현장 중심 유아과학 교육. 서울: 창지사.

김숙령(2000). 제6차 유치원 교육과정에 기초한 유아수학교육. 서울: 학지사.

박홍자(2002). 유아 수과학교육. 서울: 동문사.

배소연, 서현아, 백혜리, 강민정(2005). 유아를 위한 수학교육론. 서울: 양서원.

보건복지부(2019). 2019 개정 누리과정 어린이집 관리자 교육. 서울: 중앙육아종합지원센터.

보건복지부(2012). 제3차 어린이집 표준보육과정 고시안.

보건복지부(2020. 4. 9).「제3차 어린이집 표준보육과정고시 개정」(보건복지부 고시 제2020-75호).

신은수, 안경숙, 유윤영(1999). 통합적 접근에 의한 영유아과학교육. 서울: 다음세대.

윤애희, 김온기, 이혜경(2002). 사고과정을 중심으로 한 유아 수·과학 교육. 서울: 창지사.

이순희, 윤복희, 박혜경, 최일선(2002). 유아를 위한 과학 및 수학활동. 서울: 양서원.

임부연 (2018). 미래 역량을 키우는 누리과정 개정방향: 놀이하며 배우는 유아교육과정. 아이코리아 2018년 추계학술대회 자료집. 21-65.

임수양(2002). 3~4세 유아를 위한 이야기책 속에서 찾아낸 재미있는 수학활동. 서울: 창지사.

전경원(1999). 창의성을 중심으로 한 유아과학교육. 서울: 학문사.

청삼아동연구시리즈(1998). 3, 4, 5세 유아를 위한 수학교육과정 모델 개발의 준거. 서울: 창지사.

한국보육학회(2019). 놀이 중심 '개정 누리과정'의 이해와 적용. 한국보육학회 춘계 학술대회 자료집.

한국보육학회(2019). 놀이중심 개정 누리과정 현장 적용의 실제와 어린이집 평가제. 한국보육학회 추계 학술대회 자료집.

Duckworth, E.(1987). *The having or wonderful ideas and other essays on teaching and learning.* N.Y.: Teaching College Press.

Gronlund, G.(2006). *Make early learning standards come alive.* NAEYC.

Kamii, C.(1997). *Number in preschool and kindergarten.* 김판희. 김영선 공역. 양서원.

Polonsky, L. et al.(1997). *Math for the young: A handbook of activities for parents and teachers.* John Wiley & Sons.

제9장

교육부, 보건복지부(2019). 2019개정 누리과정 해설서. 서울: 교육부, 보건복지부.

교육부, 보건복지부(2019). 2019개정 누리과정 놀이실행자료. 서울: 교육부, 보건복지부.

교육부, 보건복지부(2019). 2019개정 누리과정 놀이이해자료. 서울: 교육부, 보건복지부.

김지은, 문혁준, 김경회, 김현주, 김혜금, 김정희, 신혜원, 안선희, 안효진, 임연진, 조혜정, 황옥경(2013). 제3판 보육과정. 서울: 창지사.

보건복지부(2013). 제3차 어린이집 표준보육과정. 서울: 보건복지부.

보건복지부(2013). 3차 표준보육과정에 기초한 0~2세 연령별 어린이집 프로그램. 서울: 보건복지부.

보건복지부(2020). 「제3차 어린이집 표준보육과정 고시」 개정. 보건복지부 고시 제2020-75호

Trawick-Smith, J.(2001). **놀이지도: 아이들을 사로잡는 상호작용.** 송혜린, 신혜영, 신혜원, 조혜진 역. 서울: 다음세대.

제10장

보건복지부(2012). 어린이집 표준보육과정의 총론.

보건복지부(2012). 3~5세 연령별 누리과정.

삼성복지재단(2003). **삼성어린이집 영유아프로그램.** 서울: 다음세대.

Frede, E.(2012). Using the early learning scale to improve teaching and increase children's learning. 육아정책연구소 창립7주년 기념 국제세미나. 육아정책연구소.

Morrison, G. S.(2008). *Fundamentals of early childhood education.* Upper Saddle River, New Jersey: Pearson.

NAEYC(1997). Position statement. Developmentally appropriate practice in early childhood programs serving children from birth through age 8. In *Developmentally appropriate practice in early childhood programs.* S. Bredekamp & C. Copple(Eds.) pp.3-30.

McAffee, O., Leong, D., & Boddrova, E.(2004). *Basic of assessment: A Primer for early childhood professionals.* National association for the education of young children. Washington, DC.

제11장

곽노의, 최민수, 김규수, 유구종, 최연철(1996). 비교유아교육론. 서울: 양서원.

곽 온(2004). 우리나라 영유아 보육사업의 개선방안. 단국대학교 석사학위논문.

문무경, 최윤경, 김혜진(2012). OECD 국가 사례에 비추어 본 만 5세 공통과정 운영의 질 제고 연구. 교육과학기술부, 육아정책연구소. 수탁연구보고, 2011-03.

양영임, 우남희(2005). 아동권리보호를 위한 외국의 아동정책 연구. **아동권리연구**, 9(4), 661-690.

양옥승, 김영옥, 김현희, 박경자, 위영희, 이 옥, 이차숙, 정미라, 지성애, 홍혜경(1998). **세계의 보육제도**. 서울: 양서원.

이길동, 김호년(2007). 사회변화에 따른 독일 유아교육기관 운영 사례 고찰 - 현장 중심으로-. **교육이론과 실천**, 12(2), 101-120.

이세희(2009). 보육정책의 개선방안에 관한 연구: 출산장려 정책을 중심으로. 동국대학교 대학원 석사학위논문.

이현숙(2011). 경기도 보육서비스 전달체계의 실태와 개선방안에 관한 연구. 서울시립대학교 대학원 석사학위논문.

장경희, 유해미(2019). 세계육아정책동향 시리즈 24 일본의 육아지원정책. 서울: 육아정책연구소.

한국여성개발원(2002). 외국의 보육정책 동향. 한국여성개발원 연구보고서.

한유미, 오연주, 권정윤, 강기숙, 백석인(2005). **스웨덴의 아동보육제도**. 서울: 학지사.

한지혜(2002). 프랑스 유아교육제도의 이해 - 영아보육에서 유아학교까지-. **교육이론과 실천**, 12(2), 121-145.

Bachelard, B. et al.(2000). Les modes de grade et d'accueil des jeunes enfants. *Collection Statistiques*, n° 1, juin, 2000(www. sante. gouv. fr).

Dupraz, L.(2005). Passerelles, vous avez dit passerelles?, colloque "Le passerelles. Des passe-âge", Brest.

Erath, P.(1992). *Kinder zwischen 0 und 6 Jahren in altersgemischten Gruppen im Kinderhaus Buergerhilfe. Konzeption: Wissenschaftliche Begleitung Kinderhausordnung.* Ingolstadt.

Krenz, A.(1991). *Der "Situationsorientierte Ansatz" im Kindergarten.* Herder Freiburg im Breisgau.

OECD(2006). *Starting strong II: Early childhood education and care. Paris.* France. pp77-88.

Skolvesket(2005). *Child care in Sweden.* Stockholm, Sweden: Skolverket.

Swedish Institute(1994). Child care in Sweden fact sheets on Sweden(ED 378 986).

Wehrmann, I. (2008). *Weimar.* Berlin: Verlag das netz.

어린이집 프로그램 관찰 척도

A. 물리적 환경

A-1. 보육실 공간이 영유아가 활동하기에 충분히 넓다.

③ 모든 보육실 공간이 영유아가 활동하기에 충분히 넓다.

② 영유가 활동하기에 충분히 여유 있는 보육실의 수가 전체 보육실의 절반 이상이다.

① 영유아가 활동하기에 충분히 여유 있는 보육실의 수가 전체 보육실의 절반 미만이다.

A-2. 실내 공간에는 환기, 조명, 냉방 및 난방 시설이 잘 되어 있다.

③ 환기, 조명, 냉반 및 난방 시설이 모두 잘 되어 있어 쾌적한 환경을 유지한다.

② 위의 시설 중 1가지는 잘 되어 있지 않다.

① 위의 시설 중 2가지 이상이 잘 되어 있지 않다.

A-3. 보육활동 지원을 위한 공간과 설비가 마련되어 있다.

③ 보육활동 지원을 위한 유아용 화장실, 유희실, 식당, 부모용 대기 공간 등이 있다.

② 유아용 화장실은 있으나 유희실, 식당, 부모용 대기 공간 중 일부의 공간만 있다.

① 유아용 화장실은 있으나, 보육활동 지원을 위한 별도의 공간이나 설비가 없다.

A-4. 교직원에게 필요한 시설 및 설비가 마련되어 있다.

③ 교직원에게 필요한 교사실, 성인용 화장실, 휴식 공간(예: 소파), 개인 사물함(예: 옷장, 보관용 서랍장) 등이 있다.

② 교사실과 성인용 화장실은 있으나 휴식 공간, 개인 사물함 중에서 일부의 시설 및 설비만 있다.

① 성인용 화장실은 있으나 교직원에게 필요한 다른 시설이 거의 없다.

A-5. 비품과 교육 자료의 보관을 위한 장소가 마련되어 있다.

③ 현재 사용하지 않는 비품과 교육 자료를 보관할 창고 또는 자료실이 있다.

② 창고 또는 자료실이 있으나 보관할 장소가 부족하다.

① 보관할 창고나 자료실이 따로 없다.

A-6. 출입문과 창문의 상태는 안전하다.

③ 현관과 보육실 등 출입문과 창문의 상태가 모두 안전하다.
(영유아의 보행을 방해하지 않는 문턱, 작동이 부드러운 출입문, 출입문에 손가락 끼임 방지를 위한 완충제 부착, 창문 유리가 파손되어 있지 않음)

② 출입문과 창문의 상태가 대체로 안전하나, 부분적으로 안전이 우려되는 곳이 있다.

① 출입문이나 창문의 상태가 안전하지 못하다.

A-7. 실내 시설 설비는 안전하고 수리가 잘 되어 있다.

③ 실내 시설 설비에는 날카로운 면이나 위험한 돌출 부위가 없고 견고하며 파손된 부분이 없다.

② 실내 시설 설비에는 대체로 안전하나 약간 수리를 필요로 하는 부분이 있다.

① 실내 시설 설비에는 위험한 요인이나 수리를 필요로 하는 부분이 분명히 있다.

A-8. 실외 시설 설비는 안전하고 수리가 잘 되어 있다.

③ 실외 시설 설비에는 날카로운 면이나 위험한 돌출 부위, 위험물이 없고, 견고하며 파손된 부분이 없다.

② 실외 시설 설비가 대체로 안전하나 약간 수리를 필요로 하는 부분이 있다.

① 실외 시설 설비에는 위험한 요인이나 수리를 필요로 하는 부분이 분명히 있다.

A-9. 실외 공간은 다양한 활동이 가능하도록 구성되어 있다.

③ 실외 공간은 대근육 운동, 물·모래 놀이, 자연 관찰 등 다양한 활동이 가능하도록 구성되어 있다.

② 실외 활동이 부분적으로만 가능하다.

① 실외 활동 공간이 없거나 어느 1종류만 가능하다.

A-10. 실외 바닥은 다양한 표면으로 되어 있다.

③ 실외 바닥은 흙, 잔디, 모래, 콘크리트 등 다양한 표면으로 되어 있다.

② 실외 바닥은 주로 1종류로 되어 있으나 다른 표면도 일부 있다.

① 실외 바닥은 1종류의 재질로만 되어 있다.

A-11. 영유아의 조작 및 탐구 활동을 촉진시킬 수 있는 물·모래 놀이 설비가 마련되어 있다.

③ 영유아 조작과 탐구 활동을 촉진시킬 수 있도록 물놀이대, 모래상자, 또는 모래밭, 급배수 시설 등의 다양한 설비가 있다.

② 물·모래 놀이 설비 중 1, 2가지만 있다.

① 물·모래 놀이 설비가 없다.

B. 건강·안전·영양

B-1. 보육실을 제외한 실내 시설이 청결하다.

③ 보육실을 제외한 실내 시설(현관, 복도, 공유 공간 등)이 모두 청결하다.

② 실내 시설의 청결 상태가 미흡한 곳도 있다.

① 실내 시설이 청결하지 못하다.

B-2. 화장실과 세면장은 청결하며 세면장에는 깨끗한 수건, 비누 등이 정리되어 있다.

③ 화장실과 세면장은 청결하며 깨끗하고 마른 수건(또는 일회용 수건)과 비누가 항상 비치되어 있다.

② 화장실과 세면장의 청결 및 수건과 비누의 비치 상태가 부분적으로 미흡하다.

① 화장실과 세면장은 불결하며 비누가 없거나 수건이 젖어 있다.

B-3. 보육실은 청결하고 환기가 되어 있으며, 습도가 적절하게 유지된다.

③ 보육실은 청결하고 환기가 잘 되어 있으며 습도를 조절하기 위해 가습기 또는 제습기(에어컨) 등을 사용한다.

② 보육실은 청결하나 환기와 습도 조절이 미흡하다.

① 보육실의 청소 상태가 청결하지 못하다.

B-4. 기저귀 갈기 영역에는 필요한 용품이 구비되어 있고, 사용한 기저귀는 청결하게 처리한다.

③ 기저귀 갈기 영역에는 방수용, 물수건, 종이기저귀, 기저귀팬티 등의 필요한 용품이 항상 구비되어 있고, 사용한 기저귀는 청결하게 처리한다.

② 필요한 용품이 일부 구비되어 있지 않거나, 사용한 기저귀가 청결하게 처리되지 못할 때도 있다.

① 기저귀 갈기 영역이 없거나, 필요한 용품이 구비되어 있지 않다.

B-5. 주방 내의 급식 설비가 청결하고, 식기류는 건조하게 보관한다.

③ 주방 내의 급식 설비가 청결하고, 식기류(예: 수저, 컵, 식판, 간식용 접시)는 건조하게 보관된다.

② 급식 설비와 식기류의 청결 및 건조 상태가 부분적으로 미흡하다.

① 급식 설비와 식기류가 청결하지 못하다.

B-6. 급·간식의 영양이 풍부하고 다양한 종류의 식단이 제공된다.

③ 영양소와 조리 형태가 적합한 식단으로 급·간식이 제공된다.

② 영양소와 조리 형태가 부분적으로 적합하지 않은 것이 있다.

① 영양소와 조리 형태가 적합하지 않다.

B-7. 물컵은 청결하고 건조하게 관리한다.

③ 물컵은 청결하고 건조하게 관리한다.

② 물컵은 청결하게 관리하나, 건조하게 보관하고 있지는 않다.

① 소수의 물컵을 교체하지 않고 사용하여 관리 상태가 청결하지 않다.

B-8. 영유아의 칫솔과 양치컵은 청결하고 건조하게 관리한다.

③ 칫솔과 양치컵은 청결하게 관리하고 건조한 곳에 보관한다.

② 칫솔과 양치컵은 청결하나 건조한 곳에 따로 보관하지 않는다.

① 칫솔과 양치컵의 관리 상태가 청결하지 않다.

B-9. 낮잠을 위한 공간 확보가 가능하며, 조명이나 커튼 등을 이용하여 낮잠 분위기를 조성한다.

③ 낮잠을 위한 공간이 따로 있거나 가구를 이용하여 쉽게 공간을 마련할 수 있으며, 조명이나 커튼 등으로 낮잠을 위한 분위기를 조성한다.

② 낮잠을 위한 공간은 마련할 수 있으나 낮잠 분위기 조성은 부분적으로 가능하다.

① 낮잠을 위한 공간이 부족하고, 낮잠 분위기 조성이 어렵다.

B-10. 보육실 환경이 안전하고 위험 요소가 없다.

③ 보육실 내에 날카로운 모서리나 거친 표면, 부딪힐 위험 등 위험 요소가 없다.

② 보육실 내에 위험 요소가 약간 있다.

① 보육실 내에 위험 요소가 분명히 있다.

B-11. 전기 콘센트에는 안전 덮개가 있다.

③ 영유아의 손이 닿는 곳의 모든 전기 콘센트에는 안전 덮개가 있다.

② 안전 덮개가 없는 전기 콘센트가 1개 있다.

① 안전 덮개가 없는 전기 콘센트가 2개 이상 있다.

C. 학습 환경

C-1. 보육실은 영아 발달에 적합한 놀이 활동 영역으로 구별되어 있다.

③ 놀이 활동 영역이 구별된다(예: 신체 영역, 언어 영역, 탐색 영역, 기저귀 갈기 영역).

② 놀이 활동 영역 간에 구별이 잘 안 된다.

① 놀이 활동 영역 간의 구별이 없다.

C-2. 감각과 조작을 위한 다양한 놀잇감이 있다.

③ 감각과 조작을 위한 놀잇감이 5종류 이상 있다.
(예: 감각놀이대/감각놀이판/밀가루반죽/움직일 때 소리 나는 놀잇감/누르면 나오는 까꿍 놀잇감/나무망치 등의 두드리는 놀잇감/모양분류상자 등의 넣고 꺼내는 놀잇감/고리 끼우기, 큰 레고블록 등의 끼우고 빼는 놀잇감/조각이 큰 그림 맞추기)

② 감각 및 조작 놀잇감이 3, 4종류 있다.

① 감각 및 조작 놀잇감이 2종류 이하이다.

C-3. 보육실 내의 대근육 활동 기구가 다양하게 있다.

③ 대근육 활동 기구가 4종류 이상 있다.

(예: 다양한 크기의 공/페달 없이 발로 움직이는 타는 기구/끌차, 유모차/흔들말/오름틀과 미끄럼틀, 낮은 계단/매트)

② 대근육 활동 기구가 2, 3종류 있다.

① 대근육 활동 기구가 1종류뿐이거나 없다.

C-4. 영아의 긍정적인 자아 인식 능력의 발달을 돕는 놀잇감이 있다.

③ 영아가 자기 모습을 볼 수 있는 전신거울과 다양한 옷 종류, 신발과 가방 등의 소품, 인형 등의 놀잇감이 있다.

② 전신거울은 있으나 옷 종류와 소품, 소꿉 놀잇감이 다양하지 못하다.

① 전신거울이 없거나 관련 놀잇감이 2가지 이하이다.

C-5. 음률 활동을 위한 다양한 놀잇감이 있다.

③ 음률 활동을 위한 놀잇감이 4종류 이상 있다.

(예: 종, 방울, 마라카스, 작은북 등의 리듬악기/실로폰/카세트 레코더/음악 테이프/리본막대)

② 음률 활동을 위한 놀잇감이 2, 3종류 있다.

① 음률 활동을 위한 놀잇감이 1종류뿐이거나 없다.

C-6. 언어발달을 위한 다양한 놀잇감이 있다.

③ 언어발달을 위한 놀잇감이 4종류 이상 있다.

(예: 다양한 종류의 그림책/여러 가지 사진/손인형, 막대인형/카세트 레코더/듣기 테이프)

② 언어발달을 위한 자료가 3, 4종류 있다.

① 언어발달을 위한 놀잇감이 1종류뿐이거나 없다.

C-7. 미술 활동을 위한 다양한 자료가 있다.

③ 미술 활동을 위한 자료가 5종류 이상 있다.

(예: 여러 종류의 종이/크레파스, 색연필/안전가위/풀/접착테이프)

② 미술 활동을 위한 자료가 3, 4종류 있다.

① 미술 활동을 위한 자료가 2종류 이하이다.

C-8. 영아들이 좋아하는 놀잇감은 동일한 것으로 여러 개 준비한다.

③ 영아들이 좋아하는 놀잇감은 똑같은 것으로 여러 개 있다.

② 같은 놀잇감이 여러 개 있기는 하지만 색깔이나 크기가 달라서 동일하지 못하다.

① 같은 놀잇감이 1, 2개만 있다.

D. 교육 경험 및 활동

D-1. 활발한 신체 활동/소근육 활동(기어오르기, 내려오기, 공놀이 등/끼우고 넣고 빼기)

③ 2종류의 활동이 모두 관찰된다.

② 1종류의 활동만 관찰된다.

① 2종류 모두 관찰되지 않는다.

D-2. 언어 활동/미술 활동/음률 활동(그림책 보기, 이야기 듣기 등/끄적거리기, 가위질, 스티커 붙이기 등/소리 듣기, 악기 두드리기, 노래하기, 리본막대 흔들기)

③ 2종류 또는 3종류의 활동이 관찰된다.

② 1종류의 활동만 관찰된다.

① 3종류 모두 관찰되지 않는다.

D-3. 블록 쌓기/소꿉놀이(블록 이동하기, 늘어놓기, 쌓고 무너뜨리기 등/상 차리기, 엄마, 아빠 흉내 내기)

③ 2종류의 활동이 모두 관찰된다.

② 1종류의 활동만 관찰된다.

① 2종류 모두 관찰되지 않는다.

E. 교사-영아 상호작용

E-1. 교사는 영아와 이야기를 나눌 때 단순하고 구체적인 언어를 사용한다.

③ 교사는 영아와 이야기를 나눌 때, 영아의 발달 수준에 맞는 단순하고 구체적인 언어를 사용한다.

② 영아에게 단순하고 구체적인 언어를 사용하지 못할 때도 있다.

① 영아에게 길게 말하거나 어려운 말을 사용한다.

E-2. 교사는 영아의 발성이나 말을 주의 깊게 듣고 명료화시켜 반응한다.

③ 교사는 항상 영아의 발성이나 말을 주의 깊게 들으며 영아의 말을 정확한 표현으로 다시 말해 주는 등 명료화시켜 준다. (예: 빵빵 → 자동차를 갖고 싶니?)

② 영아의 발성이나 말에 대해 명료화시켜 주지 못할 때도 있다.

① 영아의 발성이나 말에 대해 언어로 반응하지 못한다.

E-3. 교사는 영아의 행동에 대해 부정적인 언어보다 긍정적인 언어를 사용한다.

③ 교사는 영아의 행동에 대해 비평하거나 간섭하는 등의 부정적인 언어보다는 긍정적인 언어를 사용한다. (예: 여기서 놀면 안돼 → 저기서 놀자)

② 영아의 행동에 대해 부정적인 언어를 가끔 사용한다.

① 영아의 행동에 대해 부정적인 언어를 자주 사용한다.

E-4. 교사는 영아와 이야기를 나눌 때 영아의 눈높이에 맞게 자세를 낮춘다.

③ 교사는 영아와 이야기를 나눌 때 항상 영아의 눈높이에 맞게 자세를 낮춘다.

② 영아와 눈높이를 맞추지 않고 이야기를 나누는 경우도 가끔 있다.

① 교사가 영아와 눈높이를 맞추지 않고 이야기하는 경우가 대부분이다.

E-5. 교사는 영아의 탐색 행동에 민감하게 반응하며 상호작용한다.

③ 교사는 영아의 탐색을 위해 허용적인 분위기를 조성하고 탐색 행동을 격려하며, 영아의 리듬과 속도에 맞추어 상호작용한다.

② 교사는 허용적인 분위기를 조성하기는 하나 영아의 속도에 맞추기보다 교사의 의도대로 상호작용을 이끌어 간다.

① 교사는 영아의 탐색 행동에 허용적이지 않고 민감하게 반응하지 못한다.

E-6. 다른 영아의 활동을 방해하는 영아에게 대안적인 활동을 제공한다.

③ 교사는 다른 영아의 놀잇감을 뺏고 활동을 방해하는 영아에게 대안적인 놀잇감을 찾아 주거나 재미있는 다른 활동을 제공하여 주의를 돌릴 수 있도록 도와준다.

② 다른 영아를 방해하지 못하게 하고 다른 놀잇감이나 활동을 제공하지만, 대안적인 활동이 적절하지 못한 경우도 있다.

① 다른 영아를 방해하지 못하게 하나, 대안적인 활동을 제공하지 않는다.

E-7. 영아의 세수하기, 옷 입기, 머리 빗기 등을 교사가 돌봐 주거나 지도한다.

③ 영아의 세수하기, 옷 입기, 머리 빗기 등을 교사가 돌봐 주거나 지도한다. (특히 낮잠, 실외놀이, 식사 후)

② 세수하기, 옷 입기, 머리 빗기 등을 교사 돌봐 주지 못하는 경우가 가끔 있다.

① 세수하기, 옷 입기 등을 교사가 돌봐 주지 못한다.

E-8. 교사는 교사의 주위에 있지 않은 영아를 수시로 확인하며, 교실 전체 상황을 관찰한다.

③ 교사는 영아들이 어디 있는지 수시로 확인하며, 교실 전체에서 일어나는 상황을 관찰하고 있다.

② 교사는 교사 주위에 있는 영아를 제외하고 교실 전체 상황을 관찰하지 못하는 경우가 가끔 있다.

① 교사와 함께 있는 영아에게만 시선을 집중한다.

저자소개

김지은 건국대학교 유아교육과 교수
문혁준 가톨릭대학교 아동학전공 교수
김경회 (전) 신한대학교 유아교육과 교수
김현주 대림대학교 유아교육과 교수
김혜금 동남보건대학교 보육과 교수
김정희 총신대학교 유아교육과 교수
신혜원 서경대학교 아동학과 교수
안선희 경희대학교 아동가족학과 교수
안효진 인천대학교 유아교육과 교수
임연진 동서울대학교 아동보육과 교수
황성원 건양대학교 아동보육학과 교수
황옥경 서울신학대학교 보육학과 교수

제4판

보육과정

초 판 1쇄 발행 2006년 8월 30일
초 판 6쇄 발행 2010년 1월 20일
개 정 판 5쇄 발행 2012년 7월 20일
제 3 판 5쇄 발행 2015년 7월 10일
제3판 증보 2쇄 발행 2018년 7월 10일
제 4 판 2쇄 발행 2021년 7월 15일

지 은 이 | 김지은 · 문혁준 · 김경회 · 김현주 · 김혜금 · 김정희
신혜원 · 안선희 · 안효진 · 임연진 · 황성원 · 황옥경
펴 낸 이 | 김기섭
편 집 인 | 김민수
펴 낸 곳 | 창지사 www.changjisa.com
08589 서울시 금천구 가산디지털 1로 83 파트너스타워1차 9층
전화 (02) 719-2211~3
팩스 (02) 701-9386
등 록 | 1977년 4월 28일 · 제1-421호

ISBN 978-89-426-1369-4 (93370)

값 18,000원

「이 도서의 국립중앙도서관 출판예정도서목록(CIP)은 서지정보유통지원시스템 홈페이지(http://seoji.nl.go.kr)와 국가자료공동목록시스템(http://www.nl.go.kr/kolisnet)에서 이용하실 수 있습니다.(CIP제어번호: CIP2020036152)」